安徽财经大学服务安徽经济社会发展系列研究报告 2019

安徽贸易发展研究报告 2019

邢孝兵　丁　宁　等著

合肥工業大學出版社

图书在版编目(CIP)数据

安徽贸易发展研究报告 2019 /刑孝兵等著．—合肥：合肥工业大学出版社，2019.7

(安徽财经大学服务安徽经济社会发展系列研究报告 2019)

ISBN 978-7-5650-4554-7

Ⅰ.①安…　Ⅱ.①刑…　Ⅲ.①贸易经济—经济发展—研究报告—安徽—2019　Ⅳ.①F727.54

中国版本图书馆 CIP 数据核字(2019)第 140937 号

安徽贸易发展研究报告 2019

刑孝兵　丁　宁　等著　　　　责任编辑　刘　露

出　版	合肥工业大学出版社	版　次	2019 年 7 月第 1 版
地　址	合肥市屯溪路 193 号	印　次	2019 年 7 月第 1 次印刷
邮　编	230009	开　本	710 毫米×1010 毫米　1/16
电　话	综合编辑部：0551-62903028	印　张	15.75
	市场营销部：0551-62903198	字　数	212 千字
网　址	www.hfutpress.com.cn	印　刷	合肥现代印务有限公司
E-mail	hfutpress@163.com	发　行	全国新华书店

ISBN 978-7-5650-4554-7　　　　总定价：330.00 元

编 委 会

安徽财经大学科研工作始终坚持立足安徽做学问、服务安徽出成果，特别重视立足地方和行业需求构建多层次智库平台。安徽经济社会发展研究院是安徽财经大学设立的研究安徽经济社会发展的专门研究机构，拥有安徽省人文社科重点研究基地、省级协同创新中心、省教育厅智库和安徽省重点智库四个省级科研平台。这些平台优化资源配置、聚合科研力量，鼓励和引导教师围绕安徽省委省政府的重大发展战略选题，深入研究安徽经济社会发展中的重点、热点和难点问题，着力破解制约安徽地方经济社会发展的重大理论和现实问题，为建设特色鲜明的地方高水平财经大学提供了有益的智力支持，取得了较为丰硕的成果并积累了丰富的经验。安徽经济社会发展研究院努力实现在安徽经济发展方面的理论基础、政策研究与实践应用的紧密结合，打造成为立足安徽、面向全国的财经智库。

安徽财经大学每年出版的服务安徽经济社会发展系列研究报告是由安徽经济社会发展研究院组织相关学院的专、兼职研究人员编写出版。我校2006年公开出版服务安徽经济社会发展的首部研究报告——《安徽经济发展报告》，2007年《安徽省县域经济竞争力报告》发布，2010年《安徽省贸易发展研究报告》出版发布，形成我校服务安徽经济社会发展的三大品牌报告。至2019年，年度研究报告增至十部，主要包括：《安徽生态文明建设发展报告2019——新安江生态补偿机制专题报告》《安徽投资发展研究报告2019》《安徽贸易发展研究报告

2019》《安徽劳动就业与社会保障发展报告 2019》《安徽城市发展研究报告 2019》《助力乡村振兴——安徽农产品加工业发展研究报告 2019》《安徽财政发展研究报告 2019》《安徽县域经济竞争力报告 2019》《安徽养老服务业发展报告 2019》《安徽经济发展研究报告 2019》等。

安徽财经大学服务安徽经济社会发展系列研究报告坚持稳定、控制数量、不断提升质量的指导思想，通过进入退出机制、激励机制、分级分类机制、合作机制、运行机制、评价机制和发布机制的改革，政策影响力和媒体影响力日益扩大。2016 年，安徽经济社会发展研究院成功入围中国智库索引首批来源智库，并获大学智库指数排名中的普通高校第一名。根据《中国智库索引（CTTI）2018 年发展报告》，2018 年安徽经济社会发展研究院入选 CTTI 高校智库百强榜。

纵观这十部研究报告可以看出，报告的组织者与撰写者都付出了辛勤的劳动和不懈的努力。当然，我们也清醒地认识到，报告还存在这样或那样的缺点，与政府部门领导和社会各界对我们的期望还有相当大的差距，学校应当在智库建设方面做得更多、更好。我们坚信，只要坚持走下去，只要继续得到社会各界的关心和帮助，系列研究报告一定会越做越好！学校的智库建设也将结出更多的硕果！

安徽财经大学党委书记、校长　丁忠明

2019 年 4 月 20 日

2018年，面对外部环境的不确定性和经济发展转型带来的巨大挑战，安徽省按照高质量发展的要求，保持了经济的快速平稳发展，国内贸易、对外贸易和外商直接投资都实现了较快的增长速度。2018年安徽省的生产总值（GDP）为30006.82亿元，按可比价格计算，比上年增长8.02%；增速比上年下降0.48个百分点，但是高于全国平均水平1.42个百分点。全年社会消费品零售总额为12100.1亿元，按照可比价格计算比上年增长9.4%；增速比2017年下降0.6个百分点，但是高于全国平均水平2.1个百分点。全年对外贸易总额为629.7亿美元，比上年增长16.6%；增速比上年下降4.2个百分点，但是高于全国平均水平6.9个百分点。全年出口额为362.1亿美元，比上年增长18.3%；进口额为267.6亿美元，增长14.3%。总的来说，安徽省2018年外向型经济的发展速度虽然和2017年相比有所下降，但是各项指标增速都高于全国平均水平。

在安徽财经大学各级领导的关心和支持下，《安徽贸易发展研究报告2019》得以顺利出版。本报告包括《安徽对外贸易发展研究》《安徽各地市对外贸易发展比较研究》《安徽利用外商直接投资研究》《安徽深度融入"一带一路"建设研究》《安徽加工贸易发展研究》《安徽商贸流通业发展总体评价》和《安徽零售业发展专题研究》七个部分。主要结论如下：

第一，安徽省对外贸易继续保持增长势头，但增速有所放缓。从进出口商品结构来看，高新技术产品近些年对外贸易额有所增加，但相对于劳动和资源密集型产品对外贸易额占安徽进出口贸易额的比重较小。从贸易伙伴的空间分布上看，亚洲、欧洲及拉丁美洲一直是安徽传统的贸易市场，与非洲、大洋洲的贸易规模有所增长。从对外贸易方式上看，长期以来安徽贸易方式主要以一般贸易为主，加工贸易为辅。一般贸易比重过重，而加工贸易发展存在规模小、存量不足等问题，加工贸易占比与东部省份和中部部分省份相比差距较大，由此也直接决定了长期以来安徽省对外贸易发展在全国对外贸易发展格局中“强中弱、弱中强”的地位。从对外开放度的视角上看，近些年来，安徽平均对外开放度在中部地区对外贸易发展格局中位居前列，但明显低于东部部分省份及全国平均水平。尤其是外资依存度近 30 年来一直稳定地维持在较低的水平，说明安徽省利用外商直接投资的规模相对于全省经济规模而言并不是很大，还有进一步拓展的空间。

第二，安徽省对外贸易发展的区域差异显著，并呈现出明显的集中趋势。2012—2017 年安徽各地市对外贸易虽有波动，但总体呈上扬趋势。考察期间，无论是进出口贸易水平，还是进出口贸易商品构成，安徽各地市均存在较大差异。安徽省各地市制造业竞争新优势尚未完全形成，资本密集型产品和技术密集型产品并未获得持续竞争优势，传统制造业竞争优势的维持不容小觑。在中部六省中，合肥市、芜湖市和铜陵市的对外贸易规模排名相对靠前，但从绝对规模来看，与郑州市和武汉市仍有一定差距。

第三，近年来，安徽省志在打造内陆开放新高地，利用外商直接投资正是安徽省打造内陆开放新高地的重要抓手之一。“十二五”以来，安徽省积极优化投资环境，实际利用外资规模不断扩大，世界 500 强企业进入安徽的步伐明显加快；外资来源地遍及全球；第三产业中的交通运输、仓储及邮政业、信息传输、软件和信息技术服务业、租赁和商务服务业以及金融业总体上的引资效果明显。虽然安徽省利用外资取得不错成绩，但是安徽省实际利用外资规模以及在全国实际利用外资总额中所占比重与我国沿海省市相比差距较大，并且安徽省产业结构及产业链不完善，外资行业分布失衡，主要分布在制造业、房地产业、农林牧副渔业、电力、煤及水的生产和供应业、批发和零售业。另外，安徽省的外资主要来源于亚洲国家和地区，欧美发达国家和地区对安徽省投资较少；外资流入地区也呈现不均衡性，主要流入合肥市、芜湖市、马鞍山市和蚌埠市。为促进安徽省利用外资健康持续发展，安徽省需推进区域协调发展，促进全省经济增长；完善产业结构和产业链，优化外资投资导向；创新引资方式，拓宽引资渠道；优化环境，增强引资吸引力。

第四，安徽省积极参与“一带一路”建设，打造内陆开放新高地，精准谋划合作项目、畅通贸易渠道、加快推进互联互通设施建设，在深度融入“一带一路”的建设中，不断刷新开放合作的“成绩单”。2010—2016 年，安徽省与“一带一路”沿线 64 个国家的进出口总额在安徽省当年贸易总额中所占比重从 19.53%增加到 27.29%，其中 2014 年达到 29.16%；2017 年安徽省与“一带一路”沿线国家贸易额占对外贸易总额的比例逆转上升至 32.69%。2018 年安徽实际对外投资 14.5 亿美元，增长 56%，其中对“一带一路”沿线国家和地区投资 1.9 亿美元，增长 1.1 倍。

第五，安徽加工贸易总量规模不断扩大，和全国平均水平的差距不断缩小。加工贸易占贸易总额的比重由 2008 年的 16.71%上升到 2018 年的 21.47%。不过，由于安徽省加工贸易起步较晚，总量规模和发展水平远低于东部地区，甚至低于全国平均水平。东部地区产业梯度转移为安徽省加工贸易发展提供重要机遇。但安徽省加工贸易也存在基础薄弱、人才储备不足、产业配套基础不完善等问题。因此，安徽省应该围绕地理区位、资源丰富等优势积极对接东部沿海产业转移，巩固省内劳动密集型产业，发展资本、技术密集型的新兴产业，培育经济新优势，实现全省对外贸易的快速增长。

第六，安徽省消费市场规模不断扩大，消费结构不断优化，农村电商发展迅速，现代流通体系日益完善，商贸流通业整体保持稳中有进的发展态势。但是，安徽省商贸流通业信息化水平较低，消费新热点供给不足，基础设施有待进一步改善，法治化营商环境有待进一步优化等。譬如，2017 年安徽省商贸流通业综合竞争力得分较 2016 年排名上升 4 位，在中部六省中排名仅次于河南省。但就全国范围来看，安徽省商贸流通产业的竞争力还比较弱，同东部地区相比，差距依然很大。因此，在新一轮开放形势下，要切实贯彻党的十九大精神，坚持以市场为导向，进一步深化商贸流通领域的改革和开放，加快商贸流通业的供给侧改革，创新商贸流通模式，促进安徽商贸流通业高质量发展。

第七，安徽省零售市场保持稳定增长的态势，网上零售额波动较大，呈快速增长的态势。从全省消费品市场运行来看，2018 年社会消费品零售总额达到 12100.1 亿元，尽管增速较上年放缓，但商品零售销售额一直保持上升趋势，仍然处于全国前列。其次，从行业特征来看，2018 年安徽省内电子商务行业整体发展持续向好，发展质量稳步提升，网络零售份额继续扩大并快于实体零售增长速度。2018 年，安徽省网络零售额达到 492.2 亿元，同比增长 36.1%，电子商务行业整体进入平稳较快增长阶段。最后，从消费品市场区域分布来看，全年省内城镇零售额为 9731.8 亿元，同比增长 11.3%；乡村零售额为 2368.2 亿元，同比增长 12.9%，表现出电商产业迅速扩张的势头，并且由城镇开始向农村渗透，市场规模和潜力不断增加。同时，自“电商安徽”政策实施两年以来，全省上下通力合作，坚持把电子商务主体培育、园区建设、创新创业、农村电商、跨境电商、物流配送等放在促进经济向高质量发展迈进的重要部分，省内形成了跨境电商产业园和农村电商竞相发展的良好态势。

本报告是集体合作的成果，具体分工如下：框架设计（邢孝兵），第一章（万红先、冯婷婷、钱蒙蒙），第二章（杨杰、马凤翥、姚安妮），第三章（陈红），第四章（田秀华），第五章（邢孝兵、黄梅），第六章（武云亮、张琳琳、张鑫），第七章（丁宁、马宝君、范磊、施倩），统稿（丁宁）。

报告写作过程中，我们参考了大量的学术文献和新闻报道，并列入参考文献，但仍有可能挂一漏万，敬请谅解。同时，囿于作者知识水平和数据收集的困难，本报告还存在很多不足之处，我们将在后续研究中不断加以改进。

著　者

2019 年 7 月

MU LU

第一章　安徽对外贸易发展研究

第一节　安徽对外贸易发展现状

一、安徽对外贸易发展总体情况分析

（一）安徽经济运行情况

对外贸易的发展与对内经济的运行状况息息相关。近年来，随着对外贸易供给侧结构性改革的推进，安徽省的对外贸易发展从重“量”的发展不断向重“质”的方向转变，安徽省的经济运行情况较为可观，经济总量呈现出不断增长的态势。2000—2017 年，安徽省 GDP 占全国的比重不断上升，大多数年份以名义价格计算的 GDP 均以两位数的高增长率持续增长，与全国的 GDP 增速基本持平，且人均 GDP 也在不断提高，具体数据见表 1－1 所列。安徽省 GDP 在全国的排名基本保持在 13～15 位之间，经济发展处于全国中等偏上水平。从表 1－2 可以看出，随着省内经济的快速发展，安徽省的产业结构也在不断优化。其中，第一产业占比逐渐缩小，第二产业占比波动上升，第三产业占比呈现出了先上升后下降的趋势，但近年来又有所上升（图 1－1）。此外，城市化水平和居民价格消费指数也在不断上升，居民生活水平得到改善，生活质量得到提高。

表 1－1　2000—2017 年全国与安徽省 GDP 增速比较

年份	全国 GDP 增速（%）	安徽省 GDP 增速（%）	安徽省 GDP 占全国的比重（%）	安徽省 GDP 在全国的排名
2000	8.0	7.0	2.94	15
2001	7.3	8.6	2.99	15

（续表）

年份	全国 GDP 增速（%）	安徽省 GDP 增速（%）	安徽省 GDP 占全国的比重（%）	安徽省 GDP 在全国的排名
2002	8.0	8.9	2.94	15
2003	9.1	9.2	2.89	15
2004	9.5	12.5	2.97	14
2005	9.9	11.8	2.90	15
2006	10.7	12.9	2.81	15
2007	11.4	13.9	2.74	14
2008	9.0	12.7	2.78	14
2009	8.7	12.9	2.92	14
2010	10.3	14.5	3.04	14
2011	9.2	13.5	3.19	14
2012	7.8	12.1	3.23	14
2013	7.7	10.4	3.30	14
2014	7.4	9.2	3.29	14
2015	6.9	8.7	3.21	14
2016	6.7	8.7	3.24	13
2017	6.9	8.5	3.33	13

资料来源：历年安徽省及全国国民经济和社会发展公报。

表 1-2 2000—2017 年安徽省国民经济运行基本情况

年份	GDP（亿元）	人均地区生产总值（元/人）	第一产业增加值（亿元）	第二产业增加值（亿元）	第三产业增加值（亿元）	城市化水平	居民消费价格指数（上年＝100）
2000	2902.1	4779	741.77	1056.78	1103.54	0.28	100.7
2001	3246.7	5313	760.77	1254.88	1231.06	0.29	100.5
2002	3519.7	5736	783.66	1337.04	1399.02	0.31	99.0
2003	3923.1	6375	749.40	1535.29	1638.42	0.32	101.7
2004	4759.3	7681	950.50	1844.90	1963.90	0.34	104.5
2005	5350.2	8670	966.50	2245.90	2137.77	0.36	101.4

（续表）

年份	GDP（亿元）	人均地区生产总值（元/人）	第一产业增加值（亿元）	第二产业增加值（亿元）	第三产业增加值（亿元）	城市化水平	居民消费价格指数（上年=100）
2006	6112.5	10044	1011.03	2711.18	2390.29	0.37	101.2
2007	7360.9	12039	1200.18	3370.96	2789.78	0.39	105.3
2008	8851.7	14448	1418.09	4198.93	3234.64	0.41	106.2
2009	10062.8	16408	1495.45	4905.22	3662.15	0.42	99.1
2010	12359.3	20888	1729.02	6436.62	4193.69	0.43	103.1
2011	15300.7	25659	2015.31	8309.38	4975.96	0.45	105.6
2012	17212.1	28792	2178.73	9404.84	5628.48	0.47	102.3
2013	19229.3	32001	2267.15	10390.04	6572.14	0.48	102.4
2014	20848.8	34427	2392.39	11204.02	7252.34	0.49	101.6
2015	22005.6	35997	2456.69	10946.83	8602.11	0.51	101.3
2016	24117.9	39092	2567.72	11590.25	9959.92	0.52	101.8
2017	27018.0	43401	2582.27	12838.28	11597.45	0.53	101.2

资料来源：历年《安徽省统计年鉴》。

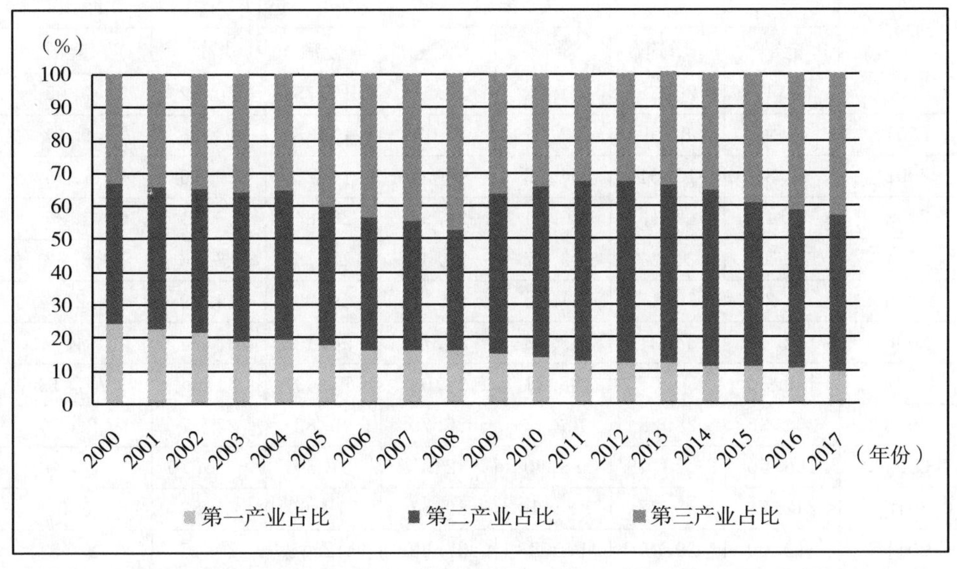

图 1-1　2000—2017 年安徽省三次产业占比图

（二）安徽对外贸易规模发展状况

从对外贸易额来看，2000—2017 年安徽省的出口额、进口额、进出口总额持续增长（表 1－3），对外贸易总量不断增加。2000—2017 年，安徽省进出口贸易总额由 2000 年的 33.47 亿美元增加到 2017 年的 536.36 亿美元，增长了 16 倍之多。其中，出口额由 2000 年的 21.72 亿美元增加到 2017 年的 304.82 亿美元；进口额由 2000 年的 11.75 亿美元增加到 2017 年的 231.54 亿美元，增长了近 20 倍。与此同时，安徽省对外贸易净出口额也在不断增加，贸易顺差明显。但近年来，国家为满足人民不断增长的消费需求和促进经济高质量发展而提出“主动扩大进口”的发展战略，推动了全国的进口贸易快速发展，安徽省的进口贸易规模也在不断扩大，贸易顺差额开始出现削减。受 2008 年全球金融危机的冲击，2009 年安徽省进出口贸易总额开始下降，随着经济形势的逐渐好转，安徽省进出口总额又开始快速增长，虽然期间有所滑落，但终于在 2017 年重回峰值。总体来说，安徽省对外贸易大体仍呈良好的发展态势。

表 1－3 2000—2017 年安徽省对外贸易额及增速 （亿美元，%）

年份	进出口		出口		进口		净出口
	金额	增速	金额	增速	金额	增速	金额
2000	33.47	26.35	21.72	29.55	11.75	20.82	9.97
2001	36.20	8.16	22.82	5.07	13.38	13.86	9.44
2002	41.81	15.51	24.53	7.50	17.28	29.16	7.25
2003	59.48	42.13	20.64	24.90	28.84	66.61	1.80
2004	72.12	21.34	39.37	28.47	32.75	13.76	6.62
2005	91.20	26.47	51.90	31.85	39.29	19.99	12.61
2006	122.49	34.31	68.36	31.71	54.12	37.74	14.24
2007	159.30	30.05	88.21	29.04	71.09	31.34	17.12
2008	204.35	28.28	113.53	28.70	90.83	27.77	22.70
2009	156.50	－23.49	88.90	－21.72	67.50	－25.70	21.40
2010	242.73	55.27	124.13	39.67	118.60	75.82	5.53
2011	313.09	29.09	170.83	37.63	142.26	20.15	28.57
2012	392.85	25.49	267.49	56.59	125.36	－11.79	142.13

（续表）

年份	进出口		出口		进口		净出口
	金额	增速	金额	增速	金额	增速	金额
2013	456.30	0.00	282.60	0.00	173.80	0.00	108.80
2014	492.70	16.04	314.90	5.62	177.80	38.21	137.10
2015	488.08	6.96	331.14	17.19	156.94	−9.69	174.20
2016	443.80	−9.07	284.84	−13.98	158.96	1.29	125.88
2017	536.36	20.80	304.82	7.20	231.54	45.00	73.28

资料来源：由《安徽省统计年鉴》计算得出。

从贸易增速来说，2000—2017年安徽省的对外贸易增速呈现波动上升趋势，其中进口贸易稳中有升，出口贸易增长较快（图1-2）。2017年安徽省的进出口贸易增速、出口贸易增速和进口贸易增速较上年同期均有较快增长，其中，进口贸易增长较快，增速更是达到了45.00%。在我国扩大进口的政策影响下，安徽省未来进口增速仍有进一步提升的空间。从长远来看，安徽继续扩大进口一方面可以满足居民的消费需求，增加居民的福利，有利于消费升级；另一方面有利于倒逼省内企业提高产品质量、加快产业升级，促进本省经济高质量发展。

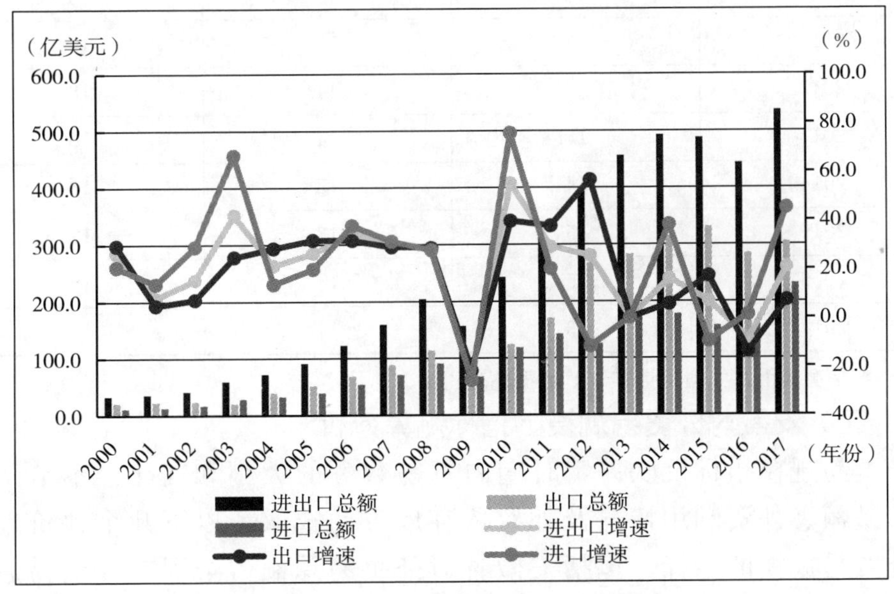

图1-2　2000—2017年安徽省对外贸易额及增速对比图

从安徽省的对外贸易量在全国的排名来看（表 1－4），2000—2017 年安徽省的进出口排名、出口排名和进口排名基本位于 11～18 名之间，处于全国中等发展水平。其中，伴随着安徽省进口贸易的快速发展，其进口排名呈现较快的上升趋势。

表 1－4　2000—2017 年安徽省进出口、出口、进口在全国的排名情况

年份	进出口排名	出口排名	进口排名
2000	11	11	14
2001	11	11	15
2002	13	12	15
2003	12	12	11
2004	11	14	13
2005	12	12	13
2006	12	12	12
2007	12	12	11
2008	14	14	13
2009	14	14	14
2010	14	15	13
2011	16	17	14
2012	14	14	18
2013	14	14	16
2014	14	15	16
2015	15	13	17
2016	15	14	15
2017	13	14	13

资料来源：由《中国统计年鉴》数据整理得出。

（三）安徽对外贸易规模的指标测算分析

贸易规模指标反映一定时期内贸易数额的大小和变化。本节从对外贸易额、外资利用情况及外贸依存度方面选取了以下几个评价地区对外贸易规模的指标，包括安徽省对外贸易总额占全国对外贸易总额的比重、安徽省实际利用外资总额占全国比重、安徽省对外贸易总额

占同期 GDP 比重（外贸依存度）、安徽省实际利用外资总额占同期 GDP 比重。其中，安徽省对外贸易总额和全国对外贸易总额（只包括进出口货物总额）均是以当期价格表示。这四项指标可以反映出一个地区的对外贸易规模，其数值越大，说明地区的贸易规模越大，对外贸易持续发展的能力也就越强。由表 1－5 可见，2000—2017 年安徽省对外贸易规模指标大体呈上升趋势，值得一提的是，近年来安徽省的实际利用外资发展较为迅速，2000 年，安徽省对外贸易总额占全国对外贸易总额的比重为 0.706%，与其实际利用外资总额占全国的比重（0.700%）基本持平。2017 年，安徽省实际利用外资总额占全国的比重增长到 12.132%，为同时期安徽省对外贸易总额占全国对外贸易总额比重的近十倍。此外，安徽省外贸依存度也在不断增加，但增长较为缓慢。随着改革开放的不断深入，尤其是伴随着我国“中部崛起”决策的实施，安徽省实际利用外资规模不断扩大，实际利用外资总额占同期 GDP 比重不断上升，外向型经济发展迅速。

表 1－5 2000—2017 年安徽省对外贸易规模指标 （%）

年份	安徽省对外贸易总额占全国对外贸易总额的比重	安徽省实际利用外资总额占全国比重	安徽省对外贸易总额占同期 GDP 比重	安徽省实际利用外资总额占同期 GDP 比重
2000	0.706	0.700	9.548	1.184
2001	0.710	0.973	9.229	1.232
2002	0.673	1.347	9.832	1.742
2003	0.699	1.950	12.549	2.309
2004	0.625	0.853	12.542	0.951
2005	0.641	1.079	13.964	1.054
2006	0.696	2.078	15.975	1.817
2007	0.733	3.828	16.456	3.098
2008	0.798	3.664	16.034	2.738
2009	0.709	4.231	10.624	2.637
2010	0.817	4.608	13.295	2.747
2011	0.860	5.632	13.216	2.798
2012	1.016	7.625	14.408	3.168
2013	1.097	9.002	14.696	3.442

（续表）

年份	安徽省对外贸易总额占全国对外贸易总额的比重	安徽省实际利用外资总额占全国比重	安徽省对外贸易总额占同期GDP比重	安徽省实际利用外资总额占同期GDP比重
2014	1.145	10.308	14.517	3.636
2015	1.235	10.786	13.814	3.855
2016	1.204	11.720	12.223	4.067
2017	1.307	12.132	13.40	3.97

资料来源：由《安徽省统计年鉴》计算得出。

二、安徽对外贸易产业竞争力分析

（一）贸易竞争力指数分析

贸易竞争力指数又称TC指数，它可以反映特定产业或特定产品对外贸易出口竞争力的强弱，是在对外贸易竞争力分析时比较常用的指标之一。它表示一个国家或一个地区某产品的进出口贸易差额占进出口贸易总额的比重，其公式为：贸易竞争力指数＝（$X-M$）/（$X+M$），其中，X表示产品的出口额，M表示产品的进口额。贸易竞争力指数能够将贸易的出口和进口综合考虑来确定安徽省的对外贸易在国际市场竞争中是否具有优势。该指数的优点在于它剔除了通货膨胀等宏观总量方面波动的影响，作为贸易总额的相对值，贸易竞争力指数的取值在［－1，1］之间变动。其值越接近于1，则表示该产品或产业的出口竞争力越强；反之，则越弱。贸易竞争力指数取值为0时表示此时的贸易竞争力接近于平均水平。若其值为负值，则表示该产品为净进口。

表1-6列出了2008—2017年安徽省主要进出口产品贸易竞争力指数，其中，按原料分类的制成品和杂项制品的出口竞争力较强，2012年的贸易竞争力指数分别达到0.71和0.83，但近年来有下降趋势。食品及活动物曾是安徽省的出口强项，但近年来，随着安徽省出口结构的不断调整，该产品的出口比重持续下降，2015年其贸易竞争力指数开始出现负值，且呈现持续递减的趋势，这表明安徽省对于该类产品为净进口需求状态。此外，非食用原料商品的贸易竞争力指数持续为负，该类产品也为净进口产品。机械及运输设备产品的贸易竞

争力指数呈现波动上升趋势，表明该产品的出口竞争力在逐步提升。而化学成品及有关产品的贸易竞争力指数基本维持在0.3左右，波动变化较小（图1-3）。

表1-6　2008—2017年安徽省主要进出口产品贸易竞争力指数

年份	食品及活动物	非食用原料	化学成品及有关产品	按原料分类的制成品	机械及运输设备	杂项制品
2008	0.43	－0.93	0.5	0.77	0.34	0.61
2009	0.34	－0.9	0.34	0.56	0.35	0.60
2010	0.27	－0.9	0.42	0.53	0.07	0.75
2011	0.41	－0.91	0.39	0.61	0.29	0.60
2012	0.12	－0.88	0.36	0.71	0.54	0.83
2013	0.01	－0.9	0.30	0.67	0.45	0.78
2014	0.03	－0.88	0.28	0.68	0.51	0.70
2015	－0.09	－0.89	0.33	0.68	0.69	0.73
2016	－0.22	－0.90	0.28	0.6	0.66	0.67
2017	－0.33	－0.92	0.35	0.53	0.41	0.43

资料来源：由历年《安徽省统计年鉴》计算得到。

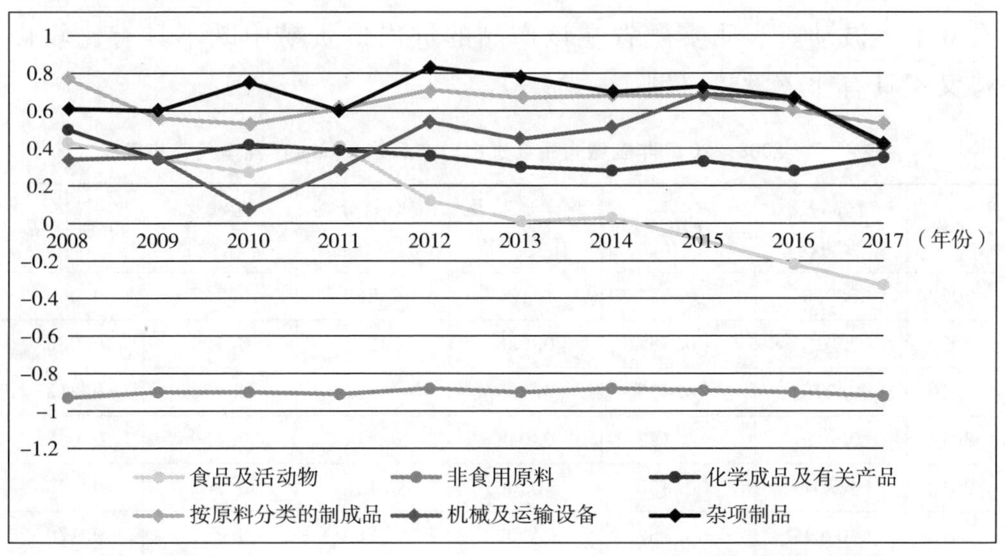

图1-3　2008—2017年安徽省主要进出口产品贸易竞争力指数变化趋势图

（二）Michaely 竞争优势指数分析

Michaely 竞争优势指数从另外一个角度衡量了产品出口的比较优势和国际竞争力，它综合考虑了一种产品的出口额和进口额分别占出口总额和进口总额的份额。计算公式为：$MI = X_{ij} / \sum X_i - M_{ij} / \sum M_i$，其中：$X_{ij}$、$M_{ij}$ 分别为 i 国（地区）j 商品的出口额和进口额，$\sum X_i$、$\sum M_i$ 分别为 i 国（地区）的出口总额和进口总额。MI 指数的变动幅度为［－1，1］，正数表示具有比较优势，负数表示具有比较劣势。表 1－7 列出了 2008—2017 年安徽省主要进出口产品的 Michaely 竞争优势指数，其中，按原料分类的制成品、机械及运输设备产品和杂项制品的 Michaely 竞争优势指数基本为正值，表明安徽省在这三类产品的进出口贸易方面具有比较优势。2008 年以来，安徽省在非食用原料产品上的 Michaely 竞争优势指数均为负数，这说明安徽省在该项产品上具有比较劣势，该产品的贸易竞争力水平较低。此外，食品及活动物产品在 2012 年以前曾是安徽省具有比较优势的产品，但自 2012 年开始转变成比较劣势产品，且比较劣势愈发明显，该产品的贸易竞争力逐渐减弱。化学成品及有关产品的 Michaely 竞争优势指数在 0 上下波动，表明安徽省在该产品的进出口贸易中既不具有比较优势又不具有比较劣势（图 1－4）。

表 1－7　2008—2017 年安徽省主要进出口产品的 Michaely 竞争优势指数

年份	食品及活动物	非食用原料	化学成品及有关产品	按原料分类的制成品	机械及运输设备	杂项制品
2008	0.016	－0.597	1.126	0.286	0.127	0.065
2009	0.015	－0.481	0.038	0.205	0.109	0.086
2010	0.015	－0.455	0.069	0.155	0.030	0.213
2011	0.019	－0.492	0.044	0.214	0.120	0.082
2012	－0.017	－0.455	－0.001	0.195	0.102	0.195
2013	－0.017	－0.457	0.009	0.209	0.121	0.170
2014	－0.018	－0.027	0.000	0.191	0.162	0.119

（续表）

年份	食品及活动物	非食用原料	化学成品及有关产品	按原料分类的制成品	机械及运输设备	杂项制品
2015	－0.041	－0.011	－0.052	－0.182	－0.394	－0.089
2016	－0.056	－0.185	－0.027	－0.051	－0.074	－0.020
2017	－0.047	－0.346	0.028	0.136	0.200	0.063

资料来源：由历年《安徽省统计年鉴》计算得到。

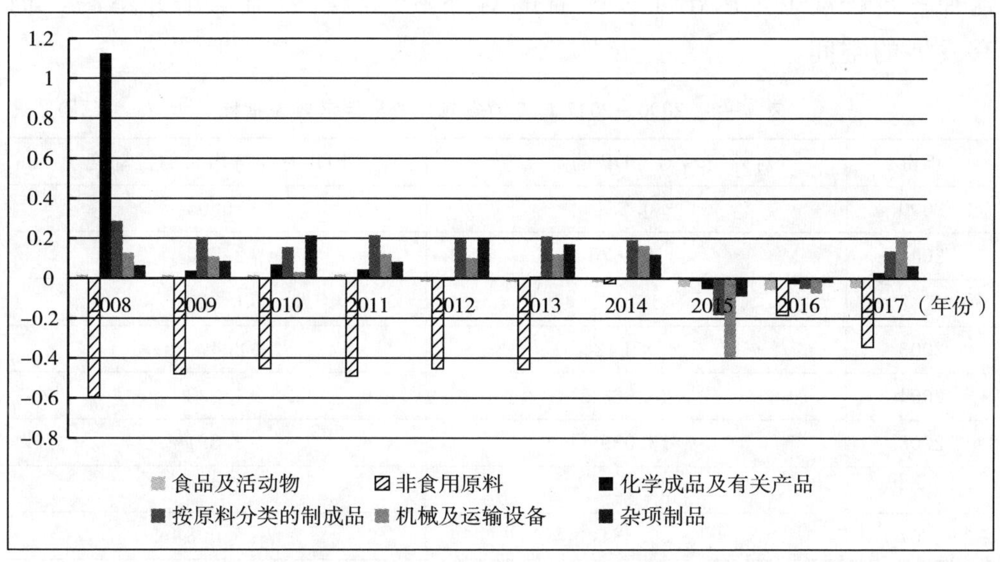

图 1-4　2008—2017 年安徽省主要进出口产品 Michaely 竞争优势指数变化图

三、安徽对外贸易效益分析

（一）对外贸易的经济效益

对外贸易的经济效益指对外贸易对区域经济的带动作用，是发展对外贸易的目的。贸易经济效益可以反映出贸易对区域经济的推动作用，衡量指标包括对外贸易对 GDP 的贡献率和 FDI 对经济增长的拉动度（表 1－8）。对外贸易对 GDP 的贡献率是净出口增量与 GDP 增量的比值，反映经济增长中由对外贸易增长所引起的部分，其比值越大，说明对外贸易对经济增长的影响力越大。FDI 对经济增长的拉动度用

FDI 贡献度与 GDP 增长率乘积表示，其值越大说明外商直接投资对经济增长促进作用越大，外资利用效益越高。其中，外商直接投资对经济增长的贡献率可利用 $GDP=a+b\times FDI$ 模型估算。如图 1-5 所示，2000—2017 年安徽省对外贸易对 GDP 的贡献率呈现出剧烈的波动态势，尤其在 2001 年和 2009 年这两年间，对外贸易对 GDP 的贡献率出现了极大的负增长现象；而 FDI 对经济增长的拉动度则较为平稳，开始时缓慢上升但近几年又有所下滑，整体上对经济增长的拉动度较小，这在一定程度上反映出了安徽省的对外贸易经济效益水平并不高，仍有发展的空间。

表 1-8 2000—2017 年安徽省对外贸易经济效益指标 (%)

年份	对外贸易对 GDP 的贡献率	FDI 对经济增长的拉动度
2000	−0.251	−0.051
2001	−78.670	2.560
2002	−15.061	1.868
2003	−8.942	2.477
2004	20.963	4.233
2005	13.039	2.881
2006	69.721	3.570
2007	69.884	5.008
2008	54.926	5.792
2009	−152.763	3.247
2010	−22.220	4.652
2011	23.577	5.524
2012	3.150	3.160
2013	−11.349	2.934
2014	10.216	2.052
2015	3.749	0.948
2016	−2.025	0.649
2017	−12.243	0.953

资料来源：由《安徽省统计年鉴》计算得出。

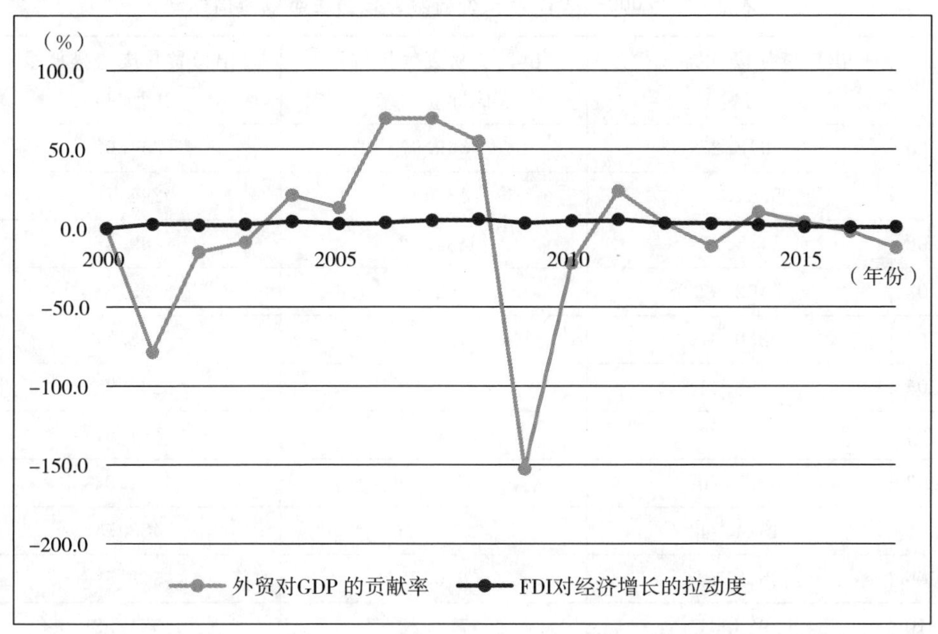

图 1-5 2000—2017 年安徽省对外贸易经济效益指标

(二) 对外贸易的生态效益

对外贸易的生态效益指对外贸易对生态环境的影响，即对外贸易带来的生产、开发、储存、转运以及销售使用等各个环节对生态环境的影响。采用出口贸易废水排放量、出口贸易废气排放量和出口贸易废渣排放量等指标表示，其值越小，说明对外贸易生产对地区环境造成的污染越轻，对外贸易生态效益越好。其中，出口贸易“三废”排放量=（工业出口总值/工业总产值）×工业“三废”排放量。由表 1-9 计算出的数据可知，安徽省出口贸易“三废”排放总量较大，2000—2017 年安徽省的出口贸易废水排放的总量虽高，但近年来呈现出明显的下降趋势，表明安徽省在出口贸易废水排放治理上取得一定成效。其出口贸易废气排放量与废渣排放量总量虽不算太高，但呈现出缓慢上升的趋势，安徽省的出口贸易废气排放与废渣排放仍需进一步治理。以上情况说明了安徽省的对外贸易生产对其环境造成了一定的污染，但近年来环境治理初见成效，对外贸易生态效益正逐步提高。

表1-9 2000—2017年安徽省对外贸易生态效益指标

年份	出口贸易废水排放量（万吨）	出口贸易废气排放量（亿标立方米）	出口贸易废渣排放量（万吨）
2000	5918.25	369.97	264.00
2001	5751.09	437.32	296.70
2002	5475.22	434.02	289.46
2003	5462.92	462.93	302.88
2004	5250.37	486.32	308.77
2005	5488.41	601.69	362.74
2006	6057.91	749.65	434.57
2007	5689.70	1025.26	461.04
2008	4324.71	1016.46	488.51
2009	3030.80	630.29	349.59
2010	2983.01	750.22	384.92
2011	2751.72	1180.92	445.52
2012	3631.00	1602.40	649.82
2013	3441.85	1374.13	578.89
2014	3376.35	1418.52	582.30
2015	3491.29	1426.50	638.23
2016	2030.11	1037.74	517.62
2017	1905.27	1392.91	531.67

资料来源：由《安徽省统计年鉴》计算得出。

（三）对外贸易的资源效益

对外贸易的资源效益指对外贸易对区域资源保护与利用的程度，是对外贸易持续发展的物质基础。本节采用初级产品效益度、进出口能源密集度（李明生等，2005）和资源及资源性产品进口比重（谷志红，2005）来衡量对外贸易的资源效益。初级产品效益度值越大说明净进口资源越多，有利于地区资源生态的保护。进出口能源密集度大于1，表示进口产品所耗能源量大于出口产品所耗能源量，有利于地区能源的保护性开发。资源和能源类产品的进口比重较高可以减少地区的资源使用与开发，保护地区环境，为地区未来生产提供资源支持。

初级产品效益度＝初级产品进口比重/初级产品出口比重；进出口能源密集度＝进口产品能耗总量/出口产品能耗总量，其中，进口产品能耗总量＝（进口总额/总产值）×能源总消耗量，出口产品能耗总量＝（工业制成品出口/工业总产值）×工业总能耗；资源及资源性产品进口比重＝资源及资源性产品进口值/总进口额×100％，其中资源及资源性产品进口值以“非食用原料”和“矿物燃料、润滑油及有关原料”这两大类产品的进口总额之和近似替代。

由表 1－10 可以看出，2000—2017 年安徽省初级产品效益度数值基本呈上升趋势，且数值增长较快，这说明安徽省净进口资源逐渐增多，这样会有利于地区资源生态的保护。安徽省在 2008 年以前进出口能源密集度小于 1，自 2008 年开始大于 1，这说明安徽省进口产品所耗能源量逐渐大于出口产品所耗能源量，从而有利于地区能源的保护性开发。尤其在 2017 年安徽省的进出口能源密集度数值达到了 2.185，这与安徽省进口贸易的快速发展密不可分。2000—2017 年安徽省资源及资源性产品的进口比重基本维持在 30％～60％之间，但近年来出现了小幅下降的态势，这可能与安徽开始重视地区未来生产、加大资源使用与开发力度有关。

表 1－10 2000—2017 年安徽省对外贸易资源效益指标

年份	初级产品效益度	进出口能源密集度	资源及资源性产品进口比重（％）
2000	2.013	0.029	37.7
2001	3.091	0.031	36.1
2002	2.605	0.041	28.2
2003	2.718	0.062	30.5
2004	5.255	0.070	40.1
2005	7.424	0.080	50.4
2006	8.794	0.098	52.1
2007	7.820	0.121	60.7
2008	7.651	1.417	62.2

（续表）

年份	初级产品效益度	进出口能源密集度	资源及资源性产品进口比重（%）
2009	5.940	1.430	52.1
2010	8.421	1.949	50.2
2011	6.397	2.015	52.9
2012	8.959	1.120	48.9
2013	8.902	1.651	48.9
2014	8.314	1.549	43.7
2015	9.221	1.323	42.8
2016	8.883	1.600	43.7
2017	7.332	2.185	38.3

资料来源：由《安徽省统计年鉴》计算得出。

四、安徽对外贸易商品结构

由表1-11可以观察到，从出口商品贸易额上看，2000—2017年安徽省主要以出口工业制成品为主，初级产品出口为辅。在2000年，安徽省工业制成品出口额达到18.82亿美元，而同期初级产品出口仅为2.90亿美元。以2009年为分界点，2010年安徽省工业制成品出口总额首次超过110亿美元，达到116.31亿美元，占对外贸易出口总额的50%以上。而后十年间，工业制成品出口额以平均每年18.56%的速率直线上升，初级产品出口额从2010年的7.82亿美元上升至2017年的19.76亿美元，年均增速为12.7%，和初级产品出口增速相差不大，但是就出口数额来看，工业制成品出口每年领先初级产品100亿美元左右，可见，初级产品出口在安徽出口贸易商品中占据极其微小的份额。

表1-11 2000—2017年安徽省初级产品及工业制成品出口、进口额 （亿美元）

年份	出口总额	初级产品出口额	工业制成品出口额	进口总额	初级产品进口额	工业制成品进口额
2000	21.72	2.90	18.82	11.75	4.57	7.18
2001	22.82	2.77	20.05	13.38	5.02	8.36

（续表）

年份	出口总额	初级产品出口额	工业制成品出口额	进口总额	初级产品进口额	工业制成品进口额
2002	24.53	2.78	21.75	17.28	5.10	12.18
2003	30.64	3.52	27.12	28.79	9.00	19.79
2004	39.36	3.12	36.24	32.75	13.65	19.10
2005	51.90	3.70	48.20	39.30	20.83	18.47
2006	68.36	4.25	64.11	54.13	29.61	24.52
2007	88.22	7.39	80.83	71.09	46.53	24.56
2008	113.53	9.80	103.73	90.82	59.97	30.85
2009	88.88	8.45	80.43	67.48	38.08	29.40
2010	124.13	7.82	116.31	118.64	62.94	55.70
2011	170.84	15.27	155.57	142.53	81.51	61.02
2012	267.52	17.10	250.42	125.73	71.98	53.75
2013	282.56	18.23	264.33	173.77	99.78	73.99
2014	314.93	19.33	295.60	177.80	90.76	87.04
2015	331.15	18.25	312.90	156.94	79.75	77.19
2016	284.84	17.32	267.52	158.96	85.86	73.10
2017	304.82	19.76	285.06	231.55	110.04	121.51

资料来源：2001—2018年《安徽省统计年鉴》。

从进口商品贸易额上看，二者表现出和出口贸易截然相反的情况，初级产品的进口份额虽大体上高于工业制成品，但二者整体在进口贸易规模中的数额相差不大。2000—2004年工业制成品进口额高于初级产品，2005—2017年二者进口差额稳定在10亿～20亿美元之间，不及出口贸易差额上下波动的幅度。2015年工业制成品进口额为77.19亿美元，与初级产品仅相差2亿美元左右，初级产品进口额从2005年的20.83亿美元增长到2017年的110.04亿美元，年均增速为15.38%，超过工业制成品1.57个百分点，2017年工业制成品与初级产品的进口贸易额首次超过100亿美元。

从进口增速和进口商品占比来看，2001—2017 年工业制成品进口呈现波浪式增长态势，与初级产品进口增速相比波动幅度相对较大，2003—2008 年工业制成品进口增速从 62.46%下降到 25.63%，且有两年出现负增长率。而同期初级产品进口增速远远领先工业制成品且波动幅度较小（表 1-12），2016—2017 年二者有个大幅度的变化过程，尤其是工业制成品进口增速从－5.30%大幅度上升到 66.22%，原因可能是近些年受我国宏观进出口贸易结构不断优化、转型升级的影响，安徽省新兴进出口商品贸易结构也在进一步优化。就比重变化情况来看，在 2008 年以前二者进口商品所占比重差距较大，如 2002 年工业制成品进口占比高于同期的初级产品四十多个百分点，2005 年以后初级产品进口比重高于工业制成品。值得关注的是，从 2013 年开始，工业制成品的进口比重与初级产品差距逐步缩小，直到 2017 年初级产品进口比重比工业制成品低出五个百分点左右，说明 2017 年安徽省在新形势下不但扩大进口贸易规模而且进一步调整进口贸易商品结构，注重二者之间的比例关系。

表 1-12 2001—2017 年安徽省初级产品、工业制成品占比与增速 （%）

年份	出口额				进口额			
	初级产品		工业制成品		初级产品		工业制成品	
	比重	增速	比重	增速	比重	增速	比重	增速
2001	12.14	－4.39	87.86	6.53	37.53	9.82	62.47	16.44
2002	11.33	0.34	88.67	8.49	29.51	1.55	70.49	45.75
2003	11.50	26.67	88.50	24.67	31.26	76.49	68.74	62.46
2004	7.93	－11.32	92.07	33.63	41.67	51.63	58.33	－3.47
2005	7.14	18.60	92.86	32.99	53.01	52.64	46.99	－3.33
2006	6.22	14.76	93.78	33.01	54.70	42.15	45.3	32.78
2007	8.37	73.75	91.63	26.07	65.45	57.15	34.55	0.16
2008	8.63	32.62	91.37	28.34	66.03	28.9	33.97	25.63
2009	9.50	－13.38	90.50	－22.47	56.43	－36.51	43.57	－4.70
2010	6.30	－7.39	93.70	44.61	53.05	65.29	46.95	89.45
2011	8.94	95.15	91.06	33.76	57.19	29.51	42.81	9.56

（续表）

年份	出口额				进口额			
	初级产品		工业制成品		初级产品		工业制成品	
	比重	增速	比重	增速	比重	增速	比重	增速
2012	6.39	12.02	93.61	60.97	57.25	－11.70	42.75	－11.92
2013	6.45	6.61	93.55	5.56	57.42	38.63	42.58	37.65
2014	6.14	6.02	93.86	11.83	51.05	－9.05	48.95	17.64
2015	5.51	－5.60	94.48	5.85	50.81	－12.13	49.19	－11.31
2016	6.08	－5.08	93.91	－14.50	54.01	7.67	45.99	－5.30
2017	6.48	13.57	78.14	6.56	47.52	28.61	52.48	66.22

资料来源：由2001—2018年《安徽省统计年鉴》测算得出。

从出口增速和出口商品比重方面来看，工业制成品出口增速整体没有初级产品出口增速变动得剧烈，2007—2012年初级产品出口增速在时间曲线图上表现出大起大落的趋势，2010年出口增速为－7.39％，2011年迅速上升至95.15％，而后又跌落至2012年的12.02％；相反，工业制成品出口增速表现得比较稳定。自2013年起，二者出口增速出现放缓的态势，上下浮动不超过15％，2013年二者差距最小，初级产品的出口增速以略微的优势超过工业制成品的出口增速。值得注意的是，2015年和2016年初级产品出口增速出现大幅度下降，工业制成品出口增速跌落得更明显（图1-6），下降的幅度仅次于2009年金融危机时期的幅度，且2013—2016年工业制成品和初级产品的出口增速都呈现出直线下降的趋势，2017年有所回暖。这可能是由于近几年来世界经济发展形势不稳定，导致国际市场需求的不确定性增加，而安徽省作为中部地区出口贸易大省受到的波动也比较明显。整体上，出口额中工业制成品的占比远高于初级产品且年均工业制成品占比超过80％，初级产品不超过10％。但从2011年开始，工业制成品占比有所下降，由2011年的91.06％下降到2017年的78.14％，而同期初级产品所占比重则由8.94％下降为6.48％。

根据海关商品分类标准，2000—2017年安徽省海关出、进口商品分类额占比见表1-13和表1-14所列。从细分商品出口贸易额占比

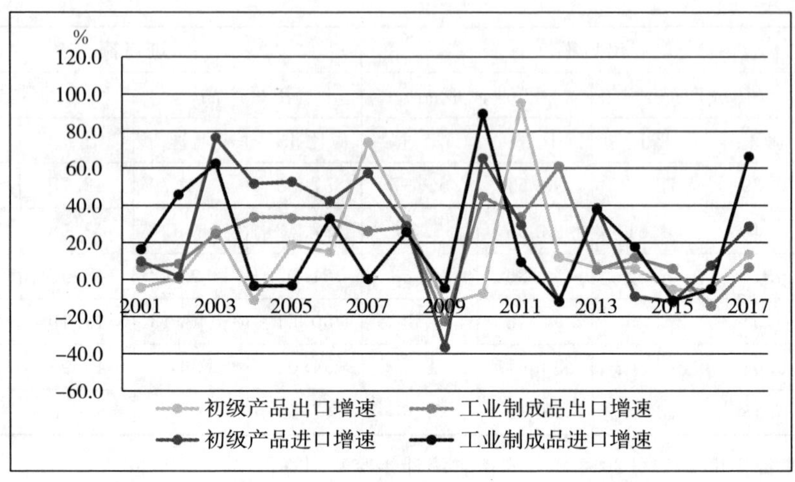

图 1-6 2001—2017 年安徽省工业制成品及初级产品进口、出口增速比较

来看，近十年来，安徽省出口工业制成品商品贸易额占比较高的为轻纺产品、橡胶制品、矿冶产品及其制品、机械及运输设备，其中，机器及运输设备等资本和技术密集型产品出口增长很快，其主要特征是以特种工业专用机械为主的出口商品结构，出口商品贸易结构逐步优化。

表 1-13 2000—2017 年安徽省海关出口商品分类额占出口额比重 （%）

年份	食用的活动物	非食品原料	矿物燃料及有关原料	动、植物油	化学及有关产品	轻纺产品及其制品	机械及运输设备	杂项制品
2000	0.27	20.14	1.32	0.21	5.73	6.81	19.08	1.42
2001	0.52	20.66	2.54	0.10	5.44	9.00	20.01	2.17
2002	0.47	19.41	2.42	0.05	5.36	12.20	30.16	1.94
2003	1.57	40.98	3.84	0.07	7.91	20.76	64.12	3.04
2004	2.18	31.19	6.99	0.28	5.72	10.86	29.18	2.75
2005	1.56	36.60	4.26	0.41	5.85	8.12	19.75	1.85
2006	1.50	39.72	3.77	0.93	4.82	4.92	24.16	1.96
2007	1.54	47.39	3.24	2.61	3.87	5.55	15.87	1.77
2008	0.60	49.17	1.22	1.74	3.87	4.48	15.58	2.28

（续表）

年份	食用的活动物	非食品原料	矿物燃料及有关原料	动、植物油	化学及有关产品	轻纺产品及其制品	机械及运输设备	杂项制品
2009	1.58	38.01	4.17	1.09	5.38	9.02	14.30	3.25
2010	2.11	45.82	4.61	0.56	4.84	6.87	29.61	3.53
2011	1.42	42.63	3.34	2.04	4.22	7.32	19.60	3.04
2012	0.92	21.99	4.18	1.99	3.14	5.24	8.45	2.21
2013	0.99	29.07	3.39	2.52	3.61	6.01	11.68	2.66
2014	1.19	23.50	5.05	1.60	3.80	5.34	12.07	2.99
2015	0.01	1.11	1.10	1.64	6.56	27.36	36.55	19.46
2016	0.01	1.22	0.90	1.75	6.48	25.08	41.85	15.65
2017	0.11	1.12	9.73	0.11	7.58	22.84	44.25	13.35

资料来源：由 2001—2018 年《安徽省统计年鉴》计算得出。

表 1-14　2000—2017 年安徽省海关进口商品分类额占进口额比重　（%）

年份	食用的活动物	非食品原料	矿物燃料及有关原料	动、植物油	化学及有关产品	轻纺产品及其制品	机械及运输设备	杂项制品
2000	0.43	20.14	0.27	0.21	5.73	6.81	19.08	1.42
2001	0.72	20.66	0.52	0.10	5.44	9.00	20.01	2.17
2002	0.85	19.41	0.47	0.05	5.36	12.20	30.16	1.94
2003	0.93	40.98	1.57	0.07	7.91	20.76	64.12	3.04
2004	1.00	31.19	2.18	0.28	5.72	10.86	29.18	2.75
2005	1.56	36.60	1.56	0.41	5.85	8.12	19.75	1.85
2006	1.17	39.72	1.50	0.93	4.82	4.92	24.16	1.96
2007	1.20	47.39	1.54	2.61	3.87	5.55	15.87	1.77
2008	1.31	49.17	0.60	1.74	3.87	4.48	15.58	2.28
2009	2.14	38.01	1.58	1.09	5.38	9.02	14.30	3.25
2010	2.20	45.82	2.11	0.56	4.84	6.87	29.61	3.53
2011	1.60	42.63	1.42	2.04	4.22	7.32	19.60	3.04

（续表）

年份	食用的活动物	非食品原料	矿物燃料及有关原料	动、植物油	化学及有关产品	轻纺产品及其制品	机械及运输设备	杂项制品
2012	2.00	21.99	0.92	1.99	3.14	5.24	8.45	2.21
2013	2.72	29.07	0.99	2.52	3.61	6.01	11.68	2.66
2014	2.52	23.50	1.19	1.60	3.80	5.34	12.07	2.99
2015	3.26	41.01	0.85	0.52	3.34	5.27	6.79	3.02
2016	4.83	22.95	1.44	0.89	3.65	6.28	8.52	3.05
2017	7.61	35.67	0.01	1.63	6.06	23.43	39.11	14.63

资料来源：由 2001—2018 年《安徽省统计年鉴》计算得出。

2008 年金融危机前，安徽省首要的出口产品为轻纺产品及其制品，机械及运输设备类产品出口比重在 20%左右。2016 年出口机械及运输设备、橡胶制品占总出口贸易额的 68.45%，2017 年机械及运输设备类单项出口比重已增至 44.25%，占据了安徽省出口商品数额的“半壁江山”，其中，最大出口产品为电力机械、器具及其电气零件，占安徽省出口总额的 10.34%；其次为特种工业专用机械，占 9.31%，成为安徽省主导出口产品。但轻纺产品、橡胶制品、矿冶产品及其制品和杂项制品紧随其后，这两类劳动和资源密集型产品共占安徽省出口总额的 36.12%。杂项制品单项出口额的占比也在逐年增加，但增加的幅度远远不及前者。2010—2017 年安徽省高新技术产品出口额年均增加的幅度较小，出口占比从 2010 年的 16.18%增加到 2017 年的 27.63%，年均占比不超过 30%，整体相对于出口贸易规模而言并不是很大，说明安徽省进一步出口高新技术产品的潜力较大。

与出口商品结构类似，安徽省进口商品结构相对比较集中，从表 1 - 14 中可以看出 2000—2017 年安徽省两大进口产品分别为非食品原料和机械及运输设备，其中非食品原料为进口主导产品。2002 年以前二者进口总和占安徽省总进口比重维持在 40%左右，占比基本上呈现出不断上升的趋势，2010 年达到 75.43%。2011—2017 年非食品原料进口比重虽有所下降，但仍然领先于其他八类产品，且 2017 年主要进口商品为非食品原料（燃料除外）和机械及运输设备两大类。其中，最大进口商品为金属矿砂及金属废料，占安徽省进口总额的 29.32%，进口占比较大。这主要有以下两个原因：第一，与安徽省特殊的产业结构有关，安徽省虽然作为中部对外贸易大省之一，但产业结构近些年在不断地优化升级，以山西、河南为首的各省均以能源、化工、冶金等基础原材料行业为主导，安徽省大力发展现代装备制造业、电子通信产业，主导产业高度重合；第二，近年来安徽省外商投资主要集中于技术密集型的电子设备、信息产品制造业，在一定程度上也推动了安徽省对外贸易商品结构的优质化。

由以上分析可知，安徽省近两年出口贸易商品结构主要以工业制成品出口为主，以初级产品出口为辅，进口贸易主要以初级产品为主，对外贸易商品结构逐步优化。但是资源技术密集型商品出口近十年来的增幅不大且出口和进口规模较小，说明安徽省出口商品贸易结构有更大的改善空间。近两年，非食品原料在进口中比重最大且不断增加，原进口的工业制成品中主要以设备为主，说明安徽省对外贸易主要进口原料和设备，对资源类产品的依赖性较强，引进吸收创新能力有待于进一步地提高和完善。且无论从进口商品结构还是出口商品结构角度分析均可以发现，劳动密集型产品作为安徽省出口主导商品，在国际市场上具备一定的比较优势，资本与技术密集型产品尤其是技术密集型产品在安徽省进口商品结构中不但所占比例较小，而且不具有进出口贸易比较优势。

五、安徽对外贸易伙伴分布

从表 1－15 中可以发现，在对外贸易的合作伙伴问题上，亚洲、欧洲和拉丁美洲一直是安徽省对外贸易的传统市场，占据了安徽省对外贸易的“半壁江山”，进出口市场多元化程度较低。值得关注的是，2000—2017 年北美洲贸易额占安徽省出口额比重始终稳定在 12%～18%之间（表 1－16），是所有大洲与安徽省贸易额占比波动幅度最小的区域。

表 1－15 2000—2017 年安徽省与世界六大区域进出口贸易总额 （亿美元）

年份	亚洲	非洲	欧洲	拉丁美洲	北美洲	大洋洲
2000	14.67	1.82	6.83	3.87	5.36	0.91
2001	15.10	2.21	8.02	3.77	5.71	1.38
2002	18.08	2.49	10.05	3.71	6.12	1.36
2003	25.02	3.36	15.39	5.23	7.93	2.49
2004	29.64	3.12	17.29	8.96	9.88	3.21
2005	34.47	4.48	19.53	14.04	12.89	5.80
2006	44.97	7.12	26.57	19.47	16.04	8.32
2007	54.12	9.28	33.27	32.30	19.99	10.34
2008	68.24	13.97	40.34	39.92	25.83	16.05
2009	55.45	13.44	28.42	25.45	22.69	10.91
2010	92.22	16.94	41.27	41.24	30.82	20.22
2011	112.36	18.63	59.07	54.63	39.11	29.57
2012	148.62	30.52	71.31	61.89	58.56	22.35
2013	185.47	29.25	74.60	74.33	66.17	26.51
2014	222.40	26.28	80.67	66.43	74.49	22.45
2015	210.25	27.15	79.01	69.53	80.59	21.54
2016	181.61	22.46	75.80	64.26	79.45	20.22
2017	235.27	25.35	84.81	74.39	88.02	28.50

资料来源：由 2001—2018 年《安徽省统计年鉴》计算得出。

表 1－16 2000—2017 年安徽省与世界六大区域进出口贸易总额占比 （%）

年份	亚洲	非洲	欧洲	拉丁美洲	北美洲	大洋洲
2000	43.84	5.44	20.42	11.57	16.00	2.73
2001	41.72	6.11	22.14	10.42	15.79	3.81
2002	43.24	5.95	24.04	8.86	14.65	3.25
2003	42.09	5.66	25.90	8.81	13.35	4.19
2004	41.11	4.33	23.98	12.43	13.70	4.45
2005	37.79	4.91	21.42	15.39	14.13	6.36
2006	36.71	5.81	21.69	15.89	13.10	6.8
2007	33.97	5.82	20.89	20.27	12.55	6.49

（续表）

年份	亚洲	非洲	欧洲	拉丁美洲	北美洲	大洋洲
2008	33.39	6.84	19.74	19.53	12.64	7.86
2009	35.46	8.60	18.17	16.27	14.51	6.98
2010	38.00	6.98	17.00	16.99	12.70	8.33
2011	35.85	5.94	18.84	17.43	12.48	9.44
2012	37.79	7.76	18.13	15.74	14.89	5.68
2013	40.64	6.41	16.35	16.29	14.50	5.81
2014	45.14	5.33	16.37	13.48	15.12	4.56
2015	43.07	5.56	16.19	14.25	15.51	4.41
2016	40.92	5.06	17.08	14.48	17.90	4.56
2017	43.86	4.72	15.81	13.87	16.41	5.31

资料来源：由2001—2018年《安徽省统计年鉴》计算得出。

过去十年来，安徽对亚洲的出口额基本保持增长的趋势。2000—2003年对亚洲的出口额从14.67亿美元增长到25.02亿美元，超过非洲、大洋洲和北美洲10亿～20亿美元。2004—2011年安徽省对亚洲的贸易额增长极为迅猛，短短8年间贸易额从29.64亿美元增加到112.36亿美元，提高了接近3倍。在此期间，与欧洲和拉丁美洲的双边贸易额也呈现迅猛增长的态势，尤其是拉丁美洲，进出口贸易额从8.96亿美元增长到54.63亿美元，增幅超过了亚洲。2012—2017年，安徽省与亚洲地区的贸易联系最为密切，进出口贸易额继续保持大幅度上升的趋势，从148.62亿美元增长到235.27亿美元。但2016年安徽省与世界各洲对外贸易总额均呈现出较大幅度的下降，亚洲地区降幅比较稳定，非洲降幅最为显著，究其原因，主要是因为中国地处亚洲，与亚洲各国距离较近，运输成本较小，且生活环境、文化习惯较为相近。在此阶段，除了非洲以外，与欧洲、北美和大洋洲的贸易额也继续保持稳定上升的态势，其中，大洋洲的贸易额增幅最小，欧洲、北美洲和拉丁美洲贸易基本稳定在60亿～90亿美元之间。

近两年安徽省贸易伙伴空间分布并没有发生太大的变化，从

2017 年安徽省与世界各大区域之间的贸易来看，安徽省最大的贸易区域为亚洲、北美洲、欧洲，双边进出口总额高达 408.10 亿美元，共占安徽省对外贸易总额的 76.08%。亚洲是安徽省最大贸易伙伴和最大出口目的地，2017 年，安徽省与亚洲的对外贸易规模和出口额为 235.27 亿美元和 132.64 亿美元，分别占安徽省对外贸易总额、出口总额的 43.86%、43.51%，且近十年来的年均占比接近 50%，同时也是安徽省最大的进口来源地。北美洲的主要国家美国和加拿大是安徽省第二大贸易伙伴和第三大进口来源地，安徽省与北美洲贸易规模为 88.02 亿美元。安徽省与大洋洲的进口额为 21.77 亿美元，出口额为 6.73 亿美元，是安徽省对外贸易中唯一存在贸易逆差的区域。但是近两年安徽省对外贸易合作出现了一些新状况，2017 年除了大洋洲和亚洲以外，安徽省对其余四大洲的贸易规模占比均出现了不同幅度的下降（图 1-7、图 1-8），其中对欧洲贸易额占比降幅最大，达到 7.4%。这主要与 2017 年安徽省进出口贸易额增加幅度大于对欧洲市场贸易规模的增加幅度有关，且近三年安徽省与北美洲双边贸易额增加较为迅速，进出口贸易额占安徽省进出口贸易总额的 16.90%。

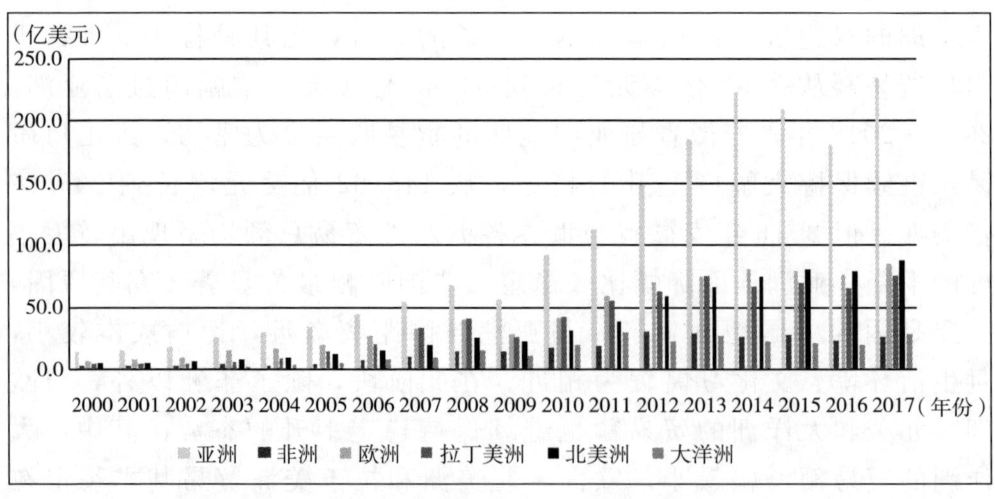

图 1-7 安徽省与世界六大区域贸易额

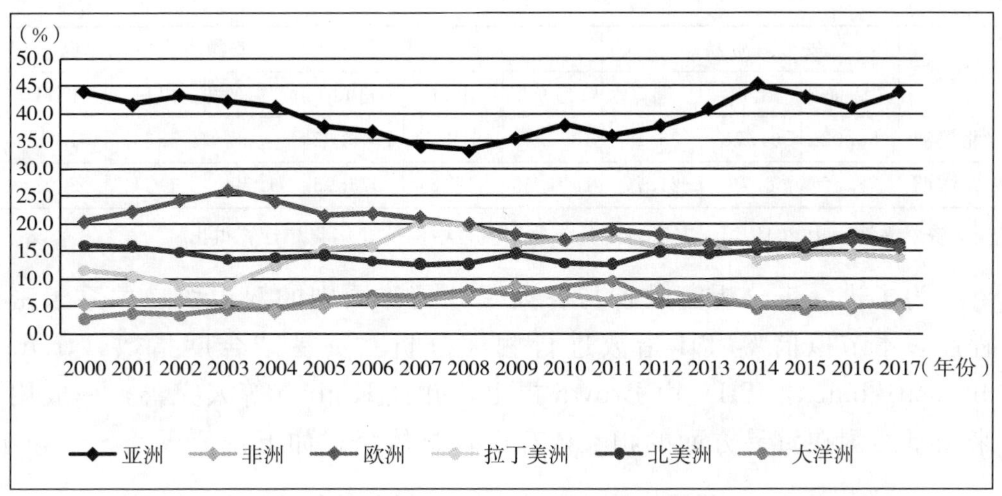

图 1-8 安徽省与世界六大区域贸易额占比

从全国层面来看，安徽省贸易伙伴较为集中，与全国的贸易伙伴格局高度相似。2017 年，中国最主要的贸易伙伴也为亚洲、欧洲、北美洲，安徽省在全国与上述区域对外贸易总额的占比分别为 1.11%、1.12%、1.38%（表 1-17）。同时，安徽省仅占中国对亚洲出口总额的 1.21%，占中国从欧洲进口总额的 0.77%。安徽省对外贸易在全国层面不具有明显的比较优势。2017 年，安徽省与拉丁美洲的贸易总额为 74.39 亿美元，占安徽省贸易总额的 31.62%，但占中国对拉丁美洲贸易总额的 2.88%。可见，安徽与拉丁美洲的贸易具有显著的比较优势。从比较优势角度来看，与拉丁美洲的贸易关系对安徽对外贸易发展更加重要。

表 1-17 2017 年安徽省与世界六大区域对外贸易额及占比 （亿美元，%）

区域	安徽省贸易额			中国贸易额			安徽省占中国比例		
	贸易总额	出口	进口	贸易总额	出口	进口	贸易总额	出口	进口
亚洲	235.27	132.64	102.64	21265.24	10963.40	10301.84	1.11	1.21	1.00
非洲	25.35	17.56	7.80	1706.45	947.18	759.27	1.49	1.85	1.03
欧洲	84.81	59.70	25.11	7561.07	4289.75	3271.31	1.12	1.39	0.77
拉丁美洲	74.39	26.40	47.99	2585.90	1308.16	1277.74	2.88	2.02	3.76

（续表）

区域	安徽省贸易额			中国贸易额			安徽省占中国比例		
	贸易总额	出口	进口	贸易总额	出口	进口	贸易总额	出口	进口
北美洲	88.02	61.78	26.24	6357.43	4612.41	1745.02	1.38	1.34	1.50
大洋洲	28.50	6.73	21.77	1591.59	512.64	1078.95	1.79	1.31	2.02

资料来源：由2018年《安徽省统计年鉴》及《中国统计年鉴》计算得出。

为了进一步分析安徽省与各大区域具体国别的双边贸易关系亲密程度，本节拟借鉴TII指数进行测度分析。贸易结合度指数（trade intensity index，TII）由Brown提出，并经Kojima等人完善，一般用来衡量两国在贸易方面的相互依存度，具体公式如下：

$$TII_{ij}=(X_{ij}/X_i)/(M_j/M_w)$$
$$TII_{ji}=(X_{ji}/X_j)/(M_i/M_w) \quad (1-1)$$

其中，TII_{ij}与TII_{ji}分别代表安徽省与不同区域具体国家对彼此的贸易结合度；X_{ij}、X_{ji}、X_i、X_j分别代表安徽省对该国的出口总额、该国对安徽省的出口总额、安徽省的出口总额及该国的出口总额；M_j、M_i、M_w分别代表该国进口总额、安徽省进口总额及世界进口总额。本节重点选择2017年安徽省与不同国家的双边贸易数据，从两个不同的角度更加具体地分析安徽省贸易伙伴分布。

从安徽省与具体国别和地区来看，安徽省迄今为止的贸易伙伴已达到219个，最大的出口目的地为美国、日本、韩国、荷兰、印度、越南等国，排名前五位的贸易伙伴分别是美国、日本、智利、韩国、澳大利亚。其中，美国是安徽省最大的出口国，2017年安徽省对美国的出口额达到56.45亿美元，占安徽省出口总额的18.52%；安徽省主要进口国家为美国、澳大利亚、韩国和巴拉圭，其中美国、澳大利亚和韩国进口额分别占安徽省进口总额的9.50%、8.83%和7.6%。

为了更直观地反映安徽与世界各大区域及不同区域具体国家之间的贸易关系，笔者根据文中贸易结合度的公式计算数据绘制了图1-9，亚洲—安徽表示亚洲出口到安徽省贸易流量，安徽—亚洲表示安徽出口到亚洲的贸易流量，“—”左边表示出口地区，右边表示进口地区。

从图中可以看出安徽省与各大区域的贸易流量柱状图存在明显的差异，总体来看，与世界六大区域的贸易结合度指数均大于1，与拉丁美洲的对外贸易结合度指数更是显著大于1，说明安徽省积极投身于全球对外贸易活动中。其中，与欧洲和大洋洲的外贸依存关系显著低于亚洲。

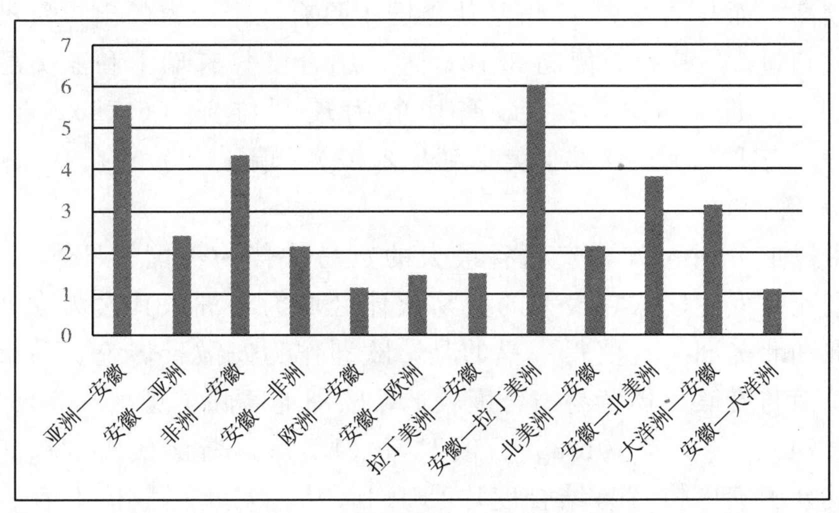

图1-9 2017年安徽省与世界六大区域贸易流

从外贸结合度来看，安徽与贸易伙伴国双向贸易关系中具有较强的贸易流地区依次为：亚洲出口安徽（5.57）、非洲出口安徽（4.36）、大洋洲出口安徽（3.17）、北美洲出口安徽（2.15）、拉丁美洲出口安徽（1.53）；其次是安徽出口拉丁美洲（6.03）、安徽省出口北美洲（3.85）、安徽出口亚洲（2.42）、安徽出口非洲（2.14）、安徽出口欧洲（1.47）、安徽出口大洋洲（1.13）。安徽省与各区域的贸易结合度指数均大于1，拉丁美洲的外贸结合度指数更是显著大于1，在安徽与世界六大区域贸易中，与安徽贸易结合度排名由高到低依次为：亚洲、拉丁美洲、北美洲、非洲、大洋洲和欧洲。

其中，与拉丁美洲出口结合度较高的贸易伙伴为多米尼加（4.21）、智利（3.87）和委内瑞拉（5.71）；与亚洲出口结合度较高的贸易伙伴不是日本、韩国、越南等，而是朝鲜（6.04）、柬埔寨（4.78）、巴基斯坦（3.31）、乌兹别克斯坦（2.74），日本和韩国仅为

1.27 和 1.41，低于中国香港地区（1.73）和印度（2.02），台湾地区出口贸易结合度指数小于 1；与非洲出口关系密切的伙伴国较多，分别为塞内加尔（4.11）、埃塞俄比亚（3.49）、坦桑尼亚（2.32）、尼日利亚（2.25）等国；与大洋洲的贸易伙伴国分别为澳大利亚（1.37）、瓦努阿图（1.33）等；与美国出口结合度指数为 7.57，出口关系密切程度较高；而与欧洲 39 个贸易伙伴国中只有五个国家的出口贸易结合度指数超过 1，最大为德国 3.18；进口结合度只有瑞士和亚美尼亚两国超过 1，进口依存关系最密切的为玻利维亚（6.56）、尼日尔（2.03）、苏丹（1.12）、亚美尼亚（2.92）、瑞士（3.50）、格林纳达（3.84）等国。

由以上分析可知，安徽省最大的贸易伙伴为美国、日本、荷兰、澳大利亚等发达国家，最大的贸易伙伴区域为亚洲，其次为欧洲、拉丁美洲和北美洲。且值得一提的是，欧洲作为安徽省传统贸易市场之一，反而与安徽整体贸易结合度较低，欧洲地区除了德国（3.18）、瑞士（1.74）、乌克兰（1.25）、俄罗斯（1.17）、斯洛伐克（1.06）五国，其余国家出口贸易结合度均小于 1，从绝对指标数值上看表现为与安徽省较为松散的贸易伙伴关系。非洲地区在 2000—2017 年间的进出口贸易额占安徽省对外贸易额的比重较小，均不超过 10%，并非是安徽省传统的贸易市场之一，但从出口结合度指数上看，超过 1 的贸易伙伴国较多，大多数表现为显著大于 1。从总体上看，贸易依存度较高的贸易伙伴为东南亚国家和非洲及拉丁美洲部分经济欠发达国家。其中，出口结合度较高的代表性贸易国为多米尼加、委内瑞拉等，安徽省出口额较大且出口结合度较高的国家只有越南，进口额较大且进口结合度较高的国家只有智利，主要贸易伙伴与贸易依存度较高的贸易伙伴之间存在较明显的空间差异，不利于安徽省未来对外贸易的进一步发展和贸易伙伴空间格局的进一步优化。

六、安徽贸易方式转变

“十二五”期间，安徽各级政府积极转变对外贸易发展方式，并取得初步成效，体现为贸易方式规模、贸易方式竞争力、贸易方式结构这三个方面的发展变化。

（一）贸易方式规模

2008—2017 年，安徽省一般贸易规模虽在不断扩大，但占比有所下降。其一般贸易进出口总额由 2008 年的 163.42 亿美元增长到 2017 年的 380.39 亿美元，但一般贸易进出口额占进出口总额的比重不断下降，由 2008 年的 80.00％下降到 2017 年的 70.92％，下降约为 9 个百分点。一般贸易出口额及进口额也在不断扩大，其中，一般贸易出口额由 2008 年的 84.18 亿美元增加到 2017 年的 213.73 亿美元，但一般贸易出口额占出口总额的比重小幅下降，由 2008 年的 74.00％下降到 2017 年的 70.12％，下降了 3.88 个百分点。一般贸易进口额由 2008 年的 79.24 亿美元增加到 2017 年的 166.66 亿美元，同时一般贸易进口额占进口总额的比重也呈现下降趋势，由 2008 年的 87.00％下降到 2017 年的 71.98％，下降了约 15 个百分点。同期，安徽加工贸易增长较为迅速，由 2008 年的 34.13 亿美元增加到 2017 年的 119.36 亿美元，加工贸易进出口额占进出口总额的比重明显增加，由 2008 年的 17.00％增加到 2017 年的 22.26％，增长了 5.26 个百分点。同期，加工贸易出口额及进口额也在持续扩大，其中，加工贸易出口额由 2008 年的 25.69 亿美元增加到 2017 年的 83.95 亿美元；加工贸易出口额占出口总额的比重也在不断增加，由 2008 年的 23.00％增加到 2017 年的 27.54％；加工贸易进口额由 2008 年的 8.45 亿美元增加到 2017 年的 35.42 亿美元；同时，加工贸易进口额占进口总额的比重也呈现增长趋势，由 2008 年的 9.00％增加到 2017 年的 15.30％，增加了约 6 个百分点（表1 -18）。

表 1 - 18　2008—2017 年安徽省一般贸易与加工贸易金额以及所占比重　（亿美元，%）

年份	一般贸易								
	进出口			出口			进口		
	金额	比重	增速	金额	比重	增速	金额	比重	增速
2008	163.42	80.00	—	84.18	74.00	—	79.24	87.00	—
2009	122.90	78.61	−24.79	65.90	74.16	−21.71	57.00	84.47	−28.07

（续表）

一般贸易									
2010	195.10	80.37	58.75	93.00	74.92	41.12	102.10	86.06	79.13
2011	242.04	77.24	24.06	124.07	72.62	33.40	117.97	82.76	15.54
2012	304.48	77.43	25.80	205.78	76.92	65.86	98.70	78.50	−16.33
2013	350.96	76.91	15.26	221.69	78.46	7.73	129.27	74.39	30.97
2014	345.42	70.10	−1.58	219.61	69.73	−0.93	125.81	70.76	−2.68
2015	349.50	71.60	1.18	239.52	72.30	9.06	109.98	70.10	−12.58
2016	317.06	71.44	−9.28	203.95	71.60	−14.85	113.11	71.16	2.84
2017	380.39	70.92	19.97	213.73	70.12	4.80	166.66	71.98	47.34

加工贸易									
年份	进出口			出口			进口		
	金额	比重	增速	金额	比重	增速	金额	比重	增速
2008	34.13	17.00	—	25.69	23.00	—	8.45	9.00	—
2009	26.69	17.06	−21.82	17.65	19.86	−31.30	9.04	13.40	7.01
2010	41.18	16.96	54.32	27.47	22.13	55.65	13.71	11.56	51.70
2011	63.82	20.37	54.97	42.42	24.83	54.43	11.40	15.01	−16.89
2012	62.87	15.99	−1.48	40.65	15.19	−4.17	22.22	17.67	94.98
2013	89.49	19.61	42.34	53.39	18.89	31.32	36.10	20.78	62.50
2014	117.47	23.84	31.27	87.56	27.80	64.02	29.91	16.82	−17.15
2015	101.74	21.21	−13.39	80.14	24.82	−8.48	21.61	13.76	−27.77
2016	96.42	21.72	−5.23	71.93	25.25	−10.24	24.50	15.41	13.38
2017	119.36	22.26	23.79	83.95	27.54	16.71	35.42	15.30	44.58

资料来源：历年《安徽省统计年鉴》。

2009—2017 年安徽省加工贸易增长迅速。2017 年与 2009 年相比，一般贸易增长了 132.77%，而加工贸易增长了 347.21%，增幅比一般贸易高出 214.44 个百分点。从同比增长速度看，2009—2017 年间，一般贸易与加工贸易增速均呈现正负交替增长，但总的来说，安徽省加工贸易增速要快于一般贸易增速。加工贸易规模不断扩大，增长速度快于同期一般贸易，是安徽对外贸易方式转型升级带来的显著成效。

（二）贸易方式竞争力

贸易竞争力指数＝净出口贸易额/进出口贸易总额，其数值在－1和1之间。竞争力指数越接近于1，表明竞争力越强。由表1-19可以看出，2008—2017年安徽省一般贸易竞争力指数呈现波动中上升的变化趋势，由2008年的0.03上升至2017年的0.12；而安徽加工贸易竞争力指数在2008—2017年间呈波动中缓慢下降的态势，2017年与2008年相比，加工贸易竞争力指数下降了19.6%。但总的来说，安徽省加工贸易的竞争力指数要大于同时期一般贸易的竞争力指数，2008—2017年安徽省一般贸易竞争力指数均值为0.174，而加工贸易竞争力指数均值则达到了0.41。安徽省加工贸易的竞争力优势明显，且一般贸易竞争力不断提高。

表1-19　2008—2017年安徽省一般贸易和加工贸易竞争力指数表　（亿美元）

年份	一般贸易			加工贸易		
	进出口总额	净出口总额	竞争力指数	进出口总额	净出口总额	竞争力指数
2008	163.42	4.94	0.03	34.13	17.24	0.51
2009	122.90	8.90	0.07	26.69	8.61	0.32
2010	195.10	－9.10	－0.05	41.18	13.76	0.33
2011	242.04	6.10	0.03	63.82	31.02	0.49
2012	304.48	107.08	0.35	62.87	18.43	0.29
2013	350.96	92.42	0.26	89.49	17.29	0.19
2014	345.42	93.80	0.27	117.47	57.65	0.49
2015	349.50	129.54	0.37	101.74	58.53	0.58
2016	317.06	90.84	0.29	96.42	47.43	0.49
2017	380.39	47.07	0.12	119.36	48.53	0.41

资料来源：历年《安徽省统计年鉴》。

（三）贸易方式结构

与来料加工贸易方式相比，采用进料加工贸易方式时，加工贸易的生产方有权选用生产中的原材料，从而可以选用质量优且价格比较合理的原材料及零部件，以增加产品的附加值。因而，进料加工方式所占的比重大意味着产品附加值的增加。表 1－20 显示，2008—2017 年安徽省的加工贸易（进料加工贸易和来料加工贸易）不论是在进出口总额、出口额还是进口额所占比重方面来说基本呈现不断增长的态势，来料加工贸易所占比重虽然不断上升，但进料加工一直是安徽加工贸易的主要方式。安徽省进料加工占加工贸易进出口的比重较大，基本维持在 93.50%～98.24%之间；而来料加工占加工贸易进出口的比重微乎其微，只在 1.77%～6.51%之间。进料加工比重大不仅可扩大对国内原材料的采购规模，而且可增加产品附加值，优化产品结构。“十二五”期间，安徽进料加工贸易的规模远大于来料加工装配贸易，在加工贸易中一直处于优势地位，充分体现了安徽加工贸易转型升级的成效。

表 1－20 2008—2017 年安徽省来料加工贸易与进料加工贸易金额及其比重 （亿美元，%）

来料加工贸易						
年份	进出口		出口		进口	
	金额	比重	金额	比重	金额	比重
2008	1.57	4.59	1.12	4.36	0.45	5.29
2009	1.30	4.89	0.92	5.22	0.38	4.22
2010	1.66	4.03	1.04	3.80	0.61	4.48
2011	3.44	5.39	1.27	2.98	2.17	19.06
2012	3.25	5.16	1.29	3.18	1.95	8.79
2013	1.97	2.20	1.31	2.45	0.66	1.83
2014	2.08	1.77	1.29	1.47	0.79	2.63
2015	2.14	2.11	1.24	1.55	0.90	4.17
2016	2.41	2.50	1.45	2.02	0.96	3.93
2017	7.77	6.51	4.06	4.84	3.70	10.46
进料加工贸易						
年份	进出口		出口		进口	
	金额	比重	金额	比重	金额	比重
2008	32.57	95.42	24.57	95.63	8.00	94.66
2009	25.38	95.10	16.73	94.76	8.66	95.75

（续表）

年份	进料加工贸易					
	进出口		出口		进口	
	金额	比重	金额	比重	金额	比重
2010	39.52	95.97	26.43	96.20	13.10	95.52
2011	60.38	94.61	41.16	97.02	9.22	80.90
2012	59.63	94.84	39.36	96.83	20.27	91.20
2013	87.52	97.80	52.08	97.54	35.44	98.18
2014	115.40	98.24	86.27	98.53	29.12	97.37
2015	99.60	97.90	78.90	98.45	20.70	95.81
2016	94.01	97.50	70.48	97.98	23.53	96.06
2017	111.60	93.50	79.89	95.16	31.71	89.53

资料来源：历年《安徽省统计年鉴》。

（四）对外贸易发展方式的经济效应分析

一般贸易与加工贸易是两种常见的也是主要的对外贸易发展方式。本节用加工贸易对贸易增长的贡献率来衡量加工贸易的经济效应（戴国平，2013），分别采用对外贸易发展方式（主要为一般贸易和加工贸易）对贸易增长的贡献率来分析安徽对外贸易发展方式的经济效应。鉴于数据的可得性，主要选取2009—2017年的相关数据，测算一般贸易对贸易总额增长的贡献率（一般贸易总额增量/贸易总额增量）和加工贸易对贸易总额增长的贡献率（加工贸易总额增量/贸易总额增量），计算结果见表1-21所列。

表1-21　2009—2017年安徽省一般贸易和加工贸易对贸易增长的贡献率

年份	贸易总量增量（亿美元）	一般贸易总额增量（亿美元）	加工贸易总额增量（亿美元）	一般贸易对贸易增长的贡献率（%）	加工贸易对贸易增长的贡献率（%）
2009	−47.85	−40.51	−7.45	84.67	15.56
2010	86.23	72.20	14.49	83.73	16.81
2011	70.36	46.94	22.64	66.71	32.17
2012	79.76	62.45	−0.95	78.29	−1.19
2013	63.45	46.47	26.62	73.25	41.95
2014	36.40	−5.54	27.99	−15.21	76.88

（续表）

年份	贸易总量增量（亿美元）	一般贸易总额增量（亿美元）	加工贸易总额增量（亿美元）	一般贸易对贸易增长的贡献率（%）	加工贸易对贸易增长的贡献率（%）
2015	−4.62	4.08	−15.73	−88.27	340.51
2016	−44.28	−32.44	−5.32	73.26	12.01
2017	92.56	63.33	22.94	68.42	24.78

资料来源：历年《安徽省统计年鉴》。

通过表 1－21 的相关数据及计算看出，一般贸易与加工贸易对安徽省贸易增长的贡献率基本为正，但一般贸易对贸易增长的贡献率明显高于加工贸易，可见一般贸易的发展对于安徽省的对外贸易具有较强的正向影响。值得一提的是，2014 年与 2015 年，安徽省的一般贸易对其贸易增长的贡献率出现了较大的负值，而加工贸易对其贸易增长的贡献率数值却显著为正，这可能是由于随着安徽加工贸易转型升级的不断推进，其加工贸易转型升级政策初见成效，对贸易发展的贡献率较之前有所提高。具体来看，安徽省加工贸易对贸易增长的贡献率从 2009 年到 2017 年的 9 年间基本呈现递增趋势。随着国家“两高一资”政策变化对加工贸易发展的影响，安徽作为我国的中部大省，不可能仅仅依靠传统的比较优势实现其经济的长期发展，也不可能依靠劳动密集型加工贸易实现贸易高质量的发展。因此，在未来加工贸易发展的过程中，要注重比较优势的动态变化，并促进加工贸易转型升级。

第二节　安徽与中部省份对外贸易比较分析

一、对外贸易规模比较

一方面，从中部地区整体对外贸易发展的空间格局来看，近五年来，中部地区对外贸易发展格局呈现逐渐向北转移的态势，并形成了以河南为核心的对外贸易格局。2017 年河南进口、出口外贸额在中部六省所占比重都是最高的，分别为 30.16%、25.45%，比其他各省高出 10 个百分点左右，安徽省外贸总额虽然从 2013 年的 456.3 亿美元增长到 2017 年的 536.4 亿美元，但增长速度不及河南省。

具体来看，2001 年中部地区对外贸易发展格局以安徽和湖北为中心，安徽省外贸总额占中部地区比重领先河南省五个百分点左右，远远超过山西和江西省，且高于湖北省 0.3 个百分点，为中部地区第一对外贸易大省。2001—2008 年也就是金融危机前，安徽省外贸总额占中部六省的比例均维持在 20%～23%之间，整体对外贸易发展速度和规模与湖北省比较接近，且安徽省对外贸易规模占比以略微的优势超过湖北省的比重，从 2001 年的 36.20 亿美元增长到 2008 年的 204.30 亿美元（表 1－22）。金融危机期间，湖南占中部地区对外贸易比例迅速降低，从 2001 年的 17.00%下降到 2008 年的 12.70%（表 1－23），此时河南省对外贸易比例虽低于安徽省，但与安徽省的对外贸易增速差距在逐步缩小，安徽省占中部地区对外贸易比例略有下降但仍保持核心地位。金融危机后，尤其在 2011 年以后，随着中部各省对外贸易发展态势不同，省际差异逐渐显现，安徽在中部地区贸易规模的核心地位优势逐步弱化，贸易中心逐渐向河南转移。2016 年安徽省的进口贸易规模和河南省相差较大，2016 年进口占比比河南省低 10 个百分点，2017 年低 8 个百分点左右，差距有所缩小。2008—2016 年安徽省对外贸易发展速度相对较慢，其在中部地区占比从 2006 年的 22.70%下降到 2016 年的 19.30%，2017 年对外贸易规模为 536.40 亿美元。在该阶段内，安徽的出口贸易规模扩张速度较快，在中部地区的出口贸易占比高于进口贸易占比，且远远领先山西和江西等省份。而同期河南省对外贸易占比从 2006 年的 18.10%上升到 2016 年的 29.60%，出口贸易占比也高于安徽，湖南、江西和山西等省对外贸易发展也相对滞缓，和安徽的对外贸易发展态势整体上均为波动中上升或下降，而河南成为中部地区对外贸易发展最快的省份。

表 1－22 2000—2017 年中部六省进口额、出口额及进出口总额（亿美元）

年份	安徽省			河南省			湖北省		
	进口额	出口额	总额	进口额	出口额	总额	进口额	出口额	总额
2000	11.70	21.70	33.40	7.81	14.93	22.75	12.80	19.30	32.10
2001	13.40	22.80	36.20	10.78	17.15	27.93	17.80	17.98	35.78
2002	17.30	24.50	41.80	10.85	21.19	32.04	18.56	20.99	39.55

（续表）

年份	安徽省			河南省			湖北省		
	进口额	出口额	总额	进口额	出口额	总额	进口额	出口额	总额
2003	28.80	30.60	59.40	17.36	29.80	47.16	24.55	26.56	51.11
2004	32.70	39.40	72.10	24.40	41.70	66.10	33.88	33.84	67.72
2005	39.30	51.90	91.20	26.35	51.01	77.36	46.42	44.50	90.92
2006	54.10	68.40	122.50	37.81	66.99	104.80	54.79	62.59	117.38
2007	71.10	88.20	159.30	44.13	83.91	128.05	66.84	81.74	148.58
2008	90.80	113.50	204.30	68.14	107.14	175.28	89.75	115.92	205.67
2009	67.50	88.90	156.40	60.92	73.46	134.38	72.50	99.78	172.29
2010	118.60	124.10	242.70	72.57	105.34	177.92	106.17	147.57	255.74
2011	142.50	170.80	313.30	134.02	192.40	326.42	139.84	195.35	335.19
2012	125.70	267.50	393.20	220.72	296.78	517.50	125.59	194.01	319.59
2013	173.80	282.60	456.30	239.59	359.92	599.51	135.52	228.38	363.90
2014	177.80	315.00	492.80	254.53	390.76	645.29	164.18	266.46	430.64
2015	157.00	331.10	488.10	312.08	437.14	749.22	166.40	295.90	462.30
2016	159.00	284.80	443.80	301.66	455.11	756.77	140.81	276.54	417.35
2017	231.60	304.80	536.40	310.39	477.68	788.07	158.55	305.79	464.34

年份	湖南省			江西省			山西省		
	进口额	出口额	总额	进口额	出口额	总额	进口额	出口额	总额
2000	8.60	16.53	25.13	4.27	11.97	16.24	5.20	12.40	17.60
2001	10.04	17.53	27.57	4.92	10.39	15.31	4.70	14.70	19.40
2002	10.81	17.95	28.76	6.43	10.52	16.95	6.50	16.60	23.10
2003	15.90	21.46	37.36	10.22	15.05	25.28	8.10	22.70	30.80
2004	23.40	30.98	54.38	15.40	19.90	35.30	13.50	40.30	53.80
2005	22.58	37.47	60.05	16.20	24.40	40.60	20.20	35.30	55.50
2006	22.59	50.94	75.03	24.40	37.50	61.90	24.90	41.40	66.30
2007	31.67	65.23	96.90	40.20	54.60	94.80	50.40	65.30	115.70
2008	41.56	84.10	125.66	60.64	76.86	137.49	51.50	92.40	143.90
2009	46.59	54.92	101.51	53.01	73.64	126.65	57.10	28.40	85.50
2010	67.34	79.55	146.89	80.37	134.16	214.53	78.70	47.10	125.80
2011	91.03	98.97	190.00	96.75	218.81	315.56	93.30	54.30	147.60

（续表）

年份	湖南省			江西省			山西省		
	进口额	出口额	总额	进口额	出口额	总额	进口额	出口额	总额
2012	93.40	126.00	219.40	82.99	251.11	334.09	80.30	70.10	150.40
2013	103.40	148.20	251.60	85.69	281.70	367.38	78.00	80.00	158.00
2014	108.25	197.97	306.22	107.45	320.38	427.83	73.10	89.40	162.50
2015	102.66	192.23	294.89	94.56	335.65	430.21	62.90	84.30	147.20
2016	92.60	193.47	286.07	108.67	315.71	424.38	71.20	105.20	176.40
2017	128.71	231.93	360.64	118.14	329.27	447.41	69.85	102.28	172.13

资料来源：2000—2017年中部各省《国民经济和社会发展公报》计算得出。

表1-23　2000—2017年中部六省进口、出口及外贸总额占比　（%）

年份	安徽省			河南省			湖北省		
	进口	出口	总额	进口	出口	总额	进口	出口	总额
2000	23.20	22.40	22.70	15.50	15.40	15.50	25.40	20.00	21.80
2001	21.70	22.70	22.30	17.50	17.00	17.20	28.90	17.90	22.10
2002	24.50	21.90	22.90	15.40	19.00	17.60	26.30	18.80	21.70
2003	27.50	15.20	23.70	16.50	21.90	18.80	23.40	19.50	20.30
2004	22.90	19.10	20.60	17.10	20.20	18.90	23.60	16.40	19.40
2005	23.00	21.30	22.00	15.40	20.80	18.60	27.10	18.10	21.80
2006	25.50	20.90	22.70	14.90	20.30	18.10	25.90	19.10	21.80
2007	23.40	20.10	21.40	14.50	19.10	17.20	22.00	18.60	20.00
2008	22.70	19.20	20.60	16.90	18.10	17.60	22.50	19.80	20.90
2009	18.80	21.20	20.10	17.10	17.50	17.30	20.20	23.80	22.20
2010	22.20	19.60	20.80	13.70	16.60	15.30	21.50	22.80	22.20
2011	20.40	18.40	19.20	19.20	20.70	20.10	20.20	21.00	20.60
2012	17.20	22.20	20.30	30.30	24.60	26.80	17.30	16.10	16.50
2013	21.30	20.50	20.80	29.40	26.10	27.30	16.60	16.50	16.60
2014	20.00	19.90	19.90	28.90	24.80	26.30	18.50	16.80	17.40
2015	17.90	24.30	19.70	34.50	31.30	29.20	18.40	21.10	16.80
2016	19.80	19.00	19.30	33.80	27.30	29.60	15.80	16.60	16.30
2017	22.89	16.51	19.37	30.16	25.45	28.46	15.66	17.46	16.77

（续表）

年份	湖南省			江西省			山西省		
	进口	出口	总额	进口	出口	总额	进口	出口	总额
2000	17.00	17.10	17.00	8.40	12.40	11.00	10.40	12.80	12.00
2001	16.30	17.50	17.00	8.00	10.30	9.40	7.70	14.60	12.00
2002	15.30	16.10	15.80	9.10	9.40	9.30	9.20	14.90	12.70
2003	15.10	15.80	14.90	9.70	11.00	10.10	7.80	16.70	12.30
2004	16.30	15.10	15.60	10.70	9.70	10.10	9.40	19.60	15.40
2005	13.20	15.30	14.50	9.50	10.00	9.80	11.80	14.40	13.40
2006	10.60	15.60	13.60	11.50	11.50	11.50	11.70	12.70	12.30
2007	10.40	14.90	13.00	13.20	12.40	12.70	16.60	14.90	15.60
2008	10.30	14.20	12.70	14.70	13.10	13.70	12.90	15.60	14.50
2009	13.00	13.10	13.00	15.00	17.60	16.40	15.90	6.80	11.00
2010	12.50	12.50	12.50	15.40	21.10	18.50	14.70	7.40	10.80
2011	13.00	10.60	11.60	13.80	23.50	19.30	13.40	5.80	9.10
2012	12.80	10.50	11.30	11.40	20.80	17.30	11.00	5.80	7.80
2013	12.70	10.70	11.50	10.50	20.40	16.70	9.60	5.80	7.20
2014	12.40	12.60	12.50	12.10	20.20	17.30	8.20	5.60	6.60
2015	11.50	13.80	11.60	10.50	23.90	16.80	7.20	6.10	5.90
2016	10.40	11.60	11.20	12.20	19.00	16.60	8.00	6.10	6.90
2017	12.70	13.16	13.02	11.70	17.80	16.16	6.90	5.54	6.22

资料来源：2000—2017年中部六省《国民经济及社会发展公报》计算得出。

另外，将2000—2017年安徽省与中部六省的进口、出口、进出口及GDP数据进行排名后得到表1-24，从中可以看出，安徽省GDP排名一直排在第4名，其生产总值处在中部六省的中下游水平。再从进出口情况来看，2000—2007年安徽省进出口总额排名稳居中部六省第一，近两年在中部地区排名比较稳定，出口、进出口排名都是位于中部六省第二的位置，总体来说在中部六省贸易发展规模方面处于中上游水平，除了2014年以外，其余年份进出口排名均位于第一或第二的位置；2017年出口总额在中部六省排名落后于河南、湖北、湖南三省，位居中部第四，进口排名和前两年有所不同，比前两年进步一名，首次出现超过出口总额排名两个名次的情况，位居中部第二。这一点从安徽省 2017 年进口增速可以看出，2017 年安徽省进口贸易较上年增幅较大，进口贸易拉动对外贸易的作用显著。从排名情况可以粗略看出，安徽省相比较中部其他五省在贸易规模上有超越河南省贸易规模的潜力；山西省贸易规模一直落后于其他五省，一直位于中部第六的位置。其中，值得关注的是，2017 年河南省无论是进口、出口、进出口还是 GDP 排名均位于中部第一，说明河南省整体对外贸易发展规模位于中部地区较高的位置（表 1 - 25）。

表 1 - 24 2000—2017 年安徽省在中部六省进口、出口、进出口及 GDP 排名比较

年份	出口排名	进口排名	进出口排名	GDP 排名
2000	1	2	1	4
2001	1	2	1	4
2002	1	2	1	4
2003	5	1	1	4
2004	3	2	1	4
2005	1	2	1	4
2006	1	2	1	4
2007	1	1	1	4
2008	2	1	2	4
2009	2	2	2	4
2010	3	1	2	4
2011	4	1	4	4
2012	2	3	2	4
2013	1	2	2	4
2014	3	2	2	4
2015	2	3	2	4
2016	2	3	2	4
2017	4	2	2	4

资料来源：由历年中部六省统计年鉴整理得出。

表 1－25　2017 年中部六省出口额、进口额、进出口总额及 GDP 排名

省份	进口额排名	出口额排名	进出口总额排名	GDP 排名
安徽	2	4	2	4
河南	1	1	1	1
湖北	3	2	3	2
湖南	4	5	5	3
江西	5	3	4	5
山西	6	6	6	6

资料来源：由中部六省历年统计年鉴统计比较得到。

安徽省在中部地区对外贸易地位的波动变化主要受对外贸易方式、技术转移和对外贸易政策的影响。首先，中部各省对外贸易主导方式不同，其中最主要的对外贸易方式为一般贸易与加工贸易，加工贸易占比高的省份利用国内外市场、融入全球产业分工体系的水平更高，对外贸易的带动作用明显。安徽近五年的加工贸易占比远不及河南省，与河南相差五十个百分点左右，和湖北、湖南相比也有一定的差距，且河南即使在对外贸易形势十分严峻的大背景下，依据本省发展状况，从稳增长和调结构两个方面综合实施政策，先后出台了加工贸易、服务外包、服务贸易等政策措施，大力承接加工贸易产业转移，对外贸易额在中部地区占比呈现明显的上升态势。其次，外资企业数量占比较高的地区一般伴随着资本、生产要素、技术的转移，对当地对外贸易的促进作用更为显著。河南郑州保税区及湖北武汉东湖综合保税区的建立吸引大量外商直接投资，外商直接投资的技术溢出效应给河南及湖北对外贸易结构和对外贸易发展产生较大的影响，而安徽省整体外资实绩企业无论是数量还是质量发展上均不及湖北、河南，引进、消化和吸收外商直接投资技术的能力有待进一步提升。

从出口增速上看，中部地区出口贸易规模的扩张较为迅速且省际差异的大小表现出明显的阶段性特征。2001—2017 年，中部地区出口额年均增速达 21.59%，其中，安徽省出口增速相对于湖北、湖南两省而言波动性较大，出口贸易发展表现出一定的不稳定性，尤其在2004年、2009年和2012年，分别为90.70%、−21.70%和56.60%（表1-26）。

表1-26 2001—2017年中部六省出口增速比较 （%）

年份	安徽省	河南省	湖北省	湖南省	江西省	山西省
2001	5.10	14.90	−6.90	6.10	−13.20	18.70
2002	7.50	23.50	16.80	2.40	1.30	13.20
2003	−15.90	40.60	26.50	19.50	59.10	36.40
2004	90.70	40.10	27.40	44.30	32.50	77.60
2005	31.80	22.10	31.50	20.90	22.30	−12.50
2006	31.70	31.50	40.60	36.00	53.80	17.30
2007	29.00	26.50	30.50	28.10	45.50	57.80
2008	28.70	27.90	41.80	29.10	40.80	41.50
2009	−21.70	−31.50	−14.80	−34.70	−4.70	−69.30
2010	39.60	43.40	44.70	44.80	82.10	66.00
2011	37.60	82.70	35.30	24.40	63.10	15.40
2012	56.60	54.30	−0.60	27.30	14.80	29.40
2013	5.60	21.30	17.70	17.60	12.20	14.00
2014	11.40	8.40	16.70	33.90	13.70	11.80
2015	5.20	11.00	11.00	−2.90	4.80	−5.80
2016	−11.70	5.70	−5.30	1.50	−4.10	25.20
2017	7.20	11.80	20.20	33.30	13.30	5.30

资料来源：由2001—2018年各省统计年鉴计算得出。

具体而言，从出口贸易发展整体阶段性看（图1-10）：2001—2012年间，安徽省整体出口年平均增速成为中部地区仅次于河南省的第二出口贸易大省，比湖北省和山西省高出四个百分点，比河南省低出五个百分点。2003年安徽成为中部地区出口贸易规模首个出现“负增长”的省份，2004年出口增速稳居中部地区核心地位；2005—2009年安徽省出口增速与江西省和湖北省的省际差异在不断扩大，特别是江西省，2006 年出口增速高达 53.80%，在这五年期间的年均增速比安徽省高出 11.64%。同期，安徽与河南、湖南出口增速相当，均高于山西省。2013—2017 年，尤其是 2014 年以后，中部地区的出口贸易增速有所放缓，安徽省贸易增速出现小幅度波动下降的趋势，与中部其他五省的出口增速差距明显扩大，年均出口增速（3.54%）低于湖北（12.06%）、河南（11.64%）、山西（10.01%），成为中部地区出口增速排名最末尾的省份。主要是由于 2014 年以后，我国经济发展进入新常态，上述这些变化都是经济发展新常态的具体表现。2017 年安徽省出口增速虽有所上升，但上升幅度远不及湖北、湖南两省，出口贸易发展似乎出现了“滞缓期”，仅比山西省高出 1.9 个百分点。

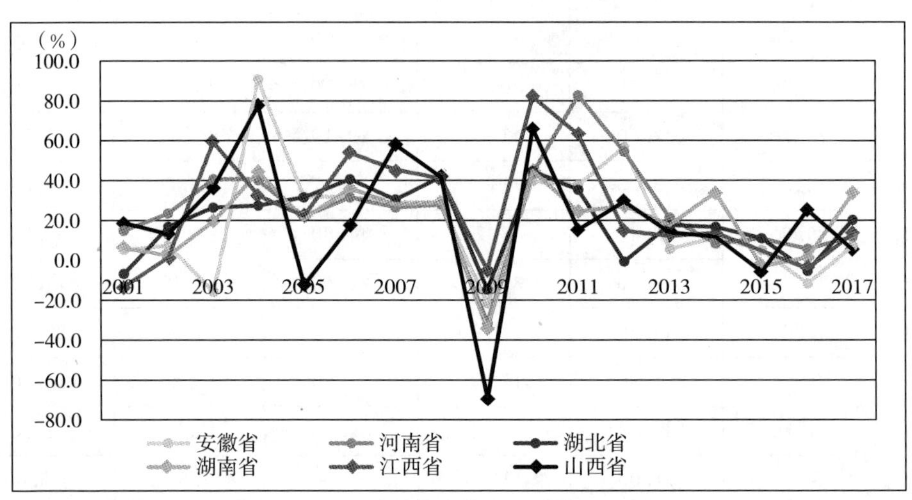

图 1-10 2001—2017 年中部六省出口贸易增速比较

从进口增速上看，安徽省进口增速比出口增速波动幅度大，河南省和安徽省进口增速趋势图比较相近。2001—2017 年安徽年平均增速（22.04%）稳居中部第三名，总体省际差异性比出口增速更为显著（图 1-11），尤其体现在湖北、江西和山西三省，进口增速波动幅度显著大于出口增速。其中，值得关注的是，2017 年安徽省的进口增速有一个大幅度上升的过程，达到了 45.00%（表 1-27），仅次于 2010 年的进口贸易增速，高于河南、江西、山西近 30 个百分点。进口贸易大幅度上升主要是受我国积极扩大进口和部分大宗商品价格上涨等因素影响，2017 年为了进一步扩大进口贸易，安徽省商务厅密集出台了一系列有利于扩大进口的政策，要求在稳定出口的同时进一步扩大进口规模，促进对外贸易平衡发展，推动经济高质量发展。

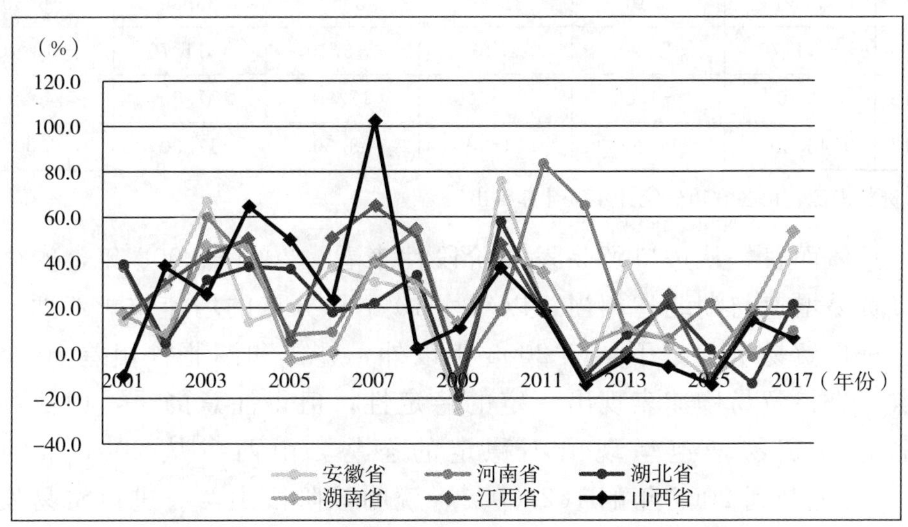

图 1 - 11　2001—2017 年中部六省进口贸易增速比较

表 1 - 27　2001—2017 年中部六省进口增速比较　（%）

年份	安徽省	河南省	湖北省	湖南省	江西省	山西省
2001	13.90	37.80	39.10	16.90	15.30	−10.40
2002	29.10	0.70	4.20	7.60	30.60	37.80
2003	66.90	60.00	32.30	47.10	43.10	25.90
2004	13.60	40.40	38.00	47.20	50.30	64.60
2005	20.00	8.10	37.00	−3.50	5.40	49.60
2006	37.70	9.30	18.00	0.04	50.70	23.30
2007	31.40	39.60	22.00	40.20	64.70	102.50
2008	27.80	54.50	34.30	31.10	50.90	2.10
2009	−25.70	−9.90	−19.40	12.90	−10.00	11.10
2010	75.70	18.40	57.70	44.50	48.50	37.30
2011	19.90	83.50	21.50	35.90	18.10	18.50
2012	−11.90	64.90	−10.60	2.70	−13.50	−13.90

（续表）

年份	安徽省	河南省	湖北省	湖南省	江西省	山西省
2013	38.60	8.60	7.90	10.70	3.20	－2.80
2014	2.30	6.10	21.20	5.40	25.20	－6.30
2015	－11.70	21.90	1.40	－5.10	－11.70	－13.70
2016	2.10	－1.80	－13.60	18.90	17.30	14.20
2017	45.00	9.60	21.40	53.30	17.90	6.00

资料来源：由各省历年统计年鉴计算得出。

具体而言，从进口贸易发展阶段性来看：2001—2008 年，安徽省进口贸易增速与湖北省相当，以年均 10 个百分点的增速位于江西、河南省进口贸易增速之下，除 2003 年以外，整体和湖北省相差 10 个百分点，进口贸易增速表现出一定的稳定性。值得注意的是，山西和江西省进口贸易增速呈现出不稳定的态势，山西省从 2001 年的－10.40％上升到 2007 年的 102.50％，说明该阶段山西省进口贸易发展具有不稳定性因素。2009—2013 年安徽省进口贸易增速表现为“大起大落”的态势，2010 年进口增速出现第一个“峰值”，已恢复并超过金融危机前的发展水平；2010—2012 年除了河南省、湖南省以外，其余各省进口增速均下降，且出现负增长率，安徽省下降的幅度最大，2015 年出现第二个进口“负增长”；2016、2017 年中部六省对外贸易结构得到了及时调整，恢复到了正增长水平。2013—2017 年，安徽省进口贸易增速呈现明显的“U”形发展趋势，从 2015 年之后，与中部其他省份的进口增速差距逐渐缩小。尤其表现在 2014 年、2015 年和 2016 年这三年，安徽与河南和湖南进口增速几乎位于同一水平线上，2013 年安徽省进口增速跃居中部第一，2017 年进口增速仅次于湖南省，主要是因为 2017 年安徽省实施扩大进口的贸易政策。

从进出口贸易增速上看，整体而言，自“中部崛起”战略实施以来，中部地区对外贸易迅速增长，2008 年金融危机后，中部地区对外贸易发展更呈现强劲势头，2001—2017 年年均增速为 21.27％（表 1－28）。其中，安徽省进出口贸易发展规模比河南省和山西省稳定，与江西省的进出口增速变化态势相似，每年以 20％～40％的水平波动，进出口贸易增速变化最为剧烈的是山西省。2001—2011 年，江西省以年均 33.31%的进出口贸易增速领先安徽约 9 个百分点（24.29%）。但安徽省进出口增速在 2010—2017 年间整体呈现下降的趋势，这与出口贸易规模连续下降有一定的联系，2010 年达到峰值 55.10%之后，进出口贸易增速一直位于河南省之下，2015 年和 2016 年连续两年出现负增长，2017 年大幅度回暖。值得注意的是，2013 年以后，安徽省与江西省和湖北省的省际差异最小，进出口增速基本处于上升的趋势，2017 年安徽省对外贸易增速位居中部第二的位置，主要得益于进口贸易规模的迅速扩大（图 1－12）。

表 1－28　2001—2017 年中部六省进出口增速比较　　（%）

年份	安徽省	河南省	湖北省	湖南省	江西省	山西省
2001	8.20	22.80	11.50	9.80	－5.70	10.00
2002	15.50	14.70	10.50	4.30	10.70	19.10
2003	42.30	47.20	29.20	29.90	49.20	33.40
2004	21.30	40.20	32.50	45.50	39.64	74.20
2005	26.50	17.00	34.30	10.40	14.90	3.00
2006	34.30	22.40	29.10	22.40	52.60	19.50
2007	30.10	30.70	26.60	31.80	53.00	74.60
2008	28.30	37.10	38.40	29.70	45.10	24.40
2009	－23.40	－23.10	－16.80	－19.10	－7.00	－40.60
2010	55.10	32.00	50.20	44.70	67.90	46.80
2011	29.00	83.10	29.10	29.60	46.10	17.40
2012	25.50	58.60	－4.80	15.50	6.20	2.00
2013	16.20	15.90	13.80	14.70	10.00	5.00
2014	8.00	7.50	18.40	22.20	16.40	2.90
2015	－0.80	15.30	7.30	－3.70	0.70	－9.30
2016	－7.20	2.60	－8.30	－2.10	0.60	20.50
2017	28.00	10.90	20.60	39.80	14.50	5.60

资料来源：由各省份历年统计年鉴计算得出。

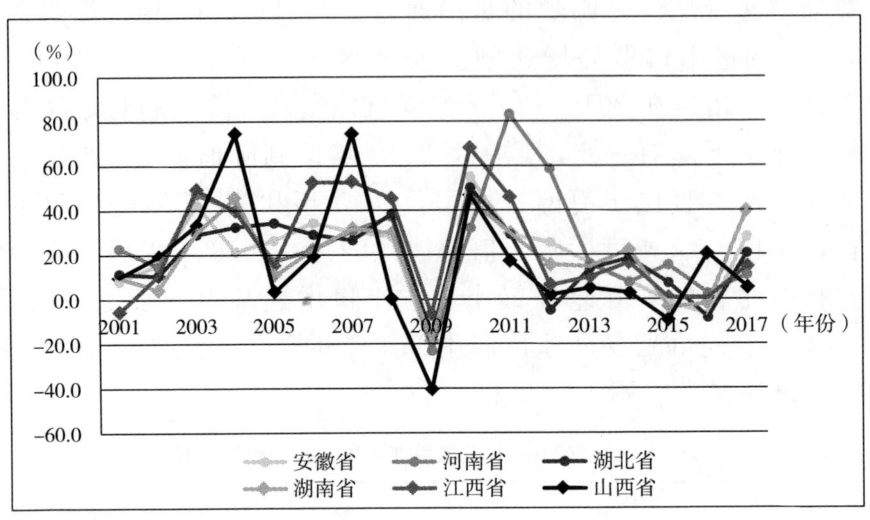

图 1-12　2001—2017 年中部六省进出口贸易增速比较

二、对外贸易方式比较

从贸易方式的角度来看，加工贸易在中国对外贸易发展中一直起着举足轻重的作用，直接支撑和推动着中国对外贸易的高速发展。但安徽省的对外贸易方式结构与此相反，一般贸易一直在安徽省占据支配地位的对外贸易方式，加工贸易一直发展得比较缓慢，由表 1-29 可以看出，2012—2017 年安徽省加工贸易占对外贸易总额的比重未超过 30%，一般贸易占比均在 70%以上，一般贸易过重、加工贸易过轻一直是安徽省对外贸易发展的短板，也是制约安徽省对外贸易长期发展的结构性问题之一。

表 1-29　2012—2017 年中部六省一般贸易与加工贸易进出口总额及各自比重（亿美元，%）

年份	安徽省				河南省				湖北省			
	一般贸易		加工贸易		一般贸易		加工贸易		一般贸易		加工贸易	
	金额	比重	金额	比重	金额	比重	金额	比重	金额	比重	金额	比重
2012	304.48	77.43	62.87	15.99	181.13	35.00	305.33	59.00	210.10	69.00	89.10	27.90
2013	351.00	76.91	89.49	19.61	191.84	32.00	383.69	64.00	254.73	70.00	94.61	26.00
2014	345.42	70.10	117.47	23.84	208.17	32.00	422.85	65.00	279.92	65.00	107.66	25.00

（续表）

年份	安徽省				河南省				湖北省			
	一般贸易		加工贸易		一般贸易		加工贸易		一般贸易		加工贸易	
	金额	比重	金额	比重	金额	比重	金额	比重	金额	比重	金额	比重
2015	349.50	71.60	101.74	21.21	184.61	26.00	489.93	69.99	278.02	71.00	100.25	22.00
2016	317.06	71.44	96.42	21.72	865.39	27.00	462.10	68.00	314.87	74.00	97.51	21.00
2017	380.39	70.92	119.36	22.26	236.28	30.50	518.67	66.90	343.61	74.00	120.73	16.00
年份	湖南省				江西省				山西省			
	一般贸易		加工贸易		一般贸易		加工贸易		一般贸易		加工贸易	
	金额	比重	金额	比重	金额	比重	金额	比重	金额	比重	金额	比重
2012	151.39	69.00	63.63	29.00	220.50	66.00	80.18	24.00	97.76	65.00	43.62	29.00
2013	171.01	68.00	75.48	30.00	271.86	74.00	84.50	23.00	90.06	57.00	56.88	36.00
2014	208.08	67.00	86.96	28.00	256.70	60.00	47.06	11.00	78.00	48.00	81.25	50.00
2015	169.94	58.00	96.69	33.00	296.79	70.00	59.36	14.00	58.88	40.00	86.85	59.00
2016	190.57	71.00	72.47	27.00	314.56	79.00	75.65	19.00	51.31	31.00	114.20	68.00
2017	251.37	69.70	108.91	30.20	365.72	81.70	78.47	17.50	51.38	30.00	119.80	69.00

资料来源：由 2013—2018 年中部各省统计年鉴计算得出。

值得关注的是，近年来，随着沿海地区人力、土地等要素成本的大幅上升，区域间产业梯度转移趋势日益凸显，东部沿海地区的一些加工贸易业务随着产业转移落到了湖北、山西、河南等中部省份。这些地区通过承接大量的加工贸易业务直接带动了对外贸易的跨越式发展，由此对安徽省对外贸易发展构成了新的挑战。具体而言，2012 年河南省加工贸易进出口总额为 305.33 亿美元，与 2011 年同比增长了 3.1 倍，占河南省对外贸易进出口总额的 59.00%，由此大幅拉动全省对外贸易增速达 58.6%。山西省加工贸易进出口总额为 43.62 亿美元，在全省对外贸易中的份额为 29.00%，而同期安徽省加工贸易进出口总额为 62.87 亿美元，加工贸易增速同比下降了 4.2%，在全省对外贸易中的份额仅为 15.99%。虽然一般贸易增速高达 145.3%，但由于加工贸易发展与上述省份的明显差距，整体对外贸易增速仅为 25.5%。2013—2016 年河南省加工贸易总额从 383.69 亿美元增长到 2016 年的 462.10 亿美元，年均增幅为 11.51%，尤其是山西省加工贸易发展极为迅速，占全省的对外贸易总额比重从 2013 年的 36.00%增长到 2016 年的 68.00%，同期增长了近一倍，增幅位居中部第一。湖南、湖北两省加工贸易占比均高于安徽，保持在 21%～30%之间，而安徽省一般贸易规模虽明显占据优势，进出口额每年占全省贸易总额的 70%以上，但加工贸易增长相对于其他各省而言呈现出疲软的态势且处于不稳定的增长之中，每年的进出口额不超过 200 亿美元，增幅最低仅为 5.23%，最高为 32.1%且在对外贸易总额中所占比重均小于除江西省之外的其余省份。2017 年，河南、山西和湖南省的加工贸易继续保持强劲的增长势头，2017 年安徽省加工贸易进出口额为 119.36 亿美元，比 2016 年同期增长了 23.74%，但与河南、湖南和山西省的差距不仅未缩小，反而呈进一步扩大的态势。可见，加工贸易薄弱对安徽省对外贸易长期发展的影响日益凸显。

总之，从贸易方式的视角来看，安徽省整体对外贸易结构和江西省相似，都是以一般贸易为主、加工贸易为辅的对外贸易结构，无论与中部对外贸易大省还是与对外贸易后起省份（如山西）相比，安徽省对外贸易发展最明显的差距在加工贸易，加工贸易与河南、山西、湖南等贸易大省相比存在着规模小和存量不足的问题，这是导致安徽省对外贸易发展在全国对外贸易格局中“弱中强、强中弱”地位的直接因素。因此，加工贸易已成为安徽省对外贸易发展的一个重大问题，要保持和进一步强化安徽省作为中部地区传统对外贸易强省地位，安徽省必须通过大力发展加工贸易实现贸易方式转型，以突破现有产业基础、产品结构等发展格局的制约，在短时期内实现对外贸易发展的外源突破，最终形成一般贸易和加工贸易的“双轮驱动”。

三、对外开放度比较

对外开放度是指一个国家或地区的对外开放程度，表现在对外经济关系的各个方面，由于各国经济的相互联系是一个非常复杂的系统，使得对外开放度的测算具有一定的难度，至今国内学术界尚未有公认的方法（谢守红、甘晨，2017）。本节在测算安徽及中部其他省份对外开放度指标时考虑到数据的可获得性和操作上的简便易行性，研究地区的对外开放度主要是从对外贸易和利用外资两个方面入手：外贸依存度＝进出口总额/*GDP*。外资依存度是一定时期内一国或地区的进出口贸易值与该国或该地区同时期内的国内生产总值的比值，是反映一国或者地区利用外资的程度，以实际利用外资总额与相应 GDP 的比值来表示，即外资依存度＝实际利用外资总额/*GDP*。本节则利用公式即对外开放度＝（外贸依存度＋外资依存度）/2 这种简单的算术平均数来表示对外开放度的测算。

2000 年以来，中国全方位、宽领域、深层次的开放政策使得全国各地区的贸易和投资水平都有大幅提升。但是，由于各地资源禀赋、经济发展水平等条件的不同，对外开放的水平也有一定的差别，总体来看，中部六省对外贸易开放水平相差不大，安徽省外贸依存度始终保持在 11％～15％，相对于山西和湖南两省而言，整体波动及增幅较小，在中部六省的对外贸易开放格局中处于中上等的位次。

具体而言，由表 1－30 可知，2005 年是安徽省外贸依存度提升的节点年，2000—2004 年安徽省外贸依存度与中部六省的平均水平相差不大，比河南、湖北和江西等省高出 5 个百分点左右；2017 年外贸依存度相对于 2005 年提升了约两个百分点，成为仅次于江西省的外贸依存度（13.16％）第二大省。2006—2012 年安徽平均外贸依存度位于中部六省第一，高于中部六省平均水平 6 个百分点左右。与此同时，河南、山西、湖南三省外贸依存度均呈现略微下降的趋势，山西省外贸依存度从 2006 年的 9.08％下降到 2012 年的 8.07％。其中值得关注的是，江西省自 2006 年以后，外贸依存度水平和安徽省相当，尤其在 2013—2017 年间江西省的外贸依存度超过安徽省，外贸依存度增速位于中部第一；湖南和山西在近四年的外贸依存度变化较大，2015 年分别为 40.85％和 47.92％，数值出现跳跃式的增长。该阶段安徽省外贸依存度继续保持平稳增长的态势，整体贸易开放水平和河南、湖北相当，2017 年贸易开放度领先中部六省平均水平 5 个百分点左右，除去跳跃式增长年份（2015 年和 2016 年），安徽外贸依存度高于山西和湖南（图 1－13）。

表 1-30 2000—2017 年中部六省外贸依存度 (%)

年份	安徽省	河南省	湖北省	湖南省	江西省	山西省	平均
2000	7.50	2.88	4.88	4.42	5.27	6.98	4.89
2001	7.25	3.22	4.99	4.50	4.57	6.98	4.85
2002	7.72	3.38	5.17	4.31	4.40	6.95	4.84
2003	9.85	4.36	6.16	5.24	5.81	8.19	5.95
2004	9.85	3.07	6.96	6.30	6.39	11.49	6.84
2005	11.08	4.77	9.11	6.03	6.51	8.75	7.03
2006	13.03	5.47	10.18	6.38	8.71	9.08	7.96
2007	14.07	5.53	10.55	6.89	11.27	13.20	9.49
2008	15.01	6.19	11.80	7.32	13.79	13.48	10.52
2009	10.10	4.51	8.73	5.10	10.85	7.55	7.35
2010	12.77	5.04	10.65	6.00	14.78	9.00	9.09
2011	13.31	7.79	11.12	6.29	17.71	8.64	10.31
2012	14.85	11.28	9.34	6.44	16.77	8.07	10.38
2013	15.43	12.12	9.59	6.67	16.65	8.15	10.64
2014	15.36	11.43	10.23	7.05	17.70	8.28	10.94
2015	14.42	12.43	10.16	40.85	17.79	47.92	25.83
2016	12.48	11.74	8.53	5.70	17.18	55.25	19.68
2017	13.16	11.63	8.58	7.03	14.46	7.76	9.89

资料来源：由 2000—2017 年各省国民经济和社会发展公报计算得出。

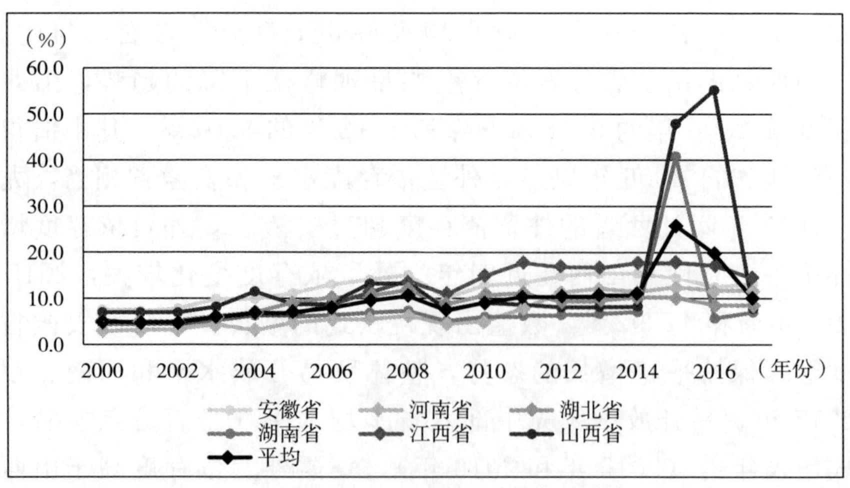

图 1-13 2000—2017 年中部六省外贸依存度比较

经济发展的实践表明，外商直接投资对经济发展的影响越来越大。但从表 1 - 31 中可以明显发现总体上中部六省的外资依存度比率相对于贸易依存度较低，安徽省整体实际利用外商直接投资额在逐年增加，从 2000 年的 4.15 亿美元增加到 2017 年的 159 亿美元，增长幅度较大，同时外资依存度也呈现逐年上升的趋势，其波动幅度大于外贸依存度，但近十年来的整体实际利用外资水平位于江西和湖南省之下，且湖南和江西省的外资增长率波动得比较剧烈。

表 1 - 31　2000—2017 年中部六省外资依存度比较　（%）

年份	安徽省	河南省	湖北省	湖南省	江西省	山西省	平均
2000	1.15	0.69	1.43	1.95	1.06	0.75	1.17
2001	1.11	0.41	1.69	1.94	1.61	0.81	1.26
2002	1.19	0.48	1.83	2.06	3.24	1.75	1.76
2003	1.51	0.52	1.88	2.51	3.82	2.47	2.12
2004	1.52	0.64	2.13	1.90	3.71	2.91	2.14
2005	1.70	0.76	2.19	2.34	3.88	2.27	2.19
2006	2.00	0.96	2.12	2.25	3.95	1.84	2.19
2007	2.16	1.32	1.96	2.32	3.68	2.58	2.34
2008	2.31	1.42	1.86	2.33	3.61	2.55	2.35
2009	1.55	1.61	1.85	2.31	3.45	1.19	1.99
2010	1.96	1.77	1.67	2.12	3.51	1.08	2.02
2011	2.05	2.41	1.54	2.04	3.40	1.21	2.11
2012	2.28	2.64	1.66	2.14	3.43	1.34	2.25
2013	2.37	2.72	1.81	2.31	3.42	1.45	2.35
2014	2.36	2.78	1.88	2.47	3.50	1.50	2.42
2015	2.22	2.83	1.97	2.59	3.68	1.51	2.47
2016	2.45	2.75	2.04	2.67	3.70	1.17	2.46
2017	3.90	2.58	2.03	2.82	3.72	0.76	2.64

资料来源：由 2000—2017 年各省国民经济和社会发展公报计算得出。

具体而言，2008 年金融危机之前，安徽与河南省外资依存度（图

1-14）走势基本一致，但河南省增速高于安徽省；山西和湖南省在该阶段的外资增长率波动比较剧烈，尤其是山西省，2006 年外资依存度和安徽省、湖北省相比差别虽然不大，但有个大幅回落的过程，说明山西省吸引外资能力有待提升。值得关注的是，江西省在 2000—2008 年间，利用外商直接投资呈现直线式上升过程，年均领先安徽省 2 个百分点左右，这与当时江西省经济高速增长的事实是相匹配的。2008—2017 年间，随着安徽省招商引资力度的加大，安徽省与其他中部五省的外资依存度的省际差异逐步缩小，尤其体现在与湖南省的比较上，2011 年、2014 年和 2016 年，两省的外资依存度相差 0.01％的水平，进一步说明安徽与湖南在上述几年内的外资利用规模和能力均较为相似。该阶段安徽省吸引外资的能力位于湖北、山西之上，但外资依存度增长的幅度不大且河南和江西省大有赶超之势，在时间曲线上安徽省与这两个省份相反。2017 年安徽省外资增长率有个大幅上升的过程，从 2016 年的 2.45％上升到 2017 年的 3.90％，增幅位居中部第一，同期河南、湖北和山西均有不同程度的回落，这与近些年安徽省致力于营造良好的营商环境，为海内外客商在安徽投资发展、开拓事业提供有力的保障有关，典型的事实为外资企业数量比 2016 年增长了 10.64％。

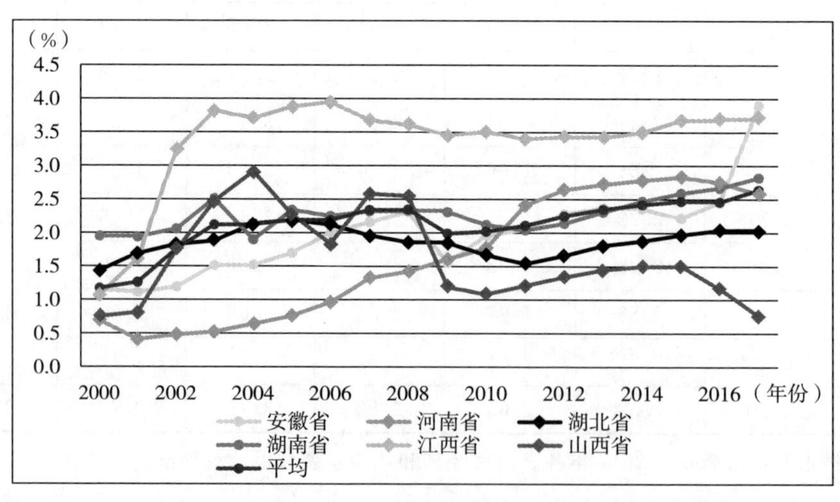

图 1-14　2000—2017 年中部六省外资依存度比较

总体而言，近 20 年来，中部地区对外开放度呈上升趋势，从 2000 年的 3.25%上升到 2017 年的 3.49%（表 1－32）。且在此期间，对外开放度的变化表现出明显的波动性，阶段性特征比较明显。安徽省对外开放度局部时间上虽有波动，但和其他五省的差异较小，和中部地区平均对外开放度也相差不大，在中部地区对外开放度总体格局中的地位也基本稳定，2017 年处于仅次于江西省的第二个位次。

表 1－32 2000—2017 年中部六省对外开放度比较 （%）

年份	安徽省	河南省	湖北省	湖南省	江西省	山西省	平均
2000	4.33	1.79	3.16	3.19	3.17	3.86	3.25
2001	4.18	1.82	3.34	3.22	3.10	3.90	3.26
2002	4.46	1.93	3.50	3.19	3.82	4.35	3.54
2003	5.68	2.44	4.02	3.88	4.82	5.33	4.36
2004	5.68	1.86	4.55	4.10	5.05	7.20	4.74
2005	6.39	2.77	5.65	4.19	5.19	5.51	4.95
2006	7.52	3.22	6.15	4.32	6.34	5.46	5.50
2007	8.12	3.43	6.26	4.61	7.48	7.89	6.30
2008	8.66	3.81	6.83	4.83	8.71	8.02	6.81
2009	5.83	3.06	5.29	3.71	7.15	4.37	4.90
2010	7.37	3.41	6.16	4.06	9.15	5.04	5.86
2011	7.68	5.10	6.33	4.17	10.56	4.93	6.46
2012	8.57	6.97	5.50	4.29	10.10	4.71	6.69
2013	8.90	7.42	5.70	4.49	10.04	4.80	6.89
2014	8.87	7.11	6.06	4.76	10.60	4.89	7.05
2015	8.32	7.63	6.07	21.72	10.74	24.71	13.19
2016	7.47	7.25	5.29	4.19	10.44	28.22	10.47
2017	8.53	7.10	5.30	4.93	9.09	4.26	3.49

资料来源：由 2000—2017 年各省国民经济和社会发展公报计算得出。

具体分阶段来看：2000—2009 年安徽省与中部其他省份的对外开放度均处于缓慢上升阶段，且在此期间内，安徽省与中部其他五省的省际差异表现得最小。河南、江西、湖南等省份的对外开放度与安徽差距仅在 0.01 个百分点内。从 2003 年开始，安徽省对外开放度逐步提高并超过中部地区平均水平，对外开放的程度与步伐逐步深入和加快，2005—2006 年领先河南 4.1 个百分点，领先江西 1.2 个百分点，对外开放度从 2000 年的 4.33%提升到 2009 年的 5.83%且 2000—2009 年的年均增速为 4.75%，同期河南、湖北、湖南、江西和山西分别为 8.16%、6.66%、2.32%、10.38%、5.16%。将中部省份平均对外开放度排序可知，该阶段安徽省对外开放度位居中部第一。以 2009 年为分界点，中部六省对外开放度变化均以 2009 年为最小值，呈现一定程度的下降趋势，主要是受到 2008 年爆发的全球经济危机的影响。2009—2014 年安徽与江西的对外开放度差距有所凸显，尤其体现在 2010 年和 2011 年，与江西省相差 2～3 个百分点，这主要与安徽省宏观经济增速放缓有关，但仍然位于中部平均对外开放度时间曲线上方；2014—2017 年安徽省对外开放的增速有所回落，与江西、湖北、河南三省对外开放度均呈现小幅度下降的趋势。2017 年江西省对外开放度时间曲线与安徽再次回到同一起跑线上，其中，湖南和山西两省分别于 2016 和 2017 年附近出现了异常变动，对外开放度降幅高达 80.71%和 84.90%，由此带来了中部平均对外开放度大幅下降（图 1－15）。

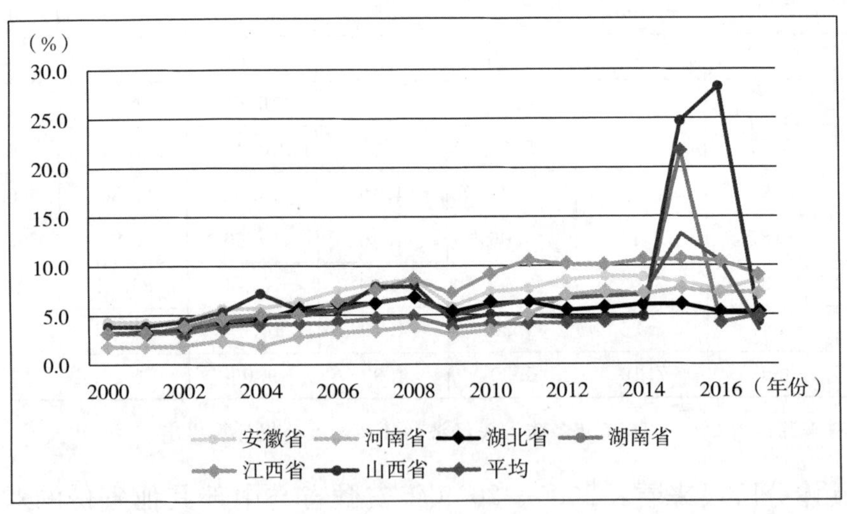

图 1－15　2000—2017 年中部六省对外开放度比较

第三节　安徽与东部省市对外贸易比较分析

一、对外贸易规模比较

近年来安徽对外贸易的高速增长取得了突破性的发展，显示了安徽对外贸易发展的巨大潜力，但是与全国及东部地区相比仍存在较大差异。由表 1-33 可以看出，2000—2017 年安徽省不论是在进口额、出口额还是进出口贸易额上，与东部各省市相比都有着明显的差距。2017 年，安徽省进出口总额为 536.4 亿美元，进口额为 231.6 亿美元，出口额为 304.8 亿美元，进出口、进口、出口分别占全国对外贸易总量的 1.31％、1.26％、1.35％（表 1-34）。其中，东部省份对外贸易总量排名第一的广东省，其进出口贸易总额达到 10097.2 亿美元，约为同年安徽省进出口贸易总额的 19 倍，且远远超过其他东部省市，占全国进出口贸易总额的 24.60％，接近总量的四分之一；其次为江苏省，2017 年江苏省的进出口总额达到了 5911.4 亿美元，约占全国进出口贸易总额的 14.40％；上海市作为全国重要的贸易中心，2017 年其进出口贸易额为 4761.23 亿美元，占全国的进出口贸易比重为 11.60％；浙江省的进出口贸易总额为 3793.4 亿美元，在全国所占比重为 9.24％；山东省为 2630.6 亿美元，占全国对外贸易总额的 6.41％；福建省达到 1710.3 亿美元，占比为 4.17％。

表 1-33　2000—2017 年安徽省与东部省市进口额、出口额及进出口总额　（亿美元）

年份	安徽省			山东省			江苏省		
	进口额	出口额	总额	进口额	出口额	总额	进口额	出口额	总额
2000	11.7	21.7	33.4	94.6	155.3	249.9	198.7	257.7	456.4
2001	13.4	22.8	36.2	108.3	181.3	289.6	224.8	288.8	513.6
2002	17.3	24.5	41.8	128.3	211.1	339.4	318.3	384.8	703.1
2003	28.8	30.6	59.4	180.8	265.7	446.5	545.3	591.4	1136.7
2004	32.7	39.4	72.1	249.1	358.7	607.8	833.6	875.0	1708.6

（续表）

年份	安徽省			山东省			江苏省		
	进口额	出口额	总额	进口额	出口额	总额	进口额	出口额	总额
2005	39.3	51.9	91.2	306.4	462.5	768.9	1049.6	1229.8	2279.4
2006	54.1	68.4	122.5	366.4	586.5	952.9	1235.8	1604.2	2840.0
2007	71.1	88.2	159.3	473.7	752.4	1226.1	1459.4	2037.3	3496.7
2008	90.8	113.5	204.3	649.7	931.7	1581.4	1542.3	2380.4	3922.7
2009	67.5	88.9	156.4	590.4	795.7	1386.1	1395.9	1992.4	3388.3
2010	118.6	124.1	242.7	847.0	1042.5	1889.5	1952.4	2705.5	4657.9
2011	142.5	170.8	313.3	1102.0	1257.9	2359.9	2271.4	3126.2	5397.6
2012	125.7	267.5	393.2	1168.1	1287.3	2455.4	2195.6	3285.4	5481.0
2013	173.8	282.6	456.3	1326.5	1345.1	2671.6	2219.9	3288.6	5508.4
2014	177.8	315.0	492.8	1323.7	1447.5	2771.2	2218.9	3418.7	5637.6
2015	157.0	331.1	488.1	976.9	1440.6	2417.5	2069.5	3386.7	5456.2
2016	159.0	284.8	443.8	970.5	1371.6	2342.1	1902.7	3193.4	5096.1
2017	231.6	304.8	536.4	1159.5	1471.1	2630.6	2278.4	3133.0	5911.4

年份	浙江省			福建省		
	进口额	出口额	总额	进口额	出口额	总额
2000	83.9	194.4	278.3	83.2	129.1	212.3
2001	98.2	229.8	328.0	87.0	139.2	226.2
2002	125.5	294.1	419.6	110.3	173.7	284.0
2003	198.2	416.0	614.2	141.9	211.3	353.2
2004	270.7	581.5	852.2	181.3	293.9	475.2
2005	305.7	768.0	1073.9	195.7	348.4	544.1
2006	382.5	1008.9	1391.5	214.0	412.6	626.6
2007	485.8	1282.7	1768.5	245.1	499.4	744.5
2008	568.4	1542.7	2111.1	278.3	569.9	848.2
2009	547.2	1330.1	1877.3	263.3	533.2	796.5
2010	730.7	1804.6	2535.3	372.9	714.9	1087.8
2011	930.3	2163.5	3093.8	506.8	928.4	1435.2
2012	878.8	2245.2	3124.0	581.1	978.3	1559.4
2013	870.4	2487.5	3357.9	628.5	1064.7	1693.2
2014	817.2	2733.3	3550.5	639.6	1134.5	1774.1

（续表）

年份	浙江省			福建省		
	进口额	出口额	总额	进口额	出口额	总额
2015	697.2	2725.4	3422.6	561.7	1126.8	1688.5
2016	669.0	2605.7	3274.7	531.5	1036.7	1568.2
2017	913.4	2880.0	3793.4	661.0	1049.3	1710.3

年份	上海市			广东省		
	进口额	出口额	总额	进口额	出口额	总额
2001	332.70	276.28	608.98	810.7	954.2	1764.9
2002	406.09	320.55	726.64	1026.3	1184.6	2210.9
2003	639.15	484.82	1123.97	1306.7	1528.5	2835.2
2004	865.06	735.20	1600.26	1655.6	1915.7	3571.3
2005	956.23	907.42	1863.65	1898.3	2381.7	4280.0
2006	1139.16	1135.73	2274.89	2252.6	3019.5	5272.1
2007	1390.45	1439.28	2829.73	2648.0	3692.4	6340.4
2008	1527.88	1693.50	3221.38	2793.0	4041.9	6834.9
2009	1358.17	1419.14	2777.31	2521.6	3589.6	6111.2
2010	1880.85	1807.84	3688.69	3317.1	4531.9	7849.0
2011	2276.47	2097.89	4374.36	3815.4	5317.9	9133.3
2012	2299.51	2068.07	4367.58	4098.9	5740.6	9839.5
2013	2371.54	2042.44	4413.98	4554.6	6363.6	10918.2
2014	2563.45	2102.77	4666.22	4305.0	6460.9	10765.9
2015	2547.64	1969.69	4517.33	3793.3	6434.7	10228.0
2016	2492.95	2017.58	4777.40	3567.2	5985.6	9552.9
2017	2824.42	1936.81	4761.23	3847.3	6249.9	10097.2

资料来源：由各省市历年统计年鉴计算得到。

表 1-34 2000—2017 年安徽省与东部省市进口、出口及进出口在全国占比情况（%）

年份	安徽省			山东省			江苏省		
	进口额	出口额	总额	进口额	出口额	总额	进口额	出口额	总额
2000	0.52	0.87	0.70	4.20	6.23	5.27	8.83	10.34	9.62
2001	0.55	0.86	0.71	4.45	6.81	5.68	9.23	10.85	10.08

（续表）

年份	安徽省			山东省			江苏省		
	进口额	出口额	总额	进口额	出口额	总额	进口额	出口额	总额
2002	0.59	0.75	0.67	4.35	6.48	5.47	10.78	11.82	11.33
2003	0.70	0.70	0.70	4.38	6.06	5.25	13.21	13.50	13.36
2004	0.58	0.66	0.62	4.44	6.05	5.26	14.85	14.75	14.80
2005	0.60	0.68	0.64	4.64	6.07	5.41	15.90	16.14	16.03
2006	0.68	0.71	0.70	4.63	6.05	5.41	15.61	16.56	16.13
2007	0.74	0.72	0.73	4.95	6.16	5.63	15.26	16.69	16.07
2008	0.80	0.79	0.80	5.74	6.51	6.17	13.62	16.64	15.30
2009	0.67	0.74	0.71	5.87	6.62	6.28	13.88	16.58	15.35
2010	0.85	0.79	0.82	6.07	6.61	6.35	13.98	17.15	15.66
2011	0.80	0.90	0.86	6.13	6.63	6.48	12.63	16.47	14.82
2012	0.69	1.31	1.02	6.42	6.28	6.35	12.07	16.04	14.17
2013	0.89	1.28	1.10	6.80	6.09	6.42	11.38	14.89	13.24
2014	0.91	1.35	1.15	6.76	6.18	6.44	11.33	14.60	13.11
2015	0.93	1.46	1.23	5.82	6.34	6.12	12.32	14.90	13.80
2016	1.00	1.36	1.20	6.11	6.54	6.35	11.98	15.22	13.83
2017	1.26	1.35	1.31	6.30	6.50	6.41	12.38	13.84	14.40

年份	浙江省			福建省			上海市			广东省		
	进口	出口	总额	进口	出口	总额	进口	出口	总额	进口	出口	总额
2000	3.73	7.80	5.87	3.70	5.18	4.48	13.04	10.17	11.53	34.73	36.89	35.88
2001	4.03	8.64	6.44	3.57	5.23	4.44	13.66	10.38	11.95	33.29	35.86	34.63
2002	4.25	9.03	6.76	3.74	5.33	4.57	13.76	9.84	11.71	34.77	36.38	35.62
2003	4.80	9.49	7.22	3.44	4.82	4.15	15.48	11.06	13.21	31.66	34.88	33.32
2004	4.82	9.80	7.38	3.23	4.95	4.12	15.41	12.39	13.86	29.50	32.29	30.93
2005	4.63	10.08	7.55	2.97	4.57	3.83	14.49	11.91	13.11	28.76	31.26	30.10
2006	4.83	10.41	7.90	2.70	4.26	3.56	14.39	11.72	12.92	28.46	31.16	29.95
2007	5.08	10.51	8.13	2.56	4.09	3.42	14.54	11.80	13.00	27.70	30.25	29.13
2008	5.02	10.78	8.24	2.46	3.98	3.31	13.49	11.84	12.57	24.66	28.25	26.66

（续表）

年份	浙江省			福建省			上海市			广东省		
	进口	出口	总额	进口	出口	总额	进口	出口	总额	进口	出口	总额
2009	5.44	11.07	8.50	2.62	4.44	3.61	13.50	11.81	12.58	25.07	29.87	27.68
2010	5.23	11.44	8.52	2.67	4.53	3.66	13.47	11.46	12.40	23.76	28.72	26.39
2011	5.17	11.40	8.50	2.82	4.89	3.94	13.06	11.05	12.01	21.22	28.01	25.08
2012	4.83	10.96	8.08	3.20	4.78	4.03	12.65	10.09	11.29	22.54	28.02	25.44
2013	4.46	11.26	8.07	3.22	4.82	4.07	12.16	9.25	10.61	23.36	28.81	26.25
2014	4.17	11.67	8.25	3.26	4.84	4.12	13.08	8.98	10.85	21.97	27.58	25.03
2015	4.15	11.99	8.66	3.34	4.96	4.27	15.17	8.66	11.43	22.59	28.30	25.87
2016	4.21	12.42	8.89	3.35	4.94	4.25	15.70	8.69	11.71	22.46	28.54	25.92
2017	4.96	12.72	9.24	3.59	4.64	4.17	15.34	8.56	11.60	20.90	27.61	24.60

资料来源：由各省市历年统计年鉴计算得到。

从表1-33和表1-34中我们可以看出，广东省、江苏省、上海市、浙江省是东部地区对外贸易的主体构成，山东省与福建省的占比较小。之前在与中部地区的对外贸易对比分析中，安徽省的对外贸易发展情况处于中部省份的前列水平。然而，在与东部地区的对比分析中，安徽省的贸易优势不再明显，不论是进口额还是出口额都处在这几个省市的末端，其进出口贸易总额与东部对外贸易水平发展较落后的省份相比差距仍然比较明显。其中，2017年安徽省进出口总额占比低于山东省约5个百分点、低于福建省近3个百分点。

将2017年安徽省与东部各省市的贸易额及GDP数据进行排名后得到表1-35。可以看出，安徽省2017年的贸易额不论是在进口额、出口额、进出口贸易总额还是GDP总值上都处于末位。广东作为对外贸易大省，不管是进出口贸易情况还是国民经济运行情况都一直处于领先地位；上海市与江苏省情况类似，都处于东部地区的中上游水平，其经济及对外贸易发展水平较为可观；而浙江、山东、福建三省则位于东部地区中等偏下的发展水平，但其贸易发展在全国仍处于领先水平。

表 1-35　2017 年安徽省与东部省市进口额、出口额、进出口总额及 GDP 排名

省市	进口额	出口额	进出口总额	GDP
安徽	7	7	7	7
山东	4	5	5	3
江苏	3	2	2	2
浙江	5	3	4	4
福建	6	6	6	5
上海	2	4	3	6
广东	1	1	1	1

资料来源：由各省市历年统计年鉴统计得到。

从出口贸易增速方面来看，除安徽省外，2001—2017 年东部地区及其平均出口增速与全国的出口增速变化的趋势基本一致，呈现一定的波动性。而这种波动性在安徽省的出口增速方面表现得更为明显。2003 年，安徽的出口增速为－15.90%，出现了较高的负增长；随后其出口增速又开始不断加快，在 2004 年达到了 2001—2017 年间安徽省出口增速的峰值，其值为 90.70%（表 1-36）。2009 年受金融危机的影响，同其他省份一样，安徽省的出口增速创历史新低，下降了 21.7 个百分点。随着经济开始回温，2012 年安徽出口增速达到另一个小高峰，但在 2015—2016 年又开始滑落，2017 年其出口贸易又恢复增长趋势，出口增速达到了 7.20%。之前在对外贸易规模的对比分析中，安徽省在贸易总量上与其他东部地区差距较大，但在贸易增速的分析中可以看出，安徽省的出口贸易增速与东部地区的出口贸易增速差别不大，有时增速甚至超过了其他东部省市的出口增速。值得注意的是，2008 年以前，上海市出口增速较快，2009 年以后上海市的出口增速开始出现明显的下滑（图 1-16）。这种现象与全球的经济发展形势和我国的对外贸易政策等都密不可分。21 世纪以来，经济发展步入新常态，我国的出口增速一直处于放缓趋势，要素、商品价格、全球经济增速下降、汇率波动及对外贸易发展方式的调整等因素都可能是造成我国出口增速放缓背后的深层次原因。

表 1-36　2001—2017 年安徽省与东部省市及全国出口增速比较　（%）

年份	安徽	山东	江苏	浙江	福建	上海	广东	平均	全国
2001	5.10	16.70	12.10	18.20	7.90	8.97	3.80	10.60	6.80
2002	7.50	16.50	33.30	28.00	24.80	16.02	24.10	22.30	22.30
2003	−15.90	25.80	53.70	41.50	21.70	51.25	29.10	26.80	34.60
2004	90.70	35.00	48.10	39.80	40.90	51.64	25.30	46.10	35.40
2005	31.80	28.90	40.50	32.10	18.50	23.42	24.30	28.30	28.40
2006	31.70	26.80	30.50	31.40	18.40	25.16	26.80	27.30	27.20
2007	29.00	28.30	27.00	27.20	21.00	26.73	22.20	25.83	25.70
2008	28.70	23.80	16.90	20.30	14.10	17.66	9.40	18.70	17.20
2009	−21.70	−14.60	−16.30	−13.80	−6.40	−16.20	−11.50	−13.60	−16.00
2010	39.60	31.10	35.80	35.70	34.10	27.39	26.30	33.70	31.30
2011	37.60	20.70	15.60	19.90	29.90	16.04	17.40	23.90	20.30
2012	56.60	2.40	5.10	3.80	5.40	−1.42	7.90	13.10	7.90
2013	5.60	4.50	0.10	10.80	8.90	−1.24	10.90	6.20	7.90
2014	11.40	7.90	4.00	9.90	6.60	2.95	1.50	6.10	4.90
2015	5.20	−0.40	−0.90	1.20	−0.40	−6.33	−0.40	−0.20	−1.80
2016	−11.70	1.20	0.20	3.00	−2.20	2.43	−1.30	−7.30	−1.90
2017	7.20	7.25	−1.89	10.53	1.22	−4.00	4.42	3.53	7.90

资料来源：由各省市统计局与国家统计局计算得到。

在进口贸易增速方面，2001—2017 年安徽省的进口增速变化情况仍呈现出一定的波动性。与出口增速变化不同的是：2001—2017 年安徽省和东部地区与全国的进口增速变化情况虽大体一致，但各省的进口增速差距开始呈现明显的分化态势（图 1-17）。2015 年安徽和东部各省市及全国的进口增速均为负值，进口出现负增长。2016 年进口负增长的情况虽有所改善，但与之前的年份相比，进口增速仍显得动力不足（表 1-37）。这种进口增速放缓的局面终于在 2017 年被打破，2017 年安徽和东部各省市及全国的进口增速均恢复正值，且增幅较为明显。这一现象在安徽省的进口增速上表现得尤为突出，2017 年安徽省的进口贸易增速达到了 45.00%，高于全国平均增速水平近 30%。进口增速较快，主要是受我国积极扩大进口和部分大宗商品价格上涨

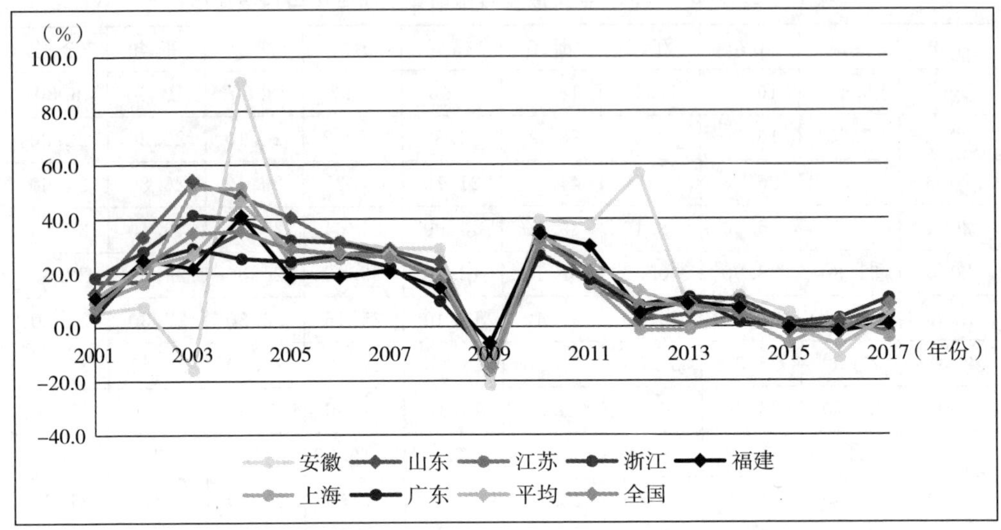

图 1-16 2001—2017 年安徽省与东部省市及全国出口增速比较

等因素影响。2018 年扩大进口的政策力度明显加大，出台并实施了一系列措施。要求在稳定出口的同时进一步扩大进口，促进对外贸易平衡发展，推动经济高质量发展，维护自由贸易。

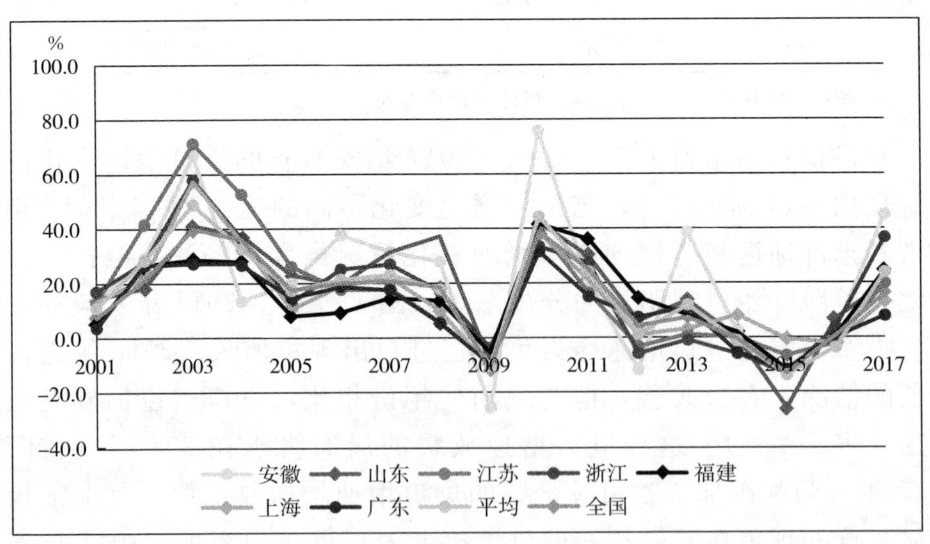

图 1-17 2001—2017 年安徽省与东部省市及全国进口增速比较

表 1-37　2001—2017 年安徽省与东部省市及全国进口增速比较　　（%）

年份	安徽	山东	江苏	浙江	福建	上海	广东	平均	全国
2001	13.90	14.50	13.10	17.10	4.70	13.33	3.70	11.10	7.50
2002	29.10	18.40	41.60	27.70	26.70	22.06	26.60	28.40	21.20
2003	66.90	41.00	71.30	58.00	28.70	57.39	27.30	48.80	39.90
2004	13.60	37.70	52.70	36.60	27.90	35.35	26.70	32.60	36.00
2005	20.00	23.00	26.10	13.00	8.00	10.54	14.70	17.40	17.60
2006	37.70	19.60	17.70	25.10	9.30	19.13	18.70	21.40	20.00
2007	31.40	31.40	18.10	26.90	14.60	22.06	17.50	23.00	20.80
2008	27.80	37.10	5.70	17.00	13.60	9.88	5.40	17.80	18.50
2009	−25.70	−9.10	−9.50	−3.70	−5.40	−11.11	−9.70	−10.50	−11.20
2010	75.70	42.20	39.90	33.40	41.60	38.48	31.50	44.30	38.70
2011	19.90	29.80	16.30	27.30	36.00	21.03	15.00	24.10	24.90
2012	−11.90	6.00	−3.30	−5.80	14.60	1.01	7.40	1.20	4.30
2013	38.60	13.50	1.10	−1.00	8.20	3.13	11.00	11.90	7.30
2014	2.30	0.00	0.00	−6.00	1.90	8.09	−5.50	−1.30	−0.60
2015	−11.30	−26.10	−6.70	−13.40	−11.90	−0.62	−11.90	−13.90	−13.20
2016	2.10	6.80	−2.20	3.70	0.70	−2.15	0.01	−3.80	0.60
2017	45.00	19.47	19.75	36.53	24.37	13.30	7.85	23.75	15.90

资料来源：各省市统计局与国家统计局计算得到。

综合以上的分析，从 2001—2017 年安徽省与东部省份进口、出口、进出口增速的比较中可以看出，2001 年中国加入 WTO 后，各省份及全国进出口增长率大体上都有不同程度的增长。受 2008 年金融危机的冲击，2009 年安徽省与东部省份及全国的进口、出口、进出口增速均为负值（表 1-36、表 1-37、表 1-38）。随着国家及地方政策的调整，金融危机的负面影响开始减弱，自 2010 年开始，安徽省与东部省份及全国的贸易增速转为正值。其中，2010—2014 年的出口增速均呈现正向增长、进口增速时正时负、进出口增速基本为正的态势。

2014 年以后，安徽省在出口、进口、进出口增速方面总的来说要高于其他几个东部省份及全国的贸易增速，但是与 2014 年以前的贸易增速相比却有大幅度的削减，且这种情况在东部省份尤其突出。这可能是由于 2008 年金融危机至今，世界经济形势不利于对外贸易的开展，国际贸易环境的恶化对原本外贸依存度就较高的东部省份造成了较为严重的影响，因此可能拉低了贸易增速的平均水平。2015—2016 年，安徽省与东部省份及全国的贸易增速出现了较多负值，但在 2017 年后又重新恢复正值，且增幅较为明显。我国对外贸易市场多元化的步伐正在加快，进口潜力正在逐步释放。究其缘由，从国内环境来看，随着我国对外贸易供给侧结构性改革的推进，我国进出口结构将进一步优化，高质量发展动能进一步积蓄，进口潜力进一步激发；从外部环境来看，虽然面临不稳定的外部环境因素挑战，但经济全球化的大势没有改变，全球主要市场的需求仍在增长。

表 1-38 2001—2017 年安徽省与东部省市及全国进出口增速比较 (%)

年份	安徽	山东	江苏	浙江	福建	上海	广东	平均	全国
2001	8.20	15.90	12.50	17.80	6.60	11.31	3.80	10.80	8.20
2002	15.50	17.20	36.90	27.90	25.50	19.32	25.30	24.70	21.80
2003	42.30	39.90	61.70	46.40	24.40	54.68	28.30	39.10	37.10
2004	21.30	36.10	50.30	38.80	34.60	42.38	26.00	34.50	35.70
2005	26.50	26.50	33.40	26.00	14.50	16.46	19.80	24.50	23.20
2006	34.30	23.90	24.60	29.60	15.20	22.07	23.20	25.10	23.80
2007	30.10	28.70	23.10	27.10	18.80	24.39	20.20	24.70	23.50
2008	28.30	29.00	12.20	19.40	13.90	13.84	7.80	18.40	17.80
2009	−23.40	−12.40	−13.60	−11.10	−6.10	−13.79	−10.80	−12.90	−13.90
2010	55.10	35.90	37.50	35.00	36.60	32.82	28.40	38.20	34.70
2011	29.00	24.80	15.90	22.00	32.00	18.59	16.40	23.40	22.50
2012	25.50	4.10	1.50	0.90	8.60	−0.15	−7.70	8.10	6.20

（续表）

年份	安徽	山东	江苏	浙江	福建	上海	广东	平均	全国
2013	16.20	8.80	0.50	7.50	8.60	1.06	10.90	8.80	7.60
2014	8.00	4.00	2.30	5.80	4.80	5.71	－1.40	3.90	2.30
2015	－0.80	－12.70	－3.20	－2.10	－4.50	－3.19	－5.00	－4.00	－7.00
2016	－7.20	3.50	－0.70	3.10	－1.20	5.76	－0.80	－6.10	－0.90
2017	28.00	12.32	16.00	15.84	9.06	－0.34	5.70	12.37	11.40

注：东部省市进出口增速以可比价格计算得到，全国进出口增速以人民币计价计算得到。

资料来源：由各省市统计局与国家统计局计算得到。

二、对外贸易方式比较

从贸易方式规模方面来看，在安徽与东部地区的对比分析中（表 1－39），浙江、福建两省与安徽省的情况类似，一般贸易也是这两个东部省份的主要对外贸易发展方式，但其一般贸易所占比重不断上升，加工贸易比例略有下降。2017 年安徽省的进出口贸易中，一般贸易所占的比重为 70.92%，浙江省为 79.27%，福建省为 72.27%；安徽加工贸易所占的比重为 22.26%，浙江省为 9.97%，福建省为 20.75%。山东省的一般贸易方式占比要大于加工贸易。2017 年山东省的进出口贸易中一般贸易所占的比重为 35.84%，江苏省为 18.37%；山东加工贸易所占的比重为 18.26%，江苏省为 13.26%。作为对外开放的大省，广东省的加工贸易较为发达，但近年来出现逐步下降的趋势。2017 年广东省的进出口贸易中，一般贸易所占的比重为 46.07%，加工贸易所占的比重为 36.07%。2017 年上海市的进出口贸易中，一般贸易所占的比重为 50.81%，加工贸易所占的比重为 23.35%。随着安徽省对外贸易发展方式的不断调整，对外贸易结构不断优化，2015—2017 年来安徽省的加工贸易占比呈递增趋势。2017 年安徽省加工贸易额比重比上年同时期增长了 0.5 个百分点。由此可见，安徽省在转变贸易方式上取得了一定的成效，但一般贸易比重仍占据对外贸易的绝大部分。

表 1－39　2011—2017 年安徽省与东部省份一般贸易与加工贸易进出口贸易额及比重　（亿美元，%）

年份	安徽省				山东省			
	一般贸易		加工贸易		一般贸易		加工贸易	
	金额	比重	金额	比重	金额	比重	金额	比重
2011	242.04	77.24	63.82	20.37	646.69	27.40	558.06	23.65
2012	304.48	77.43	62.87	15.99	687.50	28.00	543.39	22.13
2013	351.00	76.91	89.49	19.61	760.40	28.46	525.90	19.68
2014	345.42	70.1	117.47	23.84	837.39	30.22	553.66	19.98
2015	349.50	71.60	101.74	21.21	904.20	37.40	492.38	20.37
2016	317.06	71.44	96.42	21.72	865.39	36.95	462.10	19.73
2017	380.39	70.92	119.36	22.26	942.90	35.84	480.35	18.26

年份	江苏省				浙江省				福建省			
	一般贸易		加工贸易		一般贸易		加工贸易		一般贸易		加工贸易	
	金额	比重	金额	比重	金额	比重	金额	比重	金额	比重	金额	比重
2011	880.90	16.32	943.07	17.47	2418.28	78.17	532.31	17.21	934.26	65.10	407.55	28.40
2012	797.33	14.55	861.44	15.64	2421.21	77.50	499.63	16.00	1058.05	67.85	411.01	26.36
2013	876.92	15.92	835.90	15.18	2595.00	77.28	466.88	13.90	1164.34	68.77	432.66	25.55
2014	901.92	16.00	864.80	15.34	2749.61	77.44	467.72	13.93	1245.18	70.19	423.37	23.86
2015	835.77	15.32	817.15	14.98	2632.91	76.93	397.71	11.62	1195.03	70.77	392.36	23.24
2016	885.19	17.37	770.71	15.12	2568.90	78.45	339.59	10.37	1129.58	72.03	337.18	21.92
2017	1086.04	18.37	783.59	13.26	3007.06	79.27	378.19	9.97	1236.06	72.27	354.83	20.75

年份	上海市				广东省			
	一般贸易		加工贸易		一般贸易		加工贸易	
	金额	比重	金额	比重	金额	比重	金额	比重
2011	—	—	—	—	3207.43	35.12	5077.35	55.60
2012	1841.55	42.16	1387.41	31.77	3291.94	33.46	5299.13	53.86
2013	2016.55	45.69	1292.07	29.27	3688.12	33.78	5267.19	48.24
2014	2201.21	47.17	1290.07	27.65	4156.20	38.61	5202.62	48.32
2015	1545.04	34.20	1571.45	34.79	4311.58	42.15	4403.31	43.05
2016	1641.63	34.36	1521.01	31.84	4162.81	43.58	3705.81	38.79
2017	2419.41	50.81	1111.64	23.35	4652.22	46.07	3742.76	36.07

资料来源：由各省市统计局与国家统计局计算得到。

从贸易方式进出口额增速方面来看，安徽、江苏、浙江、上海的一般贸易进出口额增速基本呈现波动上升的趋势，而山东、福建和广东的一般贸易进出口额增速却在波动中呈现缓慢下降的态势（表1-40）。安徽省的一般贸易进出口额增速由2013年的15.28%上升至2017年的19.97%；东部省市一般贸易进出口额增速上涨最快的为上海市，由2013年的9.50%上升至2017年的47.38%，增长了约38个百分点。在加工贸易增速的对比分析中，安徽、福建和上海的加工贸易进出口额增速基本呈现波动下降的趋势，而山东、江苏、浙江和广东的加工贸易进出口额增速却在波动中呈现缓慢上涨的态势。安徽省的加工贸易进出口额增速由2013年的42.34%下降至2017年的23.79%；东部省市加工贸易进出口额增速下降最快的为上海市，由2013年的−6.87%继续下降至2017年的−26.91%，下降了约为20个百分点，且上海市的加工贸易进出口增速基本为负增长（2015年除外）。

表1-40 2013—2017年安徽省与东部省份一般贸易与加工贸易进出口额增速（%）

一般贸易进出口额增速							
年份	安徽	山东	江苏	浙江	福建	上海	广东
2013	15.28	10.60	9.98	7.18	10.05	9.50	12.03
2014	−1.59	10.12	2.85	5.96	6.94	9.16	12.69
2015	1.18	7.98	−7.33	−4.24	−4.03	−29.81	3.74
2016	−9.28	−4.29	5.91	−2.43	−5.48	6.25	−3.45
2017	19.97	8.96	22.69	17.06	9.43	47.38	11.76
加工贸易进出口额增速							
年份	安徽	山东	江苏	浙江	福建	上海	广东
2013	42.34	−3.22	−2.96	−6.55	5.27	−6.87	−0.60
2014	31.27	5.28	3.46	0.18	−2.15	−0.15	−1.23
2015	−13.39	−11.07	−5.51	−14.97	−7.32	21.81	−15.36
2016	−5.23	−6.15	−5.68	−14.61	−14.06	−3.21	−15.84
2017	23.79	3.95	1.67	11.37	5.23	−26.91	1.00

资料来源：由各省市统计局与国家统计局数据计算得到。

由前文的分析可知，安徽省的一般贸易进出口额增速呈现在波动中上升的趋势，但增速涨幅并不明显；而加工贸易进出口额增速却呈现在波动中下降的趋势，且增速降幅较大。在东部各省市的一般贸易与加工贸易进出口额增速的对比中，山东省的一般贸易进出口额增速呈现在波动中缓慢下降的趋势，但增速降幅并不明显，由2013年的10.60%下降至2017年的8.96%；而加工贸易进出口额增速却呈现波动上升趋势，由2013年的－3.22%增长至2017年的3.95%。江苏、浙江两省的一般贸易与加工贸易的进出口额增速均呈现在波动中上升的趋势，其中，江苏省一般贸易进出口额增速较浙江省更为明显，上涨了近13个百分点，而浙江省的加工贸易增速较江苏则更为明显，增加了近18个百分点。福建与广东两省情况类似，二者一般贸易与加工贸易的进出口额增速均呈现在波动中缓慢下降的趋势，值得注意的是，二者的加工贸易增速虽略有上升，但多数年份里的增速均为负值，呈现出负增长的状态。上海的一般贸易进出口额增速上升较为明显，2013—2017年上升了近38个百分点，而加工贸易进出口额增速却呈现较快下降态势，且基本为负增长状态。这在一定程度上反映出了我国东部沿海地区的加工贸易转型升级的必要性，要积极促进对外贸易方式转变，实现对外贸易高质量发展。

三、对外开放度比较

党的十八大报告明确提出：要全面提高开放型经济水平。一改过去一直沿用的“扩大对外开放”的提法，表明对外开放发展不仅要重视速度，更要重视开放质量和效益。鉴于数据的可得性，本节采用2011—2017年各省份的数据计算得到具体结果（表1-41）。

表1-41　2011—2017年安徽省与东部省市外贸依存度、外资依存度及对外开放度比较　（%）

外贸依存度							
年份	安徽	山东	江苏	浙江	福建	上海	广东
2011	13.22	34.39	72.65	63.19	54.02	148.00	113.38
2012	14.40	30.68	63.37	56.20	49.47	147.20	92.93
2013	14.47	29.36	55.96	53.98	47.00	136.60	106.08

（续表）

外贸依存度							
2014	14.51	28.21	52.40	53.47	44.62	126.60	96.05
2015	13.97	24.17	49.02	50.28	40.95	121.60	88.50
2016	12.48	23.70	45.41	46.99	37.28	111.70	81.46
2017	13.40	24.45	46.60	49.46	35.87	104.91	75.83
外资依存度							
年份	安徽	山东	江苏	浙江	福建	上海	广东
2011	2.71	1.63	4.32	2.38	2.33	4.35	2.77
2012	3.30	1.54	4.13	2.35	2.01	4.74	2.64
2013	3.39	1.54	3.38	2.28	1.85	4.84	2.29
2014	3.63	1.55	2.62	2.38	1.79	4.73	2.43
2015	3.90	1.63	2.18	2.49	1.86	4.58	2.34
2016	4.15	1.70	2.19	2.52	1.95	4.21	2.00
2017	3.97	1.66	1.98	2.33	1.80	3.74	1.54
对外开放度							
年份	安徽	山东	江苏	浙江	福建	上海	广东
2011	7.97	18.01	38.49	32.79	28.18	76.18	58.08
2012	8.85	16.11	33.75	29.28	25.74	75.97	47.79
2013	8.93	15.45	29.67	28.13	24.43	70.72	54.19
2014	9.07	14.88	27.51	27.93	23.21	65.67	49.24
2015	8.94	12.90	25.60	26.39	21.41	63.09	45.42
2016	8.32	12.70	23.80	24.76	19.62	57.96	41.73
2017	8.69	13.06	24.29	25.90	18.84	54.33	38.69

资料来源：由各省市历年统计年鉴计算得到。

对安徽省及东部省份 2017 年对外开放度按从大到小的顺序排名，依次是上海市、广东省、浙江省、江苏省、福建省、山东省、安徽省。可以看出，安徽省的对外开放度位于这几个省份的末端，且衡量指标的数值与东部各省相比有着不小的差距。上海市是重要的金融中心，其对外开放度在东部地区的排名居于第一位，是安徽省对外开放度的 6.26 倍，这说明安徽省的对外开放仍处于较低的水平。广东省的对外开放度比上海略低一些，但在东部地区里仍处于较高的对外开放水平。从整体趋势来看，2011—2017 年东部省份的对外开放度呈下降趋势，而安徽省出现小幅增长后又下降至原来的水平。2017 年，安徽、山东、江苏、浙江的对外开放度较上年同时期略有提升，而福建、上海、广东的对外开放度较上年同时期稍许下降。这在一定程度上也反映出了一国（地区）的对外开放水平越高，其对外开放度更容易受到国际经济环境的影响。此外，外贸依存度与对外开放度之间的关系，即外贸依存度对一个国家（地区）的对外开放水平有着举足轻重的影响。20 世纪 80 年代以来，中国经济融入世界经济一体化的进程日益加快，突出的特点之一是：随着进出口贸易的快速增长，中国的外贸依存度不断提高。加入 WTO 后，我国的外贸依存度不论是从绝对数值还是从变化幅度上看都已经高于世界发达国家和发展中大国的平均水平。伴随着对外贸易的发展，我国东部发达省市的外贸依存度在不断提高，不仅反映了东部省市融入世界经济程度的加深，其对国际市场的依赖程度在不断提高，还反映出其受世界经济冲击的风险也在不断加大。

第四节　安徽在全国对外贸易中的地位

一、对外贸易规模比较分析

一方面，近 20 年来，安徽省对外贸易规模迅速增长，从 2000 年的 33.47 亿美元增长到 2018 年的 629.70 亿美元，短短 19 年提高了近 20 倍，见表 1-42 所列。尤其是 2008 年金融危机后，安徽省对外贸易发展更呈现出强劲势头，2009—2018 年，安徽省进出口总额从 156.35 亿美元以年均 15.17%的增速增至 2018 年的 629.70 亿美元，超过全国增速 7.46 个百分点。从 2004 年开始，中国对外贸易规模首次突破 10000 亿美元，达到 11545.50 亿美元，同期安徽省在全国对外贸易规模中的占比仅为 0.62%，不超过 1%，这样的局面一直维持到 2011 年，直到 2018 年安徽省对外贸易规模占比为 1.39%，仍然不超过

2%。总体而言，安徽省对外贸易总额在全国所占比例呈现明显的阶段性波动特征，说明安徽对外贸易发展存在阶段性不稳定的贸易因素，且安徽省对外贸易规模在全国对外贸易总额中的占比比例偏低，年均不超过2%，对外贸易发展相对于全国的对外贸易规模较小，但具有较大的对外贸易发展潜力。从图1-18可以将近20年来安徽省对外贸易发展在全国对外贸易发展格局中的变化分为两个阶段。

表1-42 2000—2018年安徽省与全国进口额、出口额、进出口总额及占比 （亿美元,%）

年份	中国			安徽省			安徽省占比		
	进出口总额	出口额	进口额	进出口总额	出口额	进口额	进出口总额	出口额	进口额
2000	4742.90	2492.03	2250.87	33.47	21.72	11.75	0.71	0.87	0.52
2001	5096.50	2660.98	2435.52	36.20	22.82	13.38	0.71	0.86	0.55
2002	6207.70	3255.96	2951.74	41.81	24.53	17.28	0.67	0.75	0.59
2003	8509.80	4382.28	4127.52	59.43	20.64	28.84	0.70	0.47	0.70
2004	11545.50	5933.26	5612.24	72.11	39.37	32.75	0.62	0.66	0.58
2005	14219.10	7619.53	6599.57	91.20	51.90	39.29	0.64	0.68	0.60
2006	17604.40	9689.78	7914.62	122.49	68.36	54.12	0.70	0.71	0.68
2007	21765.70	12200.60	9565.10	159.30	88.21	71.09	0.73	0.72	0.74
2008	25632.60	14306.93	11325.67	204.35	113.53	90.83	0.80	0.79	0.80
2009	22075.40	12016.12	10059.28	156.35	88.90	67.50	0.71	0.74	0.67
2010	29740.00	15777.54	13962.46	242.77	124.13	118.60	0.82	0.79	0.85
2011	36418.60	18983.81	17434.79	313.38	170.83	142.26	0.86	0.90	0.82
2012	38671.20	20487.14	18184.06	393.25	267.49	125.36	1.02	1.31	0.69
2013	41589.90	22090.04	19499.86	456.34	282.60	173.80	1.10	1.28	0.89
2014	43015.30	23422.93	19592.373	492.73	314.90	177.80	1.15	1.34	0.91
2015	39530.30	22734.68	16795.62	488.08	331.14	156.94	1.23	1.46	0.93
2016	36855.60	20976.31	15879.29	443.80	284.84	158.96	1.20	1.36	1.00
2017	41071.60	22633.71	18437.89	536.36	304.82	231.54	1.31	1.35	1.26
2018	45192.59	23897.67	21294.92	629.70	362.10	267.70	1.39	1.52	1.26

资料来源：由2018年中国与安徽省国民经济和社会发展公报及2001—2018年《中国统计年鉴》和《安徽省统计年鉴》计算得出。

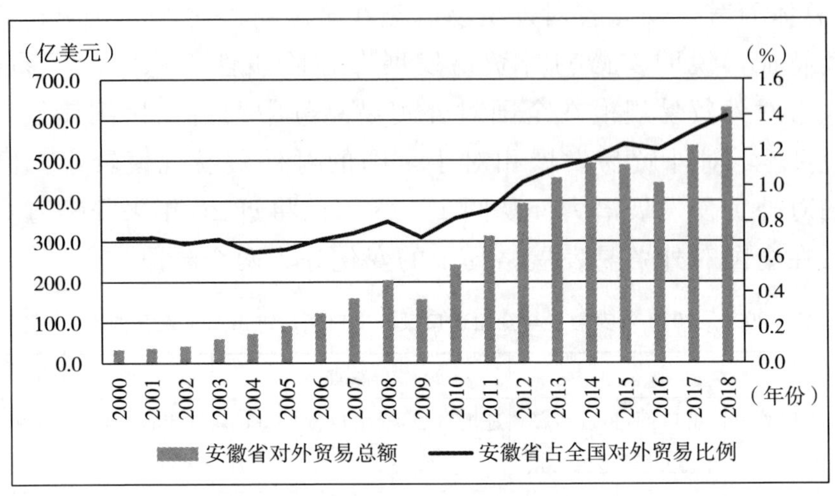

图 1-18 2000—2018 年安徽省占全国对外贸易总额比例

第一个阶段：入世以后对外贸易的平稳发展时期（2000—2008年）。随着 2001 年底中国加入 WTO 后对外贸易的高速发展，安徽省对外贸易也开始逐步发展起来。该阶段，安徽省进出口总额从 2000 年的 33.47 亿美元增长至 204.35 亿美元，在全国对外贸易总额中的占比较稳定，始终维持在 0.62%～0.80%之间，但在局部时间段上看，安徽省对外贸易总额的占比呈现出细微的变化，2000—2004 年安徽省对外贸易占比从 0.71%下降到 0.62%，主要是因为同期全国对外贸易总额呈现出较大幅度的上升态势，从 2000 年的 4742.90 亿美元增至 11545.50 亿美元。2004—2008 年安徽省对外贸易占比呈现出小幅度缓慢上升的态势，增至 2008 年的 0.80%。综上，安徽省对外贸易年均增速在该阶段达到 22.72%，但比全国年平均增速低 2.3 个百分点，在全国对外贸易格局中的地位呈现先降后升的变化。

第二个阶段：对外贸易快速增长时期（2009—2018 年）。该阶段，安徽省与全国的对外贸易规模均表现出迅速扩张的趋势，安徽省对外贸易总额从 156.35 亿美元增至 629.70 亿美元，在全国对外贸易中的占比从 0.71%增至 2018 年的 1.39%，其中，2011—2015 年安徽省在全国的对外贸易占比呈现出直线上升的态势，从 0.86%增至 1.23%。期间，受金融危机影响，2009 年安徽省进出口贸易受到较大的影响，比上一年降低了48亿美元，中国对外贸易规模下降了3547.2亿美元，在2010年才表现为有所回暖的趋势。值得关注的是，2016年安徽省对外贸易规模为443.80亿美元，比同期中国对外贸易规模低了36411.8亿美元，在全国对外贸易规模中的占比也下降至1.20%，但2018年安徽省对外贸易规模增长到629.70亿美元，在全国对外贸易总额的占比也略有上升，达到1.39%。究其原因，主要是国家出台的一系列区域性贸易政策，如中部崛起战略、《中西部地区承接产业转移的指导意见》等对安徽省对外贸易的发展具有重要的推动作用。另外，安徽省凭借生产要素成本优势及地理区位优势，吸引了大量东部沿海地区的产业转移，促进了对外贸易的发展。

表1-43为2000—2017年安徽省在全国出口、进口、进出口排名。从表1-43中可以大致看出，2000—2017年间，安徽省进口、出口、进出口在全国的排名相对比较平稳，出口排名基本上位列进口排名之前，但2011年和2017年例外，进口排名分别领先出口3个和2个位次。

表1-43 2000—2017年安徽省在全国出口、进口、进出口排名

年份	出口	进口	进出口
2000	11	14	11
2001	11	15	11
2002	12	15	13
2003	12	11	12
2004	14	13	11
2005	12	13	12
2006	12	12	12
2007	12	11	12
2008	14	13	14
2009	14	14	14
2010	15	13	14
2011	17	14	16

（续表）

年份	出口	进口	进出口
2012	14	18	14
2013	14	16	14
2014	15	16	14
2015	13	17	15
2016	14	15	15
2017	16	14	14

资料来源：由 2001—2018 年全国各省、市、自治区及直辖市统计年鉴数据整理得出。

安徽省在全国的对外贸易排名一直在 11～16 名徘徊，总体维持在全国第 14 位，阶段性特征比较明显。2005—2007 年保持全国第 12 位，2008—2010 年、2012—2014 年对外贸易总额保持全国第 14 位，2015—2016 年连续两年排名有所下滑，一度降至第 15 位，2017 年对外贸易排名回归全国第 14 位，比上年提高 1 位；进口排名从整体上看没有进出口排名稳定，2011 年之前，进口和出口排名差距不大，近些年进口排名在全国的位次持续升高，从 2012 年位居全国第 18 位上升至 2017 年的全国第 14 位。其中，2017 年在国家强调“扩大进口”的贸易政策影响下，安徽省人民政府出台了《关于扩大进口促进对外贸易平衡发展的实施意见》，具体包括积极增加关系民生产品进口，鼓励先进技术、设备和关键零部件进口，发展服务贸易进口等一系列扩大进口的措施，导致安徽省进口增速比上年同比增长了 45%，在全国的进口排名也比上年上升 1 位，领先出口排名 2 个名次，出口排名仅次于 2011 年，为近些年来排名最低的年份，预计未来较长的时间段内安徽省在全国的进口排名依然处于良好的上升趋势。

从出口增速来看（表 1－44），安徽省整体波动幅度比全国要剧烈，在局部时间段还出现异常波动。表现最为显著的是 2004 年，出口增速从 2003 年的－15.90%上升至 90.70%。相比之下，全国出口增速比较稳定，上下波动幅度不超过 10 个百分点，总体而言，安徽省出口增速高于全国出口年平均增速 5.08 个百分点，且二者均呈现下降的趋势。

表 1-44　2001—2018 年安徽省与全国进口、出口及进出口增速比较　（%）

年份	出口增速		进口增速		进出口增速	
	安徽省	全国	安徽省	全国	安徽省	全国
2001	5.10	6.80	13.90	7.50	8.20	8.20
2002	7.50	22.30	29.10	21.20	15.50	21.80
2003	−15.90	34.60	66.90	39.90	42.30	37.10
2004	90.70	35.40	13.60	36.00	21.30	35.70
2005	31.80	28.40	20.00	17.60	26.50	23.20
2006	31.70	27.20	37.70	20.00	34.30	23.80
2007	29.00	25.70	31.40	20.80	30.10	23.50
2008	28.70	17.20	27.80	18.50	28.30	17.80
2009	−21.70	−16.00	−25.70	−11.20	−23.40	−13.90
2010	39.60	31.30	75.70	38.70	55.10	34.70
2011	37.60	20.30	19.90	24.90	29.00	22.50
2012	56.60	7.90	−11.90	4.30	25.50	6.20
2013	5.60	7.90	38.60	7.30	16.20	7.60
2014	11.40	4.90	2.30	−0.60	8.00	2.30
2015	5.20	−1.80	−11.30	−13.20	−0.80	−7.00
2016	−11.70	−1.90	2.10	0.60	−7.20	−0.90
2017	7.20	7.90	45.00	15.90	28.00	11.40
2018	18.30	7.10	14.30	12.90	16.60	9.70

资料来源：由 2018 年中国与安徽省国民经济和社会发展公报及 2001—2018 年《中国统计年鉴》和《安徽省统计年鉴》计算得出。

具体而言，从出口增速发展的阶段性来看，以 2011 年为分界年，2001—2011 年全国出口增速维持在 20%～30%，安徽省与全国出口增速差距在该时间段内控制在 10 个百分点以内。2004 年比全国出口增速高出 55.30%，2009 年受到全球金融危机的影响，之后二者均出现大幅度下降，但安徽省整体显著高于全国出口增速水平，2012 年安徽省出口增速出现仅次于 2004 年的第二个峰值 56.60%，领先全国 48.7 个百分点。2013—2018 年安徽省与全国出口增速明显放缓，尤其表现在安徽省 2013 年出口增速较上年下降了 50%。全国连续三年出口增速为7.90%，2016年安徽省与全国出口增速均出现了负增长，其中，2017、2018年安徽省出口增速由下降逐步转为上升的趋势，2018年出口增速为18.30%，领先全国11.20%（图1-19）。这主要是由于中国经济发展进入新常态，对外贸易发展需要依附于整体宏观经济运行情况，再加上近些年“扩大进口”的贸易政策，进口贸易和出口贸易需要平衡发展，出口贸易增速由中高速增长转为中低速增长是必然趋势。

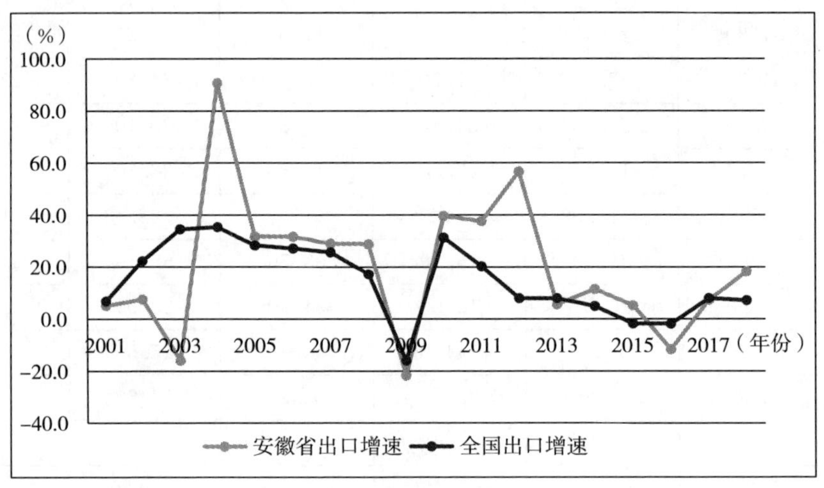

图1-19 2001—2018年安徽省与全国出口增速比较

从进口增速上看，安徽省与全国进口增速波动幅度比出口增速大，出现多个峰谷值（图1-20），但安徽省进口增速和全国进口增速的演进轨迹大致相同，且安徽省进口增速仍然高于全国进口增速，年均进口增速高出全国7.13%。

具体来看，2001—2005年安徽省和全国进口增速差距比较明显，2003年安徽省与全国均达到进口增速的第一个峰值（66.9%，33.9%），但安徽省超过全国33个百分点，可见安徽省进口贸易在2003年得到了充分的发展。2005年二者迅速跌至20%左右，2009年经历了大幅度下降之后，2010年安徽省进口贸易继续保持迅猛增长的态势，进口增速高达75.70%，2011—2015年全国进口增速从24.90%下降至－13.20%，安徽省下降的幅度比全国高得多，2013年经历了第三个峰值38.60%以后迅速下降到2015年的－11.30%，降幅达到 49.30%。2015 年安徽省进口增速的降幅和全国差距较小，为 1.9%。值得关注的是，2017 年经济形势回稳向好和"扩大进口"的贸易政策，为安徽对外贸易增长提供了良好的内外环境，进口贸易继续维持大幅度上涨的势头，安徽省进口增速取得了第四个峰值 45.0%，高出全国 29.1%。2018 年二者进口增速有所下降，但进口增速差额达到历史最小值（1.4%）。

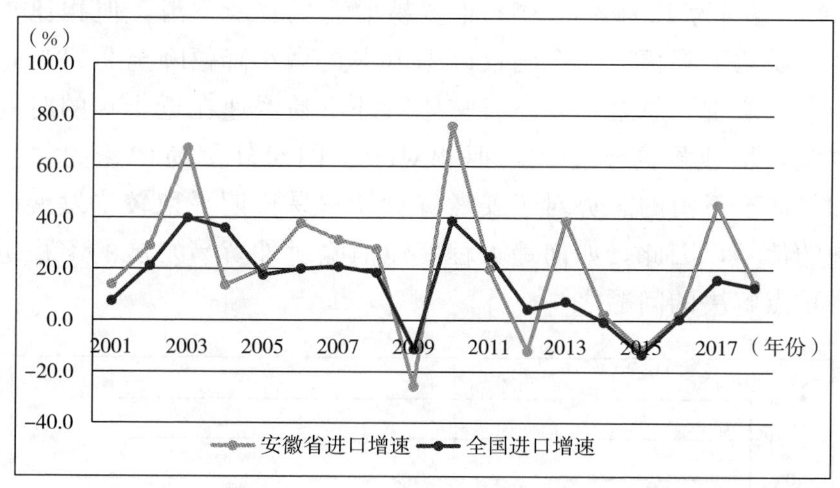

图 1－20　2001—2018 年安徽省与全国进口增速比较

从进出口增速上看，安徽省与全国进出口增速的波动幅度整体介于出口增速和进口增速波动幅度之间，也就是说，进出口增速波动幅度比出口增速大但比进口增速小，整体上，安徽省年均对外贸易增速依然领先全国 4.61%，但波动幅度比全国进出口增速增幅大。

具体而言，安徽省无论是出口增速、进口增速还是进出口增速在 2003 年均出现大幅度异常波动，但 2003 年安徽省进出口增速和全国差距较小，安徽省仅仅领先全国 5.2 个百分点。2005—2010 年安徽省对外贸易规模处于较快增长期，进出口贸易年均增速比全国高出 7.12%，2010 年达到对外贸易增速的历史峰值 55.10%，对外贸易成为拉动安徽省经济增长的强大力量。但是，这种高增长率领先的优势并没有一直持续下去，从图 1－21 中可以进一步发现，安徽进出口增速在 2010—2016 年呈现直线式下降趋势，从 55.10%下降到－7.20%，2017 年快速上升至正增长水平 28.00%。2018 年，世界经济回稳复苏，我国经济稳中有进，为安徽省对外贸易增长提供了良好的内外环境，对外贸易值再创历史新高。与此同时，贸易保护主义、中美经贸摩擦等不确定性因素持续上升，2018 年对外贸易增速比上一年下降了约 12 个百分点。在该时间段内，安徽省和全国的对外贸易增速趋势相近，全国进出口增速在 2012 年有个短暂的上升幅度，2015—2017 年连续三年从 −7.00% 增至 11.40%，增幅为 18.4%，2018 年贸易增速虽有所下滑，但相比较安徽省对外贸易的下降幅度，全国仅以 1.70% 的微小降幅降至 9.70%，波动幅度小于安徽省。总之，安徽省整体对外贸易增速在近十年的时间段内有所放缓，增速虽高于全国，但相对于全国对外贸易增速的“大起大落”和趋向于下滑的态势对于安徽省对外贸易长期平稳较快发展而言是个不利的信号，因此，如何最大程度地消除对外贸易发展的不稳定因素是需要重点解决的问题之一。

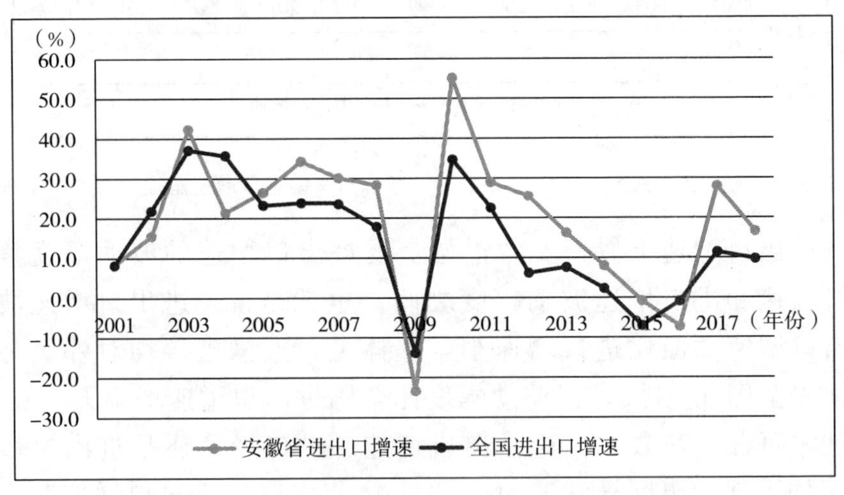

图 1-21 2001—2018 年安徽省与全国进出口增速比较

二、对外贸易方式比较

从绝对量上看，安徽省一般贸易和全国一般贸易进出口总额均呈现波动中上升且安徽省一般贸易发展增速以略微的优势领先全国，加工贸易发展速度相对较快，领先优势明显。2008—2017 年安徽省一般贸易进出口总额由 2008 年的 163.42 亿美元增加到 2017 年的 380.39 亿美元，年均增长 13.28%；同期全国一般贸易对外贸易总额从 12353.00 亿美元增至 23197.37 亿美元，年均增长 8.78%，比安徽省低了 4.5 个百分点，见表 1-45 所列。就加工贸易而言，全国加工贸易在绝对量上远远领先安徽省，但安徽省加工贸易年均增速领先 14.55 个百分点，说明安徽省近些年在积极推动加工贸易转型升级和贸易发展方式的转变方面取得了一定的成效。

表 1-45　2008—2017 年安徽省与全国一般贸易、加工贸易金额及占比　（亿美元,%）

年份	安徽省				全国			
	一般贸易		加工贸易		一般贸易		加工贸易	
	金额	比重	金额	比重	金额	比重	金额	比重
2008	163.42	80.00	34.13	17.00	12353.00	49.03	10536.00	41.82
2009	122.90	78.61	26.69	17.06	10637.00	48.63	9093.00	41.57
2010	195.10	80.37	41.18	16.96	14887.00	52.49	11577.00	40.82
2011	242.04	77.24	63.82	20.37	19246.00	54.07	13052.00	36.67
2012	304.48	77.43	62.87	15.99	20098.00	52.98	13440.00	35.43
2013	351.00	76.91	89.49	19.61	21974.00	53.26	13575.00	32.90
2014	345.42	70.10	117.47	23.84	23133.75	53.76	14086.57	32.74
2015	349.50	71.60	101.74	21.21	21318.32	54.03	12414.91	31.47
2016	317.06	71.44	96.42	21.72	20173.58	55.06	11059.42	30.18
2017	380.39	70.92	119.36	22.26	23197.37	56.35	11931.78	29.98

资料来源：由 2008—2017 年《中国国民经济和社会发展公报》及 2009—2018 年《安徽省统计年鉴》计算得出。

伴随着安徽省一般贸易增速放缓，加工贸易规模迅速扩张，加工贸易占对外贸易额的比重也在不断上升，但从相对量上能明显看出安徽省相对于全国一般贸易占比过大，全国一般贸易和加工贸易占比差距年均控制在 20 个百分点之内，一般贸易在安徽省对外贸易方式中占据主导地位，占比年均领先加工贸易 40～50 个百分点，加工贸易和一般贸易占比相对于全国而言严重失衡，一般贸易规模有待于进一步缩减，同时贸易方式有待于进一步转型升级。

安徽省一般贸易进出口额占比相对于全国一般贸易进出口额占比具有明显优势，近十年领先全国 20 个百分点左右，全国一般贸易占比维持在 50%～55%之间，而加工贸易占比比一般贸易低 20 个百分点左右。同样地，安徽省加工贸易虽然近些年呈现不断上升的态势，但是和一般贸易占比而言比较低，和全国比较更是发展不充分，差距甚大，尤其表现在 2008—2011 年，2008 年安徽省加工贸易进出口为 34.13 亿美元，占比 17.00%，而同期全国为 10536 亿美元，占比为 41.82%，差距约为 25 个百分点。庆幸的是，2013 年以后，安徽省加工贸易发展比较迅速，和全国加工贸易占比的差距在逐步缩小，安徽省基本上稳定在 21%左右，全国是 31%左右，二者差距控制在 10 个百分点以内，2017 年加工贸易占比差距达到最小，为 7.79%，虽然和全国水平相比仍然有一定的差距，但是在一定程度上反映了安徽省根据自身发展优势和经济发展特点，不断重视加工贸易发展。

三、对外开放度比较分析

从外贸依存度上看，近二十年来，安徽省贸易依存度总体呈上升趋势，在中部省份中处于较高水平，但与全国水平相比，安徽省整体外贸依存度较低，即使 2013 年安徽外贸依存度达到最高（15.43%），也与全国外贸依存度水平（44.28%）相比有近 30 个百分点的差距（表 1-46）。尤其是 2001 年后，随着中国入世和招商引资力度加大，全国贸易依存度呈现较快提高的态势，相比之下，安徽省外贸依存度增速比较缓慢，与全国贸易开放度的差距逐步扩大，但这种逐步扩大的趋势在 2016—2018 年有所缩小。值得关注的是，安徽外贸依存度年平均增速领先全国 6.22 个百分点，说明安徽贸易依存度的提升还有一定的潜力空间。

表 1-46　2000—2018 年安徽省与全国外贸依存度、外资依存度及对外开放度比较（%）

年份	外贸依存度		外资依存度		对外开放度	
	安徽省	全国	安徽省	全国	安徽省	全国
2000	7.50	39.15	1.15	4.9	4.33	22.03
2001	7.25	38.06	1.11	3.71	4.18	20.88
2002	7.72	42.21	1.19	3.74	4.46	22.98

（续表）

年份	外贸依存度		外资依存度		对外开放度	
	安徽省	全国	安徽省	全国	安徽省	全国
2003	9.85	51.25	1.51	3.38	5.68	27.32
2004	9.85	59.05	1.52	3.28	5.69	31.16
2005	11.08	62.83	1.70	2.82	6.39	32.82
2006	13.03	65.72	2.00	2.50	7.52	34.11
2007	14.07	64.24	2.16	2.31	8.12	33.28
2008	15.01	61.05	2.31	2.27	8.66	31.66
2009	10.10	43.99	1.55	1.83	5.83	22.91
2010	12.77	49.29	1.96	1.80	7.37	25.55
2011	13.31	50.53	2.05	1.63	7.68	26.08
2012	14.85	46.38	2.28	1.36	8.57	23.87
2013	15.43	44.28	2.37	1.26	8.90	22.77
2014	15.36	41.54	2.36	1.16	8.86	21.35
2015	14.42	35.40	2.22	1.13	8.32	18.26
2016	12.48	31.02	2.45	1.06	7.47	16.04
2017	13.16	33.24	3.90	1.06	8.53	17.15
2018	14.43	33.89	3.89	1.01	9.16	17.45

资料来源：根据2018年中国、安徽省国民经济和社会发展公报及2001—2018年《中国统计年鉴》及《安徽省统计年鉴》计算得出。

具体而言，2000年以来安徽与全国外贸依存度阶段性特征比较明显，在局部时间曲线波动的同时可以明显观察到安徽省在2000—2018年贸易依存度呈现小幅稳定上升的态势（图1-22）。2001—2008年，安徽省外贸依存度从7.50％上升到15.01％，全国贸易依存度在该阶段的波动幅度大于安徽省且全国外贸依存度上升的幅度低于安徽省。与此同时，全国外贸依存度从2001年的38.06％上升至2007年的64.24％，增长了接近一倍，但安徽省的年均增速仍高于全国平均水平2.47个百分点，主要是由于全国在2001年、2007年和2008年三年外贸依存度出现了“负增长”，对外贸易对经济的拉动作用不显著。2009—2018年，安徽省外贸依存度时间曲线呈现和全国相反的变化趋势，全国外贸依存度均出现不同程度的下降，2016 年全国外贸依存度下降了 12.37 个百分点，同期安徽省下降了 13.45 个百分点，这与 2016 年全球整体对外贸易发展不景气的宏观背景有一定的联系，而安徽在全国外贸依存度下降的情况下，整体对外贸易增速比之前阶段均有所放缓，为 0.85%，但领先全国 5.89 个百分点。2016—2018 年间，安徽省外贸依存度增幅为 15.63%，领先同期全国外贸依存度增幅（9.25%）的 6.38%。

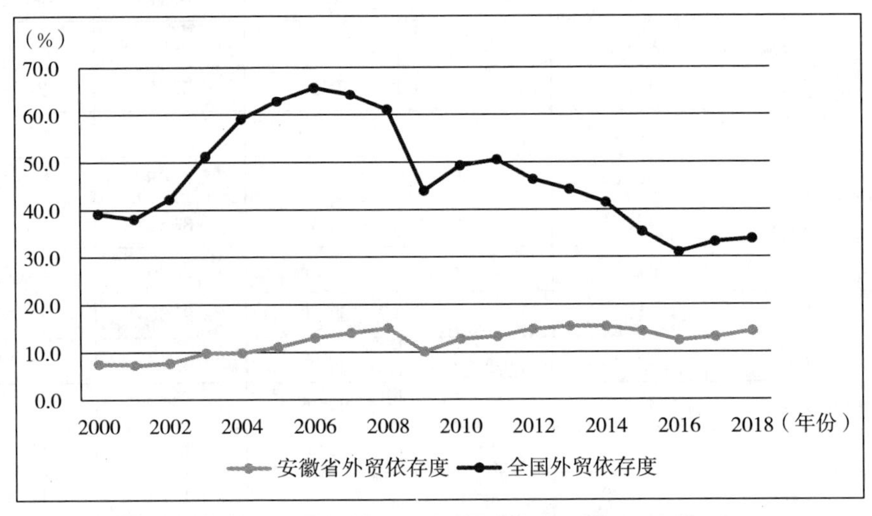

图 1-22　2000—2018 年安徽省与全国外贸依存度比较

与外贸依存度相比，全国外资依存度时间曲线图呈现和外贸依存度截然相反的情况（图 1-23）。全国外资依存度在 2000 年以后存在持续走低的趋势，年均增速为－14.24%，几乎呈直线式下降。而安徽省实际利用外资的规模在逐年递增，且以年均 27.91%的外资增速领先全国 42.15 个百分点，2010 年以后，安徽省外资依存度超过全国平均外资依存度水平，整体和全国外资依存度差距控制在 10 个百分点以内，说明安徽经济增长对外资的依赖程度在不断增加。

具体而言，从变化趋势上看，2000—2008 年全国经历了 2000 年外资依存度的历史峰值 4.90%后，便呈下降趋势，外资依存度水平和安徽表现完全不同，从 2000 年的 4.9%下降至 2008 年的 2.27%，同时，安徽省外资依存度虽然一直维持在低于全国平均外资利用水平上，

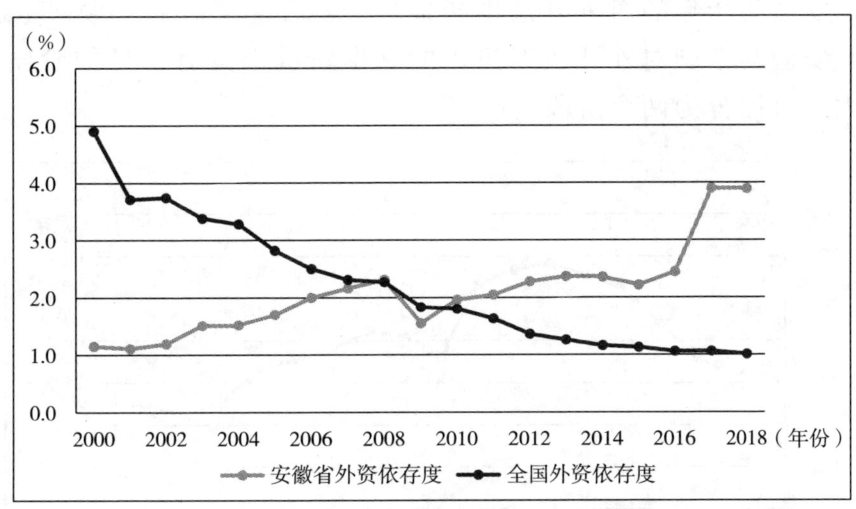

图 1-23　2000—2018 年安徽省与全国外资依存度比较

但相对于全省经济规模而言，安徽利用外商投资规模比较乐观，外资依存度逐年扩大，因此，与全国平均外资依存度的差距在逐步缩小。2010 年安徽省外资依存度大有赶超全国平均水平的趋势，2011—2018 年，全面超越全国平均外资依存度，2017 年外资依存度为 3.90%，比上年同期增长了 59.18%；2018 年虽有所下降，但下降幅度较小，仅为-0.26%，外资依存度和 2017 年持平。此时，全国实际利用外资规模延续上一阶段情况，一直处于负增长率的状态，2018 年为 1.01%，比 2000 年的外资依存度低了 3.89 个百分点。总之，如果将全国外商直接投资与国内生产总值进行比较，则情况不太乐观，外资依存度波动比较剧烈，且长年负增长意味着吸引外资能力不足的同时与中国经济高速增长的步伐不相匹配，在一定程度上反映了当时中国经济发展存在的问题。外资依存度与外资风险的关系密切，是评价一国经济安全状况的重要参考指标（刘诺、余道先，2016），中国外资依存度长期可能会存在一定的外资流动风险，从而给经济发展带来风险性问题，因此，中国外资依存度的波动幅度仍值得长期关注。

根据表 1-46 绘制出 2000—2018 年安徽省与全国对外开放度比较分析图（图 1-24），反映了安徽省与全国对外开放度的变化趋势。总体上，安徽省历年的对外开放度指标处于稳步上升阶段，从变化趋势上看，安徽与全国对外开放度演进的基本轨迹都具有明显的阶段性特征，大致可以分为两个阶段。

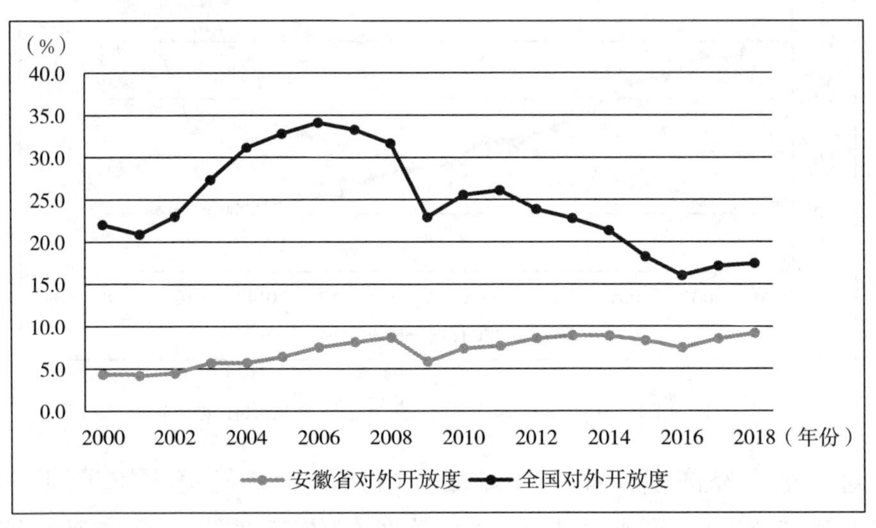

图 1-24　2000—2018 年安徽省与全国对外开放度比较

第一阶段（2000—2008 年）：此时安徽省与全国对外开放度处于快速上升和稳定调整阶段。其中，安徽省对外开放度由 2000 年的 4.33% 快速上升至 2008 年的 8.66%，9 年间对外开放度增长了两倍，对外开放度处于较快上升的态势；同期中国对外开放度从 22.03% 上升至 31.66%，2006 年达到全国对外开放度的历史峰值 34.11%，对外开放度呈现显著上升的态势。从绝对量上看，安徽省远远低于全国，但全国年均增速为 4.42%，安徽省和全国对外开放度在增速上差距不大，年均为 8.38%，领先全国 3.96%，二者均表现出一定的稳定性。这主要是因为 2001 年底中国成功加入 WTO，安徽积极利用“入世”带来的契机，全面推进国际经济合作，对外贸易额快速增长，吸引外资的能力稳步增强，对外开放水平显著提高。而中国无论从开放的广度和深度都有较大幅度的提升，同时这个阶段也是中国深度开放的稳定调整期，这一阶段的诸多工作为下一阶段中国对外开放奠定了坚实的基础。

第二阶段（2009—2018 年）：对外开放度的新常态阶段。中国对外开放度在 2009—2016 年处于新常态阶段，外部市场对中国经济的拉动作用显著降低，2017 年、2018 年有所回暖，对外开放度分别上升至 17.15％、17.45％。2008 年金融危机席卷全球，全球贸易形式急转直下，在这个阶段中，存在诸多对中国对外开放不利的因素，如全球贸易保护主义抬头、全球市场需求量下滑等，再加上中国经济发展进入新常态阶段，贸易的增速也会有所放缓，相应的中国对外开放度指标也开始下行。近两年世界经济保持温和复苏的态势，安徽省和全国的对外开放水平均有所提高。而即使在比较严峻的贸易形势下，安徽进出口贸易额和外商直接投资规模都没有出现显著下降的趋势；相反，对外开放度指标处于稳步上升阶段，2018 年达到对外开放度的历史峰值 9.16％。在此阶段，安徽省商务厅密集出台了一系列促进安徽对外贸易和外资稳步增长的有效政策，说明安徽积极适应全国对外贸易和经济发展新常态趋势，主动调整不利于对外贸易发展的因素，促进安徽对外开放度的长期稳步上升。

第五节　安徽对外贸易竞争力的因子聚类分析

对外贸易可持续发展是区域社会经济可持续发展的重要组成部分，在安徽省经济增长中贸易起到了一定的促进作用，后危机时代挑战与机遇并存，如何抓住时机克服困难、推动安徽贸易的可持续发展是当前研究的重点。本节从区域可持续发展的要求出发，界定区域对外贸易可持续发展的概念及特征，结合前文的指标分析，提出从贸易规模、贸易结构、产业结构、经济效益、生态效益和资源效益六个方面构建评价指标体系，运用因子分析法以安徽省对外贸易发展状况作为案例进行综合评价，并分析影响安徽省对外贸易可持续发展的主要因素以及存在问题，以推动安徽对外贸易的可持续发展。

一、指标设计与数据来源

（一）对外贸易竞争力评价体系指标设计

为了科学合理地评价安徽省对外贸易竞争力的发展水平，需要寻找合理的评价指标，构建科学的评价体系。因此，本节在充分参考国内外文献中指标构建方法的基础之上，结合安徽省对外贸易行业的实际状况，并参考其年度社会经济及对外贸易行业数据可获得性，将安徽省对外贸易竞争力评价指标体系确定为 7 类指标 19 个细分指标，分别用来反映贸易规模、贸易产品结构、贸易市场结构、产业结构、贸易经济效益、贸易生态效益和贸易资源效益等方面的情况。对外贸易竞争力评价指标见表 1 - 47 所列。

表 1 - 47　对外贸易竞争力评价指标

评价指标	一级指标	二级指标
对外贸易竞争力	贸易规模	对外贸易总额占全国对外贸易总额的比重
		实际利用外资总额占全国比重
		对外贸易总额占同期 GDP 比重
		实际利用外资总额占同期 GDP 比重
	贸易产品结构	制成品/初级产品的比率
		出口商品集中度
	贸易市场结构	地区贸易差异度
		出口市场分布度
		进口市场分布度
对外贸易竞争力	产业结构	第二产业贡献率
		第三产业贡献率
	贸易经济效益	对外贸易对 GDP 的贡献率
		FDI 对经济增长的拉动度
	贸易生态效益	出口贸易废水排放量
		出口贸易废气排放量
		出口贸易废渣排放量
	贸易资源效益	初级产品效益度
		进出口能源密集度
		资源及资源性产品进口比重

（二）数据来源

根据本节研究目的和指标设计，选用 2000—2017 年安徽省的数据进行计算，使用数据来自《中国统计年鉴》《安徽省统计年鉴》以及中国统计局和安徽省统计局网站。

二、实证分析

（一）因子分析的适应性检验

本节通过 SPSS 19.0 软件来对所选数据进行因子分析。在因子分析之前，首先要对所选变量进行适应性检验，即检测 *KMO* 度量值和进行 Bartlett 球形度检验。*KMO* 统计值用于比较变量之间的线性相关系数矩阵和偏相关系数矩阵，其取值在 [0，1] 之间，取值越大表明所选择变量之间的相关性越强。一般而言，所选变量的 *KMO* 值大于 0.6 即可进行因子分析。Bartlett 球形度检验用于检测所选变量之间的相关性系数矩阵是否为单位矩阵。表 1－48 显示了本节所选取变量的适应性检验结果。*KMO* 度量值为 0.716，远大于限定值 0.6，同时 Bartlett 球形度检验的 P 值为 0.000，二者均表明本节所选的变量具有很好的相关性，可以使用因子分析方法展开进一步的研究。

表 1－48　KMO 统计量结果和 Bartlett 球度检验结果

KMO 和 Bartlett 的检验		
取样足够度的 Kaiser－Meyer－Olkin 度量		0.716
Bartlett 的球形度检验	近似卡方	380.373
	df	36
	Sig.	0.000

资料来源：SPSS 19.0 输出结果。

（二）因子提取

将上述 19 个选取变量代入 SPSS 19.0 软件中进行主成分提取，提取结果见表 1－49 所列。通常将特征值大于 1 的成分提取为公因子，为节省篇幅，表 1－49 中省略了部分特征值小于 1 的成分。

表 1－49 解释的总方差

成分	初始特征值			旋转平方和载入		
	合计	方差的％	累积％	合计	方差的％	累积％
1	9.253	48.702	48.702	7.596	39.979	39.979
2	3.623	19.071	67.773	4.925	25.919	65.899
3	2.031	10.690	78.463	2.235	11.761	77.660
4	1.584	8.336	86.799	1.736	9.139	86.799
5	.766	4.031	90.830			
…	…	…	…			
18	8.638E－17	4.546E－16	100.000			
19	6.720E－17	3.537E－16	100.000			

资料来源：SPSS 19.0 输出结果。

由表 1－49 反映的提取结果显示，有 4 个成分的特征值大于 1，且 4 个因子的累计特征值达到了 86.799％。表明前 4 个因子能够在 86.799％的程度上概括原有 19 个变量的经济含义，能够非常全面、可靠地反映这 19 个变量的绝大部分信息。

（三）载荷矩阵与因子旋转

在明确了所提取的公共因子个数和解释程度后，我们需要对各个公因子的内涵进行探索，将各原变量对应到公共因子当中。因此，本节对因子载荷矩阵进行正交旋转，得到旋转后的载荷矩阵，见表 1－50 所列。

表 1－50 旋转成分矩阵

	成分			
	1	2	3	4
对外贸易总额占全国对外贸易总额的比重	0.964	－0.165	－0.028	－0.098
实际利用外资总额占全国比重	0.990	－0.047	－0.056	－0.041
对外贸易总额占同期 GDP 比重	0.376	0.509	0.746	0.110
实际利用外资总额占同期 GDP 比重	0.928	0.092	－0.018	0.184
制成品/初级产品的比率	0.812	0.171	0.328	－0.139
出口商品集中度	－0.029	－0.255	0.154	0.861

（续表）

	成分			
	1	2	3	4
地区贸易差异度	－0.889	－0.321	－0.171	－0.163
出口市场分布度	0.103	0.368	－0.222	0.813
进口市场分布度	0.277	0.823	－0.043	－0.076
第二产业贡献率	0.303	0.773	0.002	0.248
第三产业贡献率	－0.173	－0.919	－0.002	0.167
对外贸易对 GDP 的贡献率	0.043	0.100	0.904	－0.022
FDI 对经济增长的拉动度	－0.275	0.778	0.243	0.285
出口贸易废水排放量	0.635	0.251	－0.426	0.136
出口贸易废气排放量	－0.771	－0.523	－0.243	－0.014
出口贸易废渣排放量	－0.879	－0.209	－0.249	0.064
初级产品效益度	0.729	0.503	0.342	－0.108
进出口能源密集度	0.792	0.353	－0.314	0.127
资源及资源性产品进口比重	0.131	0.895	0.262	－0.060

资料来源：SPSS 19.0 输出结果。

通过各变量在旋转成分矩阵中的系数值，可以明确地将变量归纳到所提取的公共因子当中。因子 1（F_1）包含了对外贸易总额占全国对外贸易总额的比重、实际利用外资总额占全国比重、实际利用外资总额占同期 GDP 比重、制成品/初级产品的比率、地区贸易差异度、出口贸易废水排放量、出口贸易废气排放量、出口贸易废渣排放量、初级产品效益度、进出口能源密集度 10 个变量，这 10 个变量反映了安徽省对外贸易行业的整体实力，故将其命名为行业实力因子；因子 2（F_2）包含了进口市场分布度、第二产业贡献率、第三产业贡献率、FDI 对经济增长的拉动度、资源及资源性产品进口比重 5 个因素，这 5 个因素能够反映地区的行业发展速度，故命名为发展速度因子；因子 3（F_3）包括对外贸易总额占同期 GDP 比重、对外贸易对 GDP 的贡献率这 2 个因子，不仅能够反映出对外贸易的商业化水平，也能体现出该涉外工作的水平以及对国外游客和资本的吸引力，故命名为外资吸引能力因子；因子 4（F_4）包括出口商品集中度和出口市场分布度这 2

个因子，反映了该地区对外贸易行业的市场结构和发展空间，故命名为贸易增长潜力因子。根据各个因子的方差贡献率，可以得出各成分的得分参数估计值，见表 1－51 所列。

表 1－51 得分的参数估计

	成分			
	1	2	3	4
对外贸易总额占全国对外贸易总额的比重	0.165	－0.109	－0.019	－0.051
实际利用外资总额占全国比重	0.161	－0.080	－0.041	－0.025
对外贸易总额占同期 GDP 比重	0.009	0.029	0.321	0.074
实际利用外资总额占同期 GDP 比重	0.140	－0.054	－0.024	0.102
制成品/初级产品的比率	0.110	－0.040	0.127	－0.076
出口商品集中度	0.012	－0.125	0.142	0.528
地区贸易差异度	－0.113	0.007	－0.048	－0.087
出口市场分布度	－0.008	0.068	－0.108	0.449
进口市场分布度	－0.018	0.204	－0.108	－0.090
第二产业贡献率	－0.011	0.168	－0.066	0.105
第三产业贡献率	0.042	－0.238	0.097	0.147
对外贸易对 GDP 的贡献率	－0.015	－0.062	0.438	0.025
FDI 对经济增长的拉动度	－0.106	0.188	0.065	0.139
出口贸易废水排放量	0.088	0.052	－0.239	0.046
出口贸易废气排放量	－0.078	－0.056	－0.059	0.008
出口贸易废渣排放量	－0.119	0.032	－0.087	0.037
初级产品效益度	0.071	0.051	0.105	－0.074
进出口能源密集度	0.103	0.057	－0.197	0.041
资源及资源性产品进口比重	－0.051	0.204	0.040	－0.070

资料来源：SPSS 19.0 输出结果。

三、结果分析

表 1－52 列出了 2000—2017 年安徽省对外贸易竞争力综合得分及

排名。可以看出，2000—2017 年安徽整体的对外贸易竞争力水平逐步提升，但各年份间存在显著的不平衡。2000—2003 年安徽整体的对外贸易竞争力水平提升较快，其综合得分值在 2004 年出现小幅度下降后又开始快速上升，但得分均为负值。自 2006 年开始，分值转为正数，但受到 2008 年金融危机的影响，其综合得分在 2009 年大幅度削减并出现负值。随着经济的逐渐回升，自 2009 年开始又出现递增趋势，但涨幅较弱。

表 1－52　2000—2017 年安徽省对外贸易竞争力综合得分及排名

年份	外贸行业实力因子		发展速度因子		外资吸引能力因子		贸易增长潜力因子		综合得分	
	得分	排名	得分	排名	得分	排名	得分	排名	得分	排名
2000	－0.6	18	－0.26	14	－0.1	16	－0.13	18	－1.09	18
2001	－0.56	17	－0.24	12	－0.15	17	－0.1	16	－1.05	17
2002	－0.45	15	－0.42	17	－0.05	12	－0.02	10	－0.94	16
2003	－0.34	13	－0.45	18	0.04	7	0.34	1	－0.42	14
2004	－0.47	16	－0.14	11	0.1	4	－0.05	12	－0.56	15
2005	－0.38	14	0.11	8	0.1	5	－0.07	15	－0.24	13
2006	－0.23	12	0.16	7	0.23	1	－0.05	13	0.11	11
2007	－0.2	11	0.26	6	0.22	2	0.01	6	0.29	10
2008	－0.13	9	0.36	2	0.12	3	0.04	4	0.39	9
2009	－0.14	10	0.36	3	－0.34	18	0.02	5	－0.1	12
2010	0.06	7	0.35	4	－0.09	15	0.12	2	0.44	5
2011	0.03	8	0.43	1	－0.08	14	0.08	3	0.46	4
2012	0.3	6	0.27	5	－0.02	11	－0.05	14	0.51	1
2013	0.43	5	0.11	9	－0.01	10	－0.04	11	0.49	3
2014	0.54	4	－0.06	10	0.03	8	－0.11	17	0.4	7
2015	0.67	3	－0.24	13	0.06	6	0.01	7	0.51	2
2016	0.75	1	－0.29	15	－0.06	13	0.00	8	0.4	8
2017	0.72	2	－0.31	16	0.01	9	－0.01	9	0.41	6

资料来源：根据 SPSS 19.0 输出结果计算得出。

从对外贸易行业实力因子得分来看，2000—2017 年间的对外贸易行业实力因子得分呈现较快递增趋势，虽在 2004 年和 2009 年这两年有小幅减少，但在 2010 年开始出现正值。对外贸易行业实力因子基本涵盖了评级安徽省贸易竞争力指标的各个层面，这也在一定程度上反映出安徽省对外贸易行业实力水平的提升，对外贸易发展质量有所提高。

从发展速度因子得分来看，可分为三个阶段：2000—2004 年间的发展因子得分为负值且呈现下降趋势，自 2004 年开始缓慢上升，2005 年转为正值，并在 2011 年达到得分峰值后又开始快速下降，2014 年转为负值，但自 2015 年来降速开始有所减缓。发展因子分别从产业、对外直接投资等方面综合反映了安徽省对外贸易行业发展速度。

从外资吸引能力因子得分来看，大致分为两个阶段：在 2008 年以前，外资吸引能力因子得分呈现缓慢上升趋势；受 2008 年金融危机影响，2009 年外资吸引能力得分降至最低值，随后又开始缓慢上升，但增速并不明显，得分基本在 0 值上下波动。该因子得分的发展趋势能够在一定程度上反映出安徽省对外贸易的商业化水平，基本符合安徽省外资发展的整体趋势。

从贸易增长潜力因子来看，其得分在 2000—2017 年间较为稳定，除 2003 年出现较为显著的正值以外，基本在 0 值上下浮动。贸易增长潜力因子反映了安徽省对外贸易行业的市场结构和发展空间。从以上分析可以看出，安徽省的贸易潜力有待进一步释放，贸易增长空间广阔，市场前景较好。

第六节　小结与政策建议

根据前文对安徽在中部六省、东部省份、全国的对外贸易比较分析，本章得出如下结论：第一，从进出口商品结构上看，目前安徽省对外贸易的商品多为原材料、初级加工品、劳动密集型产品以及部分特种工业机械等资本密集型产品，进口商品以矿砂、电机设备等初级产品为主。近些年高新技术产品对外贸易额有所增加，但相对于劳动和资源密集型产品对外贸易额，占安徽进出口贸易额比重较小，这种对外贸易商品结构导致安徽省在经济全球化过程中处于国际分工的低端。第二，从贸易伙伴的空间分布上看，近年来，亚洲、欧洲及拉丁美洲一直是安徽传统的贸易市场，与非洲、大洋洲的贸易规模有所增长。其中，安徽最大贸易伙伴为美国、日本、荷兰等发达国家及澳大利亚等资源型出口国家，且与全国的贸易伙伴高度重合但无明显比较优势；相互依存度较高的贸易伙伴主要集中在柬埔寨等东南亚国家和坦桑尼亚、尼日利亚等非洲部分经济欠发达国家，主要贸易伙伴与相互依存的贸易伙伴之间存在明显的空间错位，且进出口市场比较集中，不利于安徽省未来对外贸易的进一步发展和贸易伙伴空间格局的进一步优化。第三，从对外贸易方式上看，长期以来安徽贸易方式主要以一般贸易为主，加工贸易为辅。一般贸易比重过重，而加工贸易发展存在规模小、存量不足等问题，加工贸易占比与东部省份和中部部分省份相比差距较大，由此也直接决定了长期以来安徽省对外贸易发展在全国对外贸易发展格局中“强中弱、弱中强”的地位。第四，从对外开放度的视角上看，近年来，安徽平均对外开放度在中部地区对外贸易发展格局中位居前列，但明显低于东部部分省份及全国平均水平。尤其是外资依存度近 30 年来一直稳定地维持在较低的水平，说明安徽省利用外商直接投资的规模相对于全省经济规模而言并不是很大，还有进一步拓展的空间。基于以上几点结论，本章提出相应的政策建议。

一、提升民营企业技术创新能力

安徽省要想尽快摆脱附加价值较低的劳动和资源密集型产品为主的贸易结构，逐步向资本和技术密集型商品转变，需要从提升安徽高新技术企业、产业和产品的竞争力入手，民营企业是技术创新的主体部分，因此，加快民营企业技术创新能力，尤其对于出口贸易型企业是必不可少的。首先，需要充分利用安徽毗邻江苏、上海、浙江的地理区位优势，进一步发挥上海国际大都市的龙头示范作用，推进苏南现代化建设示范区、浙江海洋经济发展示范区、皖江城市带承接产业转移示范区联动开发，利用高新技术产业集聚的“技术外溢”作用来提升安徽民营企业的创新能力，优化对外贸易商品结构。其次，加强与长江三角洲、珠江三角洲和环渤海经济圈的区域合作与联系，利用区域资源的有效整合（如人员、技术和资本的流动）来积极探索安徽民营企业贸易商品结构统筹管理机制，破除不利于安徽民营企业进一步创新和优化进出口商品结构的体制机制等束缚性因素和行政壁垒，从投资软环境建设的角度来调动民营企业技术创新的积极性。进一步地，需要安徽省结合各地市不同发展状况来实施出口产品战略的精准定位和互补发展，利用强化地市对外贸易发展比较优势和弱化不利于该地市民营企业进一步扩大高新技术产品出口的对外贸易因素，调整资源空间分工的方式，推动贸易商品结构的优化，如：阜阳市应充分发挥其交通枢纽的优势，加快建设面向京广、京沪及国际市场的陆地通道，以芜湖和合肥为依托，以智能制造、民用航空航天、新能源装备等高端装备制造业为出口重点，逐步实现由以初级产品为主的贸易结构向技术、产品、标准、服务输出等商品结构转变。

二、实施多元化区域贸易合作战略

值得注意的是，安徽与“一带一路”沿线国家近些年深化合作，其中和非洲国家合作最为密切。劳动密集型产品是双方合作的主要商品，但当前劳动密集型产品国际市场趋于饱和，容易遭受贸易摩擦，使其在国际贸易中处于劣势地位，这从安徽省与非洲贸易降幅最大中可以看出。因此，安徽对外贸易合作伙伴要在巩固传统市场的基础上，加快开拓新兴市场，既要应进一步加强与美国、日本、澳大利亚等主要贸易伙伴的联系，同时，安徽应给予与自身贸易结合度较高的贸易伙伴更多重视，例如出口结合度较高的越南、朝鲜、柬埔寨等，及进口结合度较高的赞比亚、黑山、智利等。积极实现进出口贸易区域多元化的战略，从而降低市场风险和脆弱性。

三、充分利用加工贸易，促进贸易增长方式转变

要想进一步促进安徽省贸易发展方式的转变，首先要解决的是安徽加工贸易发展规模小和存量不足的问题，积极承接沿海加工贸易产

业转移是直接有效的路径之一。安徽省加工贸易发展的主要区域应为合肥、芜湖、马鞍山。在对外贸易发展中更加突出加工贸易的地位，同时明确安徽加工贸易发展的目标产业是电子信息、装备制造、新能源、新材料等产业，分区域承接加工贸易产业，如：芜湖的新能源和新材料产业、合肥的电子信息产业，通过拓展承载平台、优化发展环境等措施打造安徽省加工贸易发展的重点承接地。具体来说，合肥综合保税区要高起点制定加工贸易产业承接规划，不仅要尽快实现加工贸易的规模发展，更要在加工贸易发展质量和效益方面起到引领和示范作用。合肥、芜湖出口加工区要在扩大加工贸易规模的同时提升发展质量和层次，改变目前安徽加工贸易规模小、大项目少的现状，将规模扩张和转型升级结合起来。

四、优化利用外资结构

安徽省经济开放度（对外开放度）较低的重要原因是利用外资规模相对于全省经济规模而言较小，因此，要想提高安徽省对外开放度，适度提高各个不同行业的外资占比是有必要的。总体而言，安徽省应当在加快国有企业改革的基础上，注重改善投资环境，尤其是制度环境的建设，同时改进引资理念，由政策引资向服务引资、环境引资转变。一方面，安徽作为我国重要的农产品生产和原材料、能源加工基地，在农产品加工方面，利用外资的潜力相当大，要积极吸引外资投向现代农业，提高农业外商投资规模。另一方面，安徽可以依托本地区自然条件，鼓励外资投资旅游产业，特别是农村旅游观光业，同时也可以鼓励外资投向高端制造业、高新技术产业、现代服务业、新能源和节能环保产业，扩大开放领域。

第二章 安徽各地市对外贸易发展比较研究

第一节 安徽各地市对外贸易发展现状对比分析

一、安徽各地市进口贸易发展现状

（一）安徽各地市进口贸易规模变动趋势及区域差异

1. 安徽各地市进口贸易规模变动趋势

为了消除价格变动影响，本报告借助 CPI 指数对 2012—2017 年安徽各地市进口额数据进行可比价平减（以 2011 年为基期），具体结果见表 2-1 所列。由表 2-1 中的数据可得：第一，2012—2017 年安徽省各地市进出口贸易大多数呈增长趋势，其中池州市、滁州市、蚌埠市进口贸易量增幅显著，分别为 0.359%、0.234%、0.294%，其对外贸易发展形势良好。第二，淮南市、马鞍山市和宣城市进口贸易量增幅为负数，较省内其他城市发展增速较为缓慢（六安市由于区划调整造成 CPI 数据缺失不参与比较）。第三，合肥市作为安徽省经济体量最大的城市，经济较为繁荣。但近年来对外贸易发展并未取得较大突破，2015—2016 年甚至出现负增长现象，这也折射出安徽省各地市对外贸易发展的新问题。

表 2-1 2012—2017 年安徽省各地市进口贸易增幅一览表 (%)

城市	2012 年	2013 年	2014 年	2015 年	2016 年	2017 年	均值
合肥市	−0.125	0.526	0.242	−0.182	−0.109	0.694	0.174
芜湖市	−0.03	0.175	−0.038	−0.142	0.261	0.343	0.095
蚌埠市	0.049	1.012	−0.038	0.486	−0.186	0.443	0.294
淮南市	−0.307	−0.079	−0.096	−0.49	−0.229	−0.281	−0.247
马鞍山市	−0.294	−0.101	−0.241	−0.238	0.234	0.311	−0.055

（续表）

城市	2012 年	2013 年	2014 年	2015 年	2016 年	2017 年	均值
淮北市	0.321	−0.27	−0.066	0.079	0.364	0.167	0.099
铜陵市	−0.131	0.587	−0.167	−0.112	−0.002	0.24	0.069
安庆市	−0.112	0.29	−0.017	−0.146	0.141	0.058	0.036
黄山市	−0.238	0.33	−0.052	0.071	−0.04	0.206	0.046
阜阳市	0.404	0.221	−0.386	0.105	−0.187	0.213	0.062
宿州市	−0.22	0.45	0.218	0.245	−0.159	−0.146	0.065
滁州市	0.456	0.242	0.437	−0.131	0.052	0.348	0.234
六安市	−0.438	−0.116	−0.005	2.623	—	—	0.516
宣城市	0.061	−0.184	−0.204	−0.066	0.279	0.003	−0.019
池州市	0.317	0.184	−0.021	1.023	0.37	0.279	0.359
亳州市	0.473	0.287	−0.065	0.099	0.118	0.048	

资料来源：由 2013—2018 年《安徽统计年鉴》及 2017 年安徽各地市统计公报相应数据计算得到。

2. 安徽各地市进口贸易规模差异性分析

本节通过时间序列数据对安徽省各地市的进口贸易量进行对比，得出如下结论：第一，2012—2017 年安徽省各地市进口贸易量差距悬殊。其中，合肥市进口贸易量位列第一，累计进口额为 4133621 万美元；铜陵市、马鞍山市和芜湖市进口贸易量保持较高水平，累计进口量分别为 2568781 万美元、1163141 万美元、937961 万美元。合肥市、铜陵市、马鞍山市和芜湖市 2012—2017 年进口贸易累计总量占全省比重依次为 40.34％、25.07％、11.35％、9.15％，合计占比 85.91％。由此可见，合肥市、铜陵市、马鞍山市和芜湖市为 2012—2017 年安徽省进口贸易的主要集中地。合肥市 2011—2012 年进口贸易额变动幅度较大，2012—2014 年间呈上升趋势，2014—2016 年略有下降，2017 年迅速攀升至 1039279 万美元。铜陵市进口贸易额在 2013 年达到峰值，为 520122 万美元，之后略有下降，2017 年反弹至 497468 万美元，虽不及 2013 年，但总体发展态势良好。马鞍山市 2012—2015 年进口额呈下降趋势，2015 年后虽略微上升，但仍未达到 2012 年水平（245166 万美元）。结合安徽各地市进口贸易时间序列数据与截面数据的分析结果，通过绘制面板数据直方图来更为直观地展现安徽各地市进口贸易量的变动情况，如图 2－1 所示。

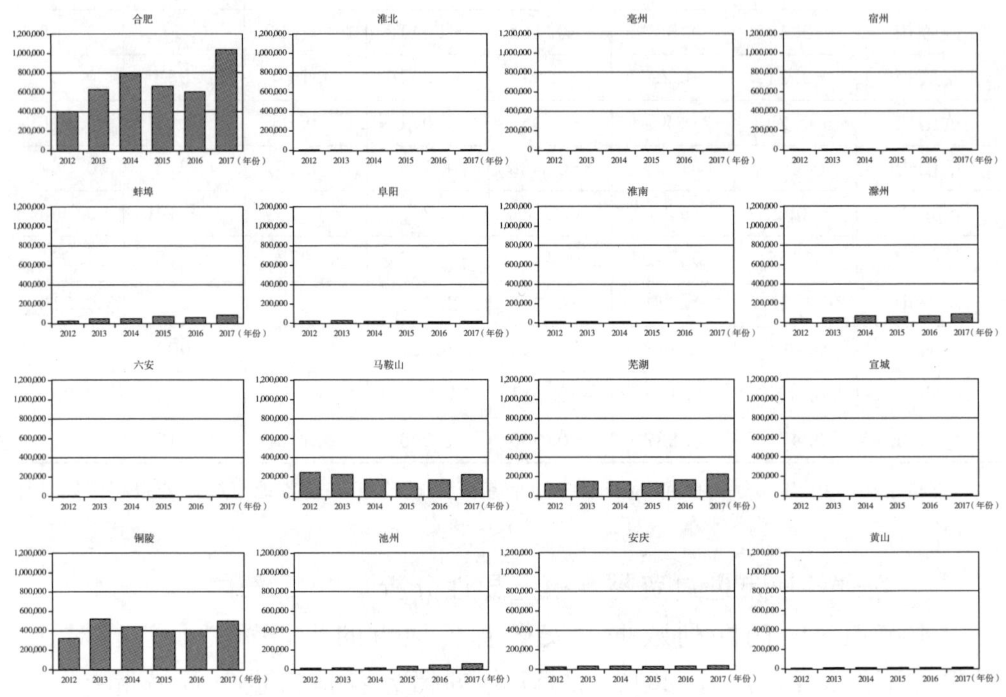

图 2－1　2012—2017 年安徽省各地市进口贸易量基本情况（单位：万美元）

（二）安徽各地市进口商品结构对比分析

鉴于安徽部分城市统计年鉴中并未公布进口细分行业数据，因此，本报告仅以合肥市、蚌埠市、马鞍山市、宿州市为样本城市进行商品结构对比分析。其分析结果如下：从整体来看，合肥市、马鞍山市和宿州市进口商品结构较为集中，而蚌埠市进口商品结构较为分散，这主要是受各市的发展政策、地域优势等因素影响。具体来看：（1）在合肥市的进口商品中，机械类产品的进口额为 504963 万美元，占总进口量的 56.7%，超过总进口额的半数。其次为矿产品、塑料或橡胶及其制品，占合肥市进口比重的 9.02% 和 7.8%。而革、毛皮及制品、箱包进口额为 431 万美元，进口比重中占比较小，仅为 0.05%。鞋帽伞、羽毛、人造花的进口额仅为 30 万美元，占比不到 0.1%。（2）蚌埠市的进口产品中植物产品、机械设备类产品、矿产品较多，分别占总进口的 34.91%、26.08%和 24.06%，累计占比高达 85.05%。而蚌埠市的动植物油、脂、蜡，木及制品，木炭，软木，鞋帽伞，羽毛制品，人造花产品在其进口产品中占比较小，累计占比不足 0.1%。（3）马鞍山市的进口产品以矿产品为主，进口额为 155875 万美元，占总进口比重的 70.67%。其次，马鞍山市进口木浆等、废纸、纸、纸板，机械设备类产品，化学工业及相关工业制品较多，分别为 34406 万美元、11068 万美元、10041 万美元，占进口总量的 15.6%、5.02%和 4.55%。（4）宿州市的进口商品主要集中在植物产品中，其进口额为 4381 万美元，占进口总量的 72%；其次为化学工业及相关工业制品和机械设备类产品，进口累计占比为 18.6%。而宿州市鞋帽伞等，羽毛制品，人造花，矿物材料制品，陶瓷品进口较少。

表 2-2 2017 年合肥市、蚌埠市、马鞍山市、宿州市进口商品结构对比分析

（万美元，%）

进口商品结构	合肥市		蚌埠市		马鞍山市		宿州市	
	进口额	进口占比	进口额	进口占比	进口额	进口占比	进口额	进口占比
活动物，动物产品	20230	2.27	6261	7.53	0	0	—	—
植物产品	42493	4.77	29030	34.91	4746	2.15	4831	72
动植物油、脂、蜡	28114	3.16	13	0.02	163	0.07	—	—
食品、饮料、酒及醋、烟	11457	1.29	1084	1.3	94	0.04	264	3.93
矿产品	80377	9.02	20003	24.06	155875	70.67	—	—
化学工业及相关工业制品	20392	2.29	1338	1.61	10041	4.55	644	9.6
塑料及其制品、橡胶及其制品	69451	7.8	1115	1.34	535	0.24	—	—
革、毛皮及制品、箱包	431	0.05	308	0.37	0	0	26	0.39
木及制品、木炭、软木	5690	0.64	2	0	11	0.005	95	1.42
木浆等、废纸、纸、纸板	28308	3.18	659	0.79	34406	15.6	—	—
纺织原料及纺织制品	30468	3.42	791	0.95	1200	0.54	211	3.14
鞋帽伞等、羽毛制品、人造花	30	0	0	0	2	0	0	0

（续表）

进口商品结构	合肥市		蚌埠市		马鞍山市		宿州市	
	进口额	进口占比	进口额	进口占比	进口额	进口占比	进口额	进口占比
矿物材料制品、陶瓷品	27394	3.08	602	0.72	169	0.08	0	0
宝石、贱金属、贵金属及其制品	19962	2.24	160	0.19	711	0.32	8	0.12
机械设备类产品	504963	56.7	21688	26.08	11068	5.02	604	9
杂项制品	863	0.1	95	0.11	1531	0.69	27	0.4

资料来源：由2018年相应各市统计年鉴整理得出。

（三）安徽各地市进口商品贸易方式对比分析

鉴于数据的可得性，本节采取合肥市、马鞍山市、宿州市和阜阳市进行进口商品贸易方式对比分析。从表2-3中可知，合肥市的进口商品贸易方式以一般贸易为主，占其进口贸易方式的84.15%。在加工贸易方式中，合肥市以进料加工为主，来料加工较少。马鞍山市的进口贸易方式以一般贸易为主导，占比高达99.02%，加工贸易和其他贸易较少。宿州市的进口贸易方式以其他贸易为主，一般贸易为辅，加工贸易较少，其中进料加工多于来料加工。阜阳市的进口商品贸易方式主要为加工贸易，其次为一般贸易，分别占总量的63.42%和36.33%，其他贸易方式较少。

表2-3 2017年合肥市、马鞍山市、宿州市和阜阳市进口商品贸易方式对比分析

（万美元，%）

		合肥市		马鞍山市		宿州市		阜阳市	
		进口额	比重	进口额	比重	进口额	比重	进口额	比重
一般贸易		725611	84.15	216940	99.02	2264	31.82	5290	36.33
加工贸易	来料加工	6716	0.78	678	0.31	212	2.98	9235	63.42
	进料加工	128281	14.88	1410	0.64	432	6.07		
其他贸易		1720	0.2	51	0.02	4207	59.13	36	0.25

注：由于2018年《阜阳市统计年鉴》并未列明加工贸易细分来料加工和进料加工数据，因此分析仅停留在加工贸易整体层面。

资料来源：由2018年相应各地市统计年鉴整理得出。

二、安徽各地市出口贸易发展现状

（一）安徽各地市出口贸易规模变动趋势及差异分析

1. 安徽各地市出口贸易规模变动趋势

此处采取与进口贸易数据相同处理方式，安徽省各地市出口贸易总额均借助 CPI 指数进行平减，以便进行跨期比较（基期为 2011 年），见表 2－4 所列。平减后的数据显示：第一，2012—2017 年间，滁州市、亳州市和黄山市出口年均增幅位居全省前列。第二，2017 年安徽省各地市具体变动情况又有所区别，但总体较之 2016 年增幅显著。对多数城市而言（如宿州市、安庆市、滁州市、蚌埠市、芜湖市等），2016 年是经济遇冷的一年。较之 2016 年的 11 个地市的负增幅，2017 年各地市呈现大面积的经济回暖，仅有 5 个地市的同比增幅为负。随着供给侧结构性改革、安徽省与长三角地区的联系加深，合肥市作为综合性国家科学中心有着开放度高、对外贸易经济形势好、市场活跃的优势，带动活跃的创新创业活动，经济发展平稳并后劲十足。

表 2－4　2012—2017 年安徽省各地市出口贸易增幅一览表　（%）

城市	2012 年	2013 年	2014 年	2015 年	2016 年	2017 年	均值
合肥市	0.705	−0.15	0.052	0.057	−0.101	0.137	0.018
芜湖市	0.216	0.145	0.242	0.102	−0.280	0.006	−0.137
蚌埠市	0.754	0.215	0.276	0.004	−0.291	−0.218	−0.255
淮南市	1.617	0.620	−0.134	−0.206	−0.173	0.130	−0.022
马鞍山市	0.483	0.134	−0.116	0.290	−0.087	0.040	−0.024
淮北市	0.757	0.393	0.170	0.042	0.013	−0.032	−0.010
铜陵市	−0.336	0.728	0.362	−0.258	0.026	−0.153	−0.064
安庆市	0.64	0.449	0.287	0.101	−0.348	−0.283	−0.316
黄山市	0.671	0.087	0.144	−0.359	0.018	0.096	0.057
阜阳市	0.724	0.217	0.281	−0.085	−0.268	−0.054	−0.161
宿州市	1.124	0.268	0.206	0.149	−0.424	0.293	−0.066
滁州市	0.290	0.165	0.081	−0.056	0.151	0.161	0.156

（续表）

城市	2012 年	2013 年	2014 年	2015 年	2016 年	2017 年	均值
六安市	0.207	0.072	−0.161	−0.209	—	—	—
宣城市	0.379	0.424	−0.105	0.088	−0.225	0.004	−0.111
池州市	0.313	0.150	−0.009	−0.211	−0.129	0.074	−0.028
亳州市	0.488	−0.204	−0.156	0.371	0.009	0.286	0.148

资料来源：2012—2018 年安徽省各地市统计年鉴（2016 年之后六安市地域变动，数据缺失）

2. 安徽省各地市出口贸易规模差异性分析

2012—2017 年间，安徽省各地市出口贸易规模差距较大，合肥市带头领跑，芜湖、安庆、蚌埠、滁州、宣城、马鞍山等市差强人意，其余各地市出口体量小、增长不明显。合肥市年出口量从 2016 年的 1263500 万美元增长到 1456590 万美元，占全省出口的比重为 44.7%，较之 2012 年水平（50.9%）显著下降，如图 2-2 所示。

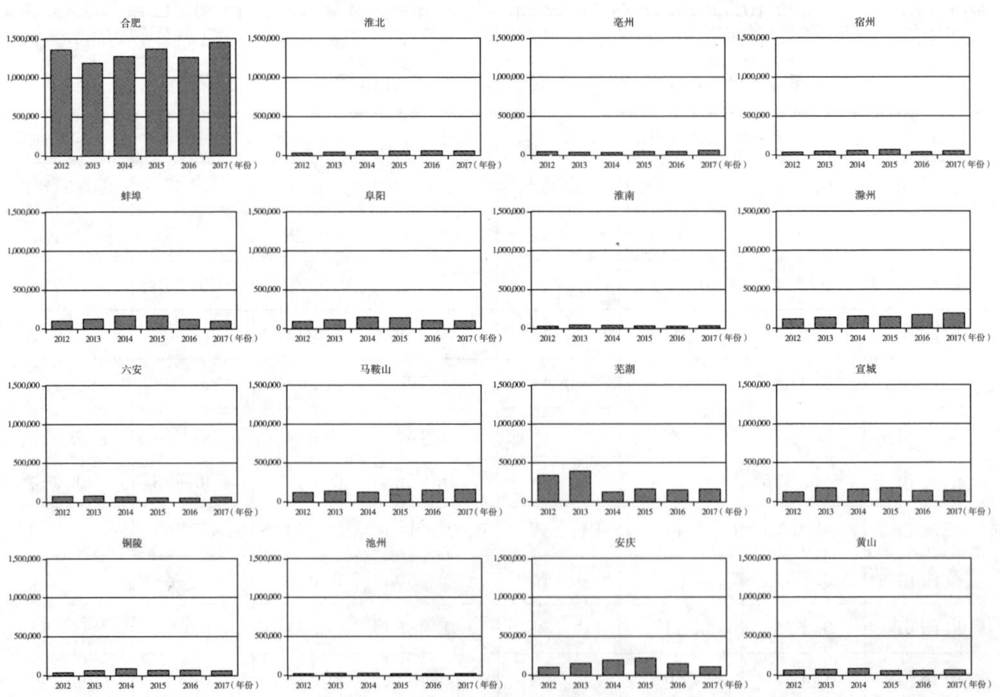

图 2-2 安徽省各地市出口贸易规模趋势（单位：万美元）

（二）安徽各地市出口商品结构对比分析

鉴于安徽部分城市统计年鉴中并未公布出口细分行业数据，本报告仅基于 2017 年合肥市、蚌埠市、马鞍山市、宿州市的进出口商品数据展开分析。通过对比研究可得：（1）4 个地市的出口商品结构各不相同，合肥市主要出口机械设备类产品，2017 年出口额为 964733 万美元，占本市同期出口总额的 67.67%。无论是进口还是出口，机械设备类产品在合肥市的对外贸易中都占据主要地位。其次是纺织原料及其制品，占比为 11.12%；化学工业及相关工业制品出口额为 72732 万美元，在安徽省各地市的出口量中独占鳌头。这与合肥市的工业化程度以及对外贸易程度紧密相关。（2）蚌埠市主要出口化学工业及相关工业制品，机械设备类产品，塑料及其制品、橡胶及其制品，分别为 24768.78 万美元，18596.74 万美元，9608.36 万美元。（3）马鞍山市主要出口机械设备类产品，出口额为 37377 万美元，占本市同期出口总额的 36.56%，比 2016 年增加了 22095 万美元。较之 2016 年出口额高达 61726 万美元的矿产品，2017 年出口量仅有 8655 万美元，占本市同期出口商品结构的 8.47%，缩水近八成。（4）宿州市轻工业出口态势良好，其中纺织原料及纺织制品出口量为 10739 万美元，占本市同期出口商品结构的 23.35%。杂项制品紧随其后，其出口额为 9276 万美元，占比 20.17%。植物产品、木及制品、软木、贱金属等均有出口，但体量很小。

表 2-5　2017 年合肥市、蚌埠市、马鞍山市、宿州市出口商品结构对比分析

（万美元，%）

出口商品结构	合肥市		蚌埠市		马鞍山市		宿州市	
	出口额	出口占比	出口额	出口占比	出口额	出口占比	出口额	出口占比
活动物、动物产品	6878	0.48	80.3	0.09	0	0	—	—
植物产品	10448	0.73	102.79	0.11	603	0.59	6493	14.12
动、植物油、脂、蜡	265	0.02	7.71	0.01	15	0.01	—	—
食品、饮料、酒及醋、烟	16379	1.15	609.91	0.65	1	0	3926	8.54
矿产品	653	0.05	206.68	0.22	8655	8.47	—	—
化学工业及相关工业制品	72732	5.10	24768.78	26.40	21491	21.02	1893	4.12

（续表）

出口商品结构	合肥市		蚌埠市		马鞍山市		宿州市	
	出口额	出口占比	出口额	出口占比	出口额	出口占比	出口额	出口占比
塑料及其制品、橡胶及其制品	48116	3.38	9608.36	10.24	1113	1.09	—	—
革、毛皮及制品、箱包	22717	1.59	1345	1.43	42	0.04	281	0.61
木及制品、木炭、软木	1852	0.13	142.36	0.15	164	0.16	5637	12.26
木浆等、废纸、纸、纸板	18886	1.32	1803.9	1.92	360	0.35	—	—
纺织原料及纺织制品	158525	11.12	8875.6	9.46	5061	4.95	10739	23.35
鞋帽伞等、羽毛制品、人造花	18115	1.27	3657.9	3.90	627	0.00	783	1.70
矿物材料制品、陶瓷品	8596	0.60	8949.4	9.54	1697	1.66	976	2.12
宝石、贱金属、贵金属及其制品	39001	2.74	7876.5	8.40	6463	6.32	1672	3.64
机械设备类产品	964733	67.67	18596.74	19.82	37377	36.56	4321	9.39
杂项制品	37722	2.65	7174.1	7.65	18564	18.16	9276	20.17

资料来源：由 2017 年各地市统计年鉴整理得出。

（三）安徽各地市出口贸易方式对比分析

本报告基于 2017 年合肥市、蚌埠市、宿州市和阜阳市的出口商品贸易方式数据展开分析。研究得出如下结论：（1）一般贸易是合肥市、马鞍山市、宿州市的出口主要方式。合肥市的一般贸易出口额绝对数量较高，但相对占比远低于马鞍山市和宿州市。具体如下：合肥市、马鞍山市、宿州市分别为 824894 万美元、152720 万美元、46626 万美元，分别占比为 57.66%、98.01%、91.88%。（2）加工贸易各有侧重。合肥市、马鞍山市和宿州市都更偏向于以进料加工为主导，其出口额依次为 596015 万美元、1805 万美元、2954 万美元，占比分别为 41.66%、1.16%、5.82%。（3）阜阳市的主要出口贸易方式为加工贸易，出口额为 128058 万美元，占比为 60.50%。虽然阜阳市一般贸易相对占比较小，但绝对金额高达 83579 万美元。

表 2-6　2017 年合肥市、马鞍山市、宿州市和阜阳市出口贸易方式对比分析

（万美元，%）

		合肥市		马鞍山市		宿州市		阜阳市	
		出口额	比重	出口额	比重	出口额	比重	出口额	比重
一般贸易		824894	57.66	152720	98.01	46626	91.88	83579	39.49
加工贸易	来料加工	5890	0.41	1270	0.82	624	1.23	128058	60.50
	进料加工	596015	41.66	1805	1.16	2954	5.82		
其他贸易		3760	0.26	19	0.01	542	1.07	12	0.01

注：由于 2018 年阜阳市统计年鉴并未列明加工贸易细分来料加工和进料加工数据，因此分析仅停留在加工贸易整体层面。

资料来源：由 2018 年相应各市统计年鉴整理得出。

三、安徽各地市对外贸易依存度比较

如图 2-3 所示，2012—2017 年间合肥市、铜陵市对外贸易依存度相对于省内其他城市较高。由图 2-4、图 2-5 可以看出，合肥市出口

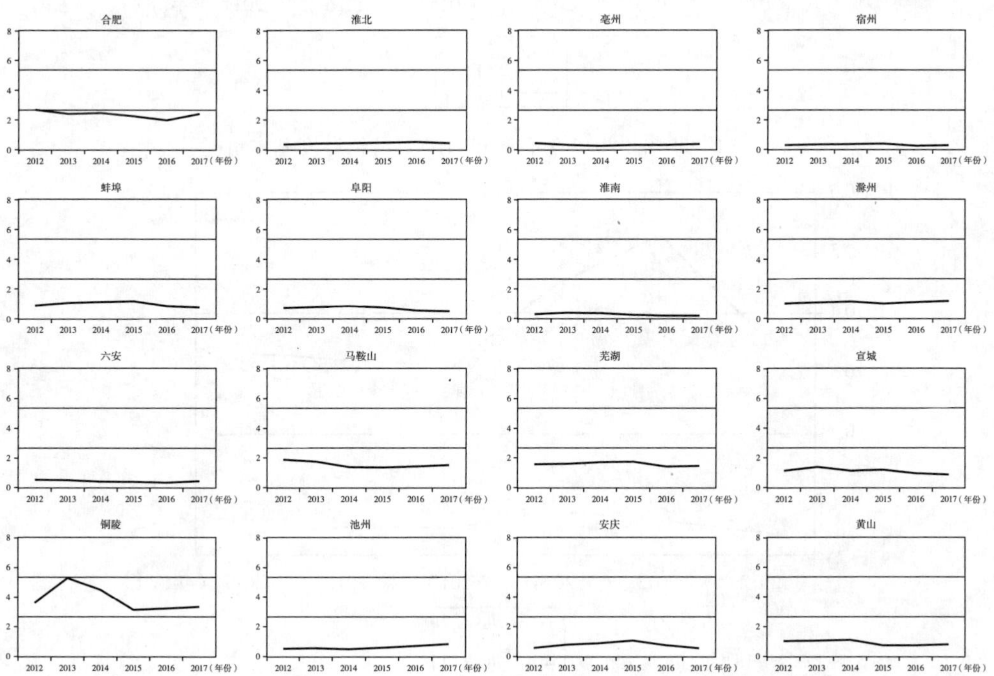

图 2-3　2012—2017 年安徽省各地市对外依存度基本情况

贸易依存度大于进口贸易依存度；而铜陵市则恰恰相反，铜陵市进口贸易依存度远远大于出口贸易依存度。马鞍山市除了 2016 年出口贸易依存度略微超出进口贸易依存度外，其余年份进口贸易依存度均大于出口贸易依存度（如图 2－6 所示）。亳州市、宿州市和淮南市对外贸易依存度相对省内其他城市较小，其生产和消费对国外中间产品的依赖性较弱。

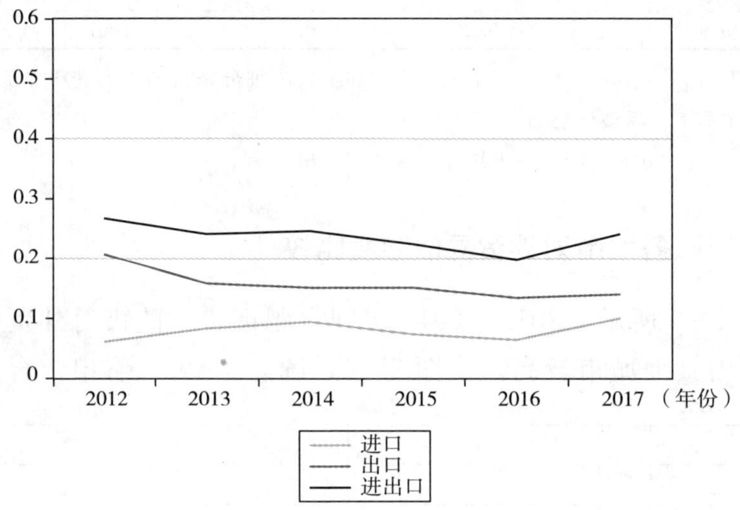

图 2－4　2012—2017 年合肥市对外贸易依存度基本情况

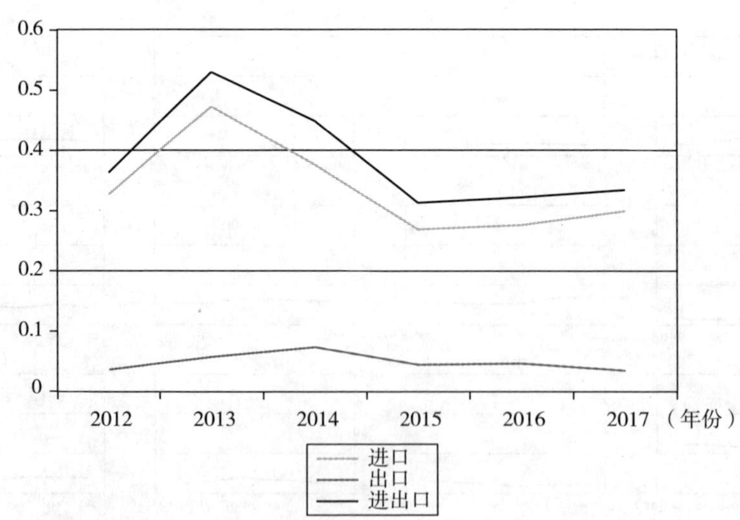

图 2－5　2012—2017 年铜陵市对外贸易依存度基本情况

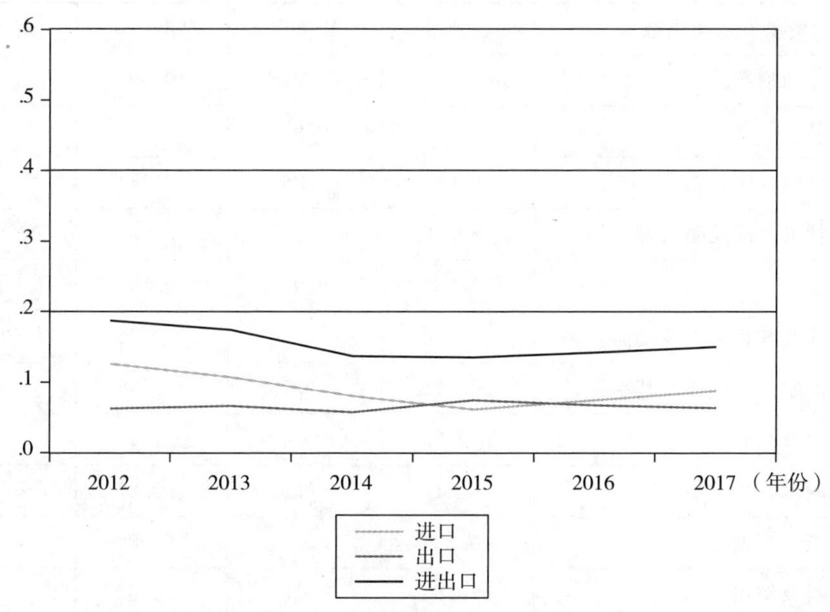

图 2-6　2012—2017 年马鞍山市对外贸易依存度基本情况

此处延用 2017 年报告中采用的贸易专业化指数来进行测算分析，依旧选用合肥市、蚌埠市、马鞍山市和宿州市的对外贸易数据。测算结果显示如下：（1）较之 2016 年，2017 年所选 4 个地市的技术密集型产业（如机械设备类产品）、资本密集型产业（如化学工业及其相关产业、金属矿制品）出口竞争力呈现不同程度的下滑，如何实现工业顺利转型与竞争力持续攀升仍需进行深入探讨。但劳动密集型产业（如动、植物油脂、脂、蜡，植物产品）竞争力有所提升。因此，在安徽各地市技术密集型与资本密集型产业的竞争优势尚未完全形成之时，传统制造业竞争力不可小觑。（2）合肥市、蚌埠市、马鞍山市和宿州市在植物产品，食品、饮料、烟酒及醋，塑料及其制品、橡胶及其制品等行业，竞争力差异明显。以食品、饮料、烟酒及醋行业为例，合肥市、宿州市和蚌埠市该行业的竞争力较弱，而马鞍山该行业的竞争力则相对较强，见表 2-7 所列。

表 2－7 合肥市、蚌埠市、马鞍山市和宿州市对外贸易竞争力对比分析

贸易专业化指数	合肥市	蚌埠市	马鞍山市	宿州市
活动物、动物产品	0.49	0.97	0.00	—
植物产品	0.61	0.99	0.77	－0.15
动、植物油、脂、蜡	0.98	0.26	0.83	—
食品、饮料、酒及醋、烟	－0.18	0.28	0.98	－0.87
矿产品	0.98	0.98	0.89	—
化学工业及其相关工业制品	－0.56	－0.90	－0.36	－0.49
塑料及其制品、橡胶及其制品	0.18	－0.79	－0.35	—
革、毛皮及制品、箱包	－0.96	－0.63	－1.00	－0.83
木炭、软木及木制品	0.51	－0.98	－0.87	－0.97
废纸、纸、纸板等	0.20	－0.47	0.98	—
纺织原料及纺织制品	－0.68	－0.84	－0.62	－0.96
鞋帽伞等、羽毛品、人造花	－1.00	－1.00	－0.99	－1.00
非金属矿制品	0.52	－0.87	－0.82	－1.00
金属矿制品	－0.32	－0.96	－0.80	－0.99
机械设备类产品	－0.31	0.08	－0.54	－0.75
杂项制品	－0.96	－0.97	－0.85	－0.99

资料来源：由 2018 年各市统计年鉴整理得出。

四、2017 年中国中部六省主要地市对外贸易形势对比分析

鉴于数据的可得性，本报告选取 2017 年中国中部六省的部分地市进出口总额数据进行对比分析。得出以下主要结论：其一，郑州市对外贸易发展领跑中部各市，其 2017 年进出口总额高达 6011212 万美元；武汉市位列第二；合肥市以 2418572 万美元，排名第三。其二，在 2017 年中部各地市对外贸易排名前 10 的名单中，安徽共有 3 个地市入围，即合肥市、芜湖市和铜陵市。其三，缘于需求的季节性变动及国内外形势等多方面原因，中部六省主要地市对外贸易额季节性波动显著。

表 2-8　2017 年中部六省部分地市对外贸易对比分析　　　　（万美元）

城　市	进出口总额					排名			
	第一季度	第二季度	第三季度	第四季度	年度总额	第一季度	第二季度	第三季度	第四季度
太原市	373397	384129	490521	367515	1279505	26	4	4	4
大同市	12560	13800	16587	14223	45866	38	35	34	35
晋中市	8074	9155	13753	10845	41828	35	37	35	37
合肥市	635574	567051	632808	583139	2418572	2	3	3	3
芜湖市	167759	183417	166212	167047	684435	6	7	7	7
蚌埠市	28268	29640	31881	34513	124302	29	31	28	28
马鞍山市	93629	102055	111793	112371	419848	11	11	11	12
铜陵市	150324	169077	138343	135194	592938	7	8	10	9
安庆市	32552	38636	41754	45143	158085	27	27	26	26
滁州市	61789	73282	79110	101798	315979	18	19	18	13
池州市	30007	32314	30298	35003	127620	28	29	29	27
淮南市	4341	5414	5183	5632	20569	37	38	38	38
六安市	19787	30091	29729	31287	110893	32	30	30	31
宣城市	41545	54494	55771	62398	214209	24	24	23	22
南昌市	177987	237597	264240	222860	902684	5	6	6	6
景德镇市	25076	26523	25662	26602	103863	30	32	32	32
萍乡市	9384	16569	11298	15259	52510	34	34	37	34
九江市	91396	84232	83831	86141	345600	13	17	17	17
新余市	60388	46630	49697	48186	204901	19	25	25	24
鹰潭市	111696	130923	154377	114771	511766	8	10	8	11
赣州市	107789	144699	138562	137216	528266	9	9	9	8
宜春市	54576	69453	63452	71545	259027	22	20	20	20
上饶市	69159	86506	87584	90764	334013	17	16	15	14
吉安市	73164	87007	91681	87537	339389	16	15	14	15
郑州市	1185295	1060069	1691973	2073875	6011212	1	1	1	1
洛阳市	59450	61755	63069	63382	247656	20	23	21	21
武汉市	582841	742727	819768	774308	2919643	3	2	2	2

（续表）

城　市	进出口总额					排名			
	第一季度	第二季度	第三季度	第四季度	年度总额	第一季度	第二季度	第三季度	第四季度
黄石市	94120	96861	102936	86884	380800	10	12	12	16
襄阳市	54960	68257	60928	56238	240383	21	21	22	23
荆州市	74490	80847	76617	85777	317731	15	18	19	18
长沙市	210576	278824	302938	323304	1115642	4	5	5	5
岳阳市	92464	90563	84749	72024	339800	12	13	16	19
株洲市	45775	62793	53352	45758	207678	23	22	24	25
湘潭市	39146	45126	35104	34045	153421	25	26	27	29
衡阳市	74636	89379	98885	131202	394102	14	14	13	10
常德市	23347	35954	27627	33188	120117	31	28	31	30
益阳市	13597	19730	17257	15875	66459	33	33	33	33
浏阳市	5711	10660	12610	13006	41986	36	36	36	36

资料来源：由 EPS（Easy Professional Superior）数据库整理得出。

第二节　安徽各地市出口贸易影响因素的实证检验

一、安徽各地市出口贸易影响因素分析

本报告主要参考国际贸易经典理论与新经济地理理论，结合安徽各地市经济发展相关指标，构建安徽各地市出口贸易影响因素的分析框架。

（一）城市经济基础

众所周知，经济基础雄厚的城市，易借助虹吸效应来强化自身的比较优势，从而加强地区出口能力。同时经济发达地区往往具备较强的消费能力，多样化商品需求的偏好更为强烈，由此导致进口商品需求增加。贸易引力方程显示，国家（或地区）的经济规模越大，国家

（或地区）间的距离越近，国家（或地区）间的贸易量越大，这一结论已被众多学者所验证（丁剑平、刘敏，2016；王亮、吴浜源，2017）。再者，众多研究显示，城市生产率和城市技术水平是城市出口能力提升的重要驱动力，而两者数据均无法直接获取，城市经济发展水平通常与城市生产率、城市技术水平正相关。因此，本报告选取安徽16个地市的人均地区生产总值作为衡量城市经济基础与城市生产率等因素的替代变量，其单位为万元，数据来源于2001—2018年《安徽统计年鉴》。

（二）城市引进外资规模

在全球价值链分工的背景下，跨国公司对城市经济的影响日益深远，外资企业不但已成为安徽经济发展的生力军，而且是助力安徽对外贸易发展的重要力量。安徽各地市通过引资、引技、引智，不断优化产业结构，提升产品质量与出口竞争力。相关研究文献（如刘东升、王春艳，2015；张雨、戴翔，2017；唐宜红、张鹏杨，2017）指出，FDI通过影响出口附加值率、出口复杂度、出口产品质量，从而促进一国（或地区）对外贸易的发展。本报告以安徽16个地市当年实际使用外资金额来衡量城市的引资规模，其单位为万美元，数据来源于EPS数据库。

（三）城市基础设施

城市基础设施是降低生产、物流、信息搜寻及沟通成本的有效途径，城市是生产性服务业的重要集聚地，而城市邮政通信业作为生产性服务业的重要组成部分，是对外开放与贸易便利化的有力支撑。尤其是互联网的快速发展对生产与流通等环节产生深刻影响，互联网与贸易的深度融合有助于催生对外贸易新业态与新模式，实现打造“三个强省”的目标，开创美好安徽建设新局面。综合保税区和跨境电商产业园区已成为将安徽主要城市（如合肥、蚌埠、马鞍山和芜湖）打造为内陆开放新高地的重要抓手。现有的代表性文献（施炳展，2016；李兵、李柔，2017；潘申彪、王剑斌，2018等）研究表明，互联网对国际贸易影响显著。因此，本报告选取城市货运总量、城市电信业务总量、城市国际互联网国际用户数量来综合衡量安徽各地市基础设施建设水平，其单位依次为万吨、万元和户，数据来源于 EPS 数据库。

（四）城市人力资本水平

各国劳动生产率差异通常被视为国际贸易产生的重要原因，而人力资本投入可以提高劳动技能和专门知识水平，从而促进劳动生产率的提升。人力资本存量与人力资本分配将影响一国（或地区）的贸易模式。现有代表性文献多通过教育成本法、教育年限法及未来收益法等作为人力资本的替代变量。鉴于数据的可得性，本报告以各地市高等教育在校生人数来反映该城市的人力资本水平。

（五）城市工业基础

城市产业结构与贸易结构息息相关，王莹，成艳萍（2018）指出山西产业结构与贸易结构具有双向耦合关系。通常而言，城市经济开放发展水平越高，该城市产业结构对贸易结构的影响越为显著。伴随安徽各地市出口商品结构的优化，工业制成品出口占据主导地位。而工业规模经济广泛存在，并且规模经济和不完全竞争成为新贸易理论解释国际贸易的重要动因。本报告采取安徽各地市规模以上工业企业数来反映城市工业基础。

（六）城市集聚程度

城市集聚有助于强化劳动力市场池效应及知识溢出效应，从而降低生产成本，节约创新成本，提高城市经济韧性与生产率（梁琪、钱学锋，2007；孙楚仁、陈思思、张楠，2015），而城市生产率提升可增强其对外贸易竞争力，促进城市对外贸易发展。城市集聚程度可通过城市莫兰指数、赫芬达尔-赫希曼指数的加权平均及城市辖区非农人口规模加以衡量，本报告借助城市辖区非农人口规模来评价城市集聚程度。

（七）城市环境规制的贯彻力度

严格的环境规制，一方面会增加企业生产成本，从而削弱城市出口竞争力。另一方面，严格的环境规制有利于形成倒逼机制，迫使企业增加绿色研发投入，从而有效应对国外绿色贸易壁垒，增进出口。同时考虑城市环境规制的贯彻力度将影响城市经济与贸易的可持续发展，因此，本报告尝试将其引入模型，并借助城市工业废水排放量来衡量城市环境规制的贯彻力度。

二、模型设定及数据说明

城市既是贸易网络的重要节点，又是生产性服务业的集聚地，城市集聚将显著提升城市生产率与经济韧性，从而驱动城市对外贸易的增长（王世平、钱学锋，2016；王世平、赵春燕，2017），城市对外贸易的发展现状及驱动因素的分析备受关注。正如《安徽贸易发展报告2018》所述，对外贸易驱动因素城市层面的检验通常与国家层面有别，较少采用扩展的引力模型，将国家经济规模、汇率波动、两国间距离、相似的宗教文化及共同语言等因素引入模型分析框架，而更为侧重城市化经济、城市集聚、生产性服务业集聚、城市经济韧性或城市生产率对城市对外贸易作用机制的探讨。同时考虑互联网与对外贸易的融合将催生贸易新业态，节约沟通成本与信息搜寻成本，提高出口产品质量与出口复杂度。跨境电子商务俨然已成为城市经济增长与城市对外贸易转型的新引擎。本报告在探讨城市出口贸易传统影响因素的基础上，尝试将城市集聚及互联网发展等新解释变量引入模型，以2000—2017年安徽省16个地市数据为样本，通过面板数据回归分析来实证检验安徽出口贸易的主要驱动因素。

（一）模型设置

本报告主要参考国际贸易经典理论与新经济地理理论，同时借鉴城市对外贸易影响因素实证检验代表性文献中的模型设定，通过构建面板数据模型来检验安徽各地市对外贸易的主要驱动因素，从而有效解决安徽各地市对外贸易与众多影响因素间可能存在的内生性问题。鉴于安徽各地市所处区位及面临的宏观环境相差无几，因此在分析安徽各地市对外贸易驱动因素时，忽略了地理空间距离和货币汇率等因素影响。回归模型的基本形式设定如下：

$$\begin{aligned}\ln EXP_{i,t} = {} & \beta_0 + \beta_1 \ln GDP_{i,t} + \beta_2 \ln FDI_{i,t} + \beta_3 \ln TFV_{i,t} + \beta_4 \ln BVT_{i,t} \\ & + \beta_6 \ln INT_{i,t} + \beta_7 DOE_{i,t} + \beta_8 \ln ISCA_{i,t} + \beta_9 \ln AGG_{i,t} \\ & + \beta_{10} \ln IWW_{i,t} + \mu_{i,t}\end{aligned} \tag{2-1}$$

其中，被解释变量 $EXP_{i,t}$ 为 t 时期安徽省 i 地市的出口贸易额；解释变量中 $GDP_{i,t}$ 表示 t 时期安徽省 i 地市的经济发展水平；$FDI_{i,t}$ 表示 t 时期安徽省 i 地市的引资水平；$TFV_{i,t}$ 表示 t 时期安徽省 i 地市的货运总量；$BVT_{i,t}$ 表示 t 时期安徽省 i 地市的电信业务总量；$INT_{i,t}$ 表示 t 时期安徽省 i 地市的国际互联网国际用户数量；$DOE_{i,t}$ 表示 t 时期安徽省 i 地市的人力资本水平；$ISCA_{i,t}$ 表示 t 时期安徽省 i 地市的工业基础；$AGG_{i,t}$ 表示 t 时期安徽省 i 地市的集聚经济；$IWW_{i,t}$ 表示 t 时期安徽省 i 地市的工业污水排放情况。β_0 为常数，$\mu_{i,t}$ 为集聚在城市层面的随机扰动项。

（二）相关指标及数据说明

本报告基于 2000—2017 年安徽省 16 个地市数据，通过构建涵盖对外贸易额、地区生产总值、引进外资总额、货运总量、国际互联网用户数量、教育水平、集聚程度等变量的城市动态面板数据模型来检验安徽主要地市出口贸易的驱动因素。模型中所有的变量数据来自 2001—2018 年《安徽统计年鉴》和 EPS 数据库。为了弱化异方差性，对模型中涉及的变量均进行对数变换，变量的描述性统计见表 2－9 所列。

表 2－9 变量的描述性统计

变量	样本容量	最小值	最大值	均值	标准差
ln*EXP*	288	6.5117	14.1916	10.1925	1.5715
ln*GDP*	288	7.6945	11.4845	9.6597	0.8935
ln*FDI*	288	4.5850	12.6612	9.4805	1.6345
ln*TFV*	288	6.4100	11.9582	9.0024	1.0744
ln*BVT*	288	8.2409	13.7764	11.5746	0.9646
ln*INT*	288	7.4731	14.7197	11.7981	1.2772
ln*DOE*	288	5.42495	13.17515	10.06059	1.2466
ln*ISCA*	288	4.3820	7.8617	6.1886	0.8561
ln*AGG*	288	3.1596	5.8678	4.4025	0.5339
ln*IWW*	288	3.3094	9.5313	8.0327	0.8611

（三）计量前的预检验

1. 面板单位根检验

为了避免伪回归发生，本报告首先借助 LLC 检验来判断各变量的平稳性，面板数据的单位根检验见表 2-10 所列。

表 2-10　面板数据的单位根检验

检验方法	ln*EXP*	ln*GDP*	ln*FDI*	ln*TFV*	ln*BVT*
LLC 检验	−4.4553 (0.0000) ***	−3.5232 (0.0002) ***	−6.3943 (0.0000) ***	1.7411 (0.9592)	−5.4784 (0.0000) **
检验方法	ln*INT*	ln*DOE*	ln*ISCA*	ln*AGG*	ln*IWW*
LLC 检验	−6.0942 (0.0000) ***	−19.5269 (0.0000) ***	−0.18902 (0.0294) **	4.0837 (1.0000)	−1.1106 (0.1334)

注：***、**、*分别表示系数的 t 统计量在 1%、5%、10%的水平上显著。

数据来源：由 2001—2018 年《安徽统计年鉴》和 EPS 数据库整理得出相关数据，运用 Stata 13.0 软件计算得到。

结果表明，5%显著性水平下，出口贸易额、地区生产总值、引进外资总额、城市电信业务总量、城市国际互联网用户数、城市人力资本水平、城市工业基础共 7 个变量拒绝存在共同单位根的原假设，可以对其直接进行回归分析，不存在伪回归现象。而城市货运总量、城市集聚经济、城市污水排放量这 3 个变量接受存在共同单位根的原假设，无法对其直接进行回归分析。因此，为了避免伪回归发生，本报告仅将出口贸易额、地区生产总值、引进外资总额、城市电信业务总量、城市国际互联网用户数、城市人力资本水平、城市工业基础引入回归模型。

2. 面板数据估计方法的选取

本报告首先运用 Hausman 检验来选择适合的估测模型，Hausman 检验的结果显示无法拒绝原假设，由此可以判定，文中面板数据回归分析应采用随机效应模型。同时为了修正异方差，使得回归结果更为稳健。本报告在基于普通最小二乘回归的基础上，进一步展开稳健回归，见表 2-11 所列。

表 2－11　城市动态面板模型回归结果

解释变量	普通标准误		稳健标准误	
	模型 1 (FE)	模型 2 (RE)	模型 1 (RE)	模型 2 (RE)
ln*GDP*	0.4334*** (3.56)	0.3921*** (3.63)	0.3921** (2.26)	0.3700** (2.10)
ln*FDI*	0.1531*** (3.56)	0.1511*** (3.32)	0.1511** (2.46)	0.1644*** (2.78)
ln*BVT*	0.1001** (2.08)	0.1040** (2.16)	0.1040* (1.85)	
ln*INT*	0.1760*** (3.39)	0.1697*** (3.31)	0.1697** (2.10)	0.1856** (2.30)
ln*DOE*	0.1786** (2.44)	0.1927*** (2.90)	0.1927** (2.05)	0.2214** (2.40)
ln*ISCA*	0.3159*** (3.08)	0.3667*** (3.88)	0.3666*** (2.78)	0.4002*** (2.92)
CONS	−2.4343*** (−4.04)	−2.4404*** (−4.06)	−2.4404*** (−2.87)	−1.8351** (−2.21)
*R*2	0.8192	0.8231	0.8231	0.8199
F 值	369.67	—	—	—
Wald chi2 检验值		2330.50	396.83	392.57
P 值	0.0000	0.0000	0.0000	0.0000
Hausman 检验卡方统计值	10.54		—	—
Hausman 检验 *P* 值	0.1601		—	—
样本量	288	288	288	288

注：①***、**、*分别表示系数的 t 统计量在 1%、5%、10%的水平上显著。②括号内的为 *Z* 值。

三、检验结果分析

基于面板数据回归分析，我们可以得出以下主要结论：

第一，对于普通标准误回归而言，城市经济基础、城市引资规模、城市电信业务量、城市国际互联网用户量、城市人力资本水平、城市工业基础均与城市出口贸易正相关，且在5%水平上显著。其中城市经济基础和城市工业基础对城市出口规模的促进性较强，具体来看，城市经济基础、城市工业基础每增加1%，将引起城市出口规模扩大0.3921%和0.3667%。

第二，对于稳健标准误回归而言，城市经济基础、城市引资规模、城市国际互联网用户量、城市人力资本水平、城市工业基础与城市出口贸易正相关，且在5%水平上显著。而城市电信业务量并未通过5%的显著性水平检验。其中，城市出口贸易规模对城市工业基础变动最为敏感，其弹性为0.4002；其次是城市经济基础，其弹性为0.3700。

第三节　小结与政策建议

鉴于前文分析，本章得出以下主要结论与启示：第一，2012—2017年安徽各地市对外贸易虽有波动，但总体呈上扬趋势；第二，考察期间，无论是进出口贸易水平，还是进出口贸易商品构成，安徽各地市均存在较大差异；第三，安徽省各地市制造业竞争的新优势尚未完全形成，资本密集型产品和技术密集型产品并未获取持续竞争优势，传统制造业竞争的优势不容小觑；第四，在中国中部六省的地市中，安徽省合肥市、芜湖市和铜陵市对外贸易规模排名相对靠前，但从绝对规模来看，与郑州市和武汉市仍有一定差距。

为了更好地应对世界经济的不确定性、助推安徽经济绿色发展、实现安徽各地市对外贸易可持续增长，本章提出以下政策建议以供参考。

一、夯实安徽各地市工业基础

工业是实体经济的主体，是安徽经济与贸易持续稳步向好的重要支撑，2017 年安徽工业制成品出口约占本省出口总额的 93%。由此可见，夯实安徽各地市工业基础，是实现安徽经济与贸易平稳发展的重要抓手，安徽工业高质量发展是其经济高质量发展的应有之义。首先，安徽各地市应注重用新技术、新业态、新模式全面改造传统制造业，加速传统制造向智能制造转型，加速安徽各地市智能制造产业园建设，不断催生新业态，释放新动能。这将有助于安徽资本密集型制造业和技术密集型制造业竞争力的稳步提升。其次，助推安徽制造业与服务业融合互促，通过发展科技服务业、专业服务业积极构建公共服务平台，实现服务业与制造业企业间供需的顺畅衔接，强化聚合效应，从而提升安徽制造业增值与出口创汇能力。最后，在新兴产业竞争力尚未完全形成之时，维持与提升传统制造业竞争力尤为重要，在国内外产业梯度转移的背景下，安徽各地市应注重政策优势，将要素成本优势与技术研发优势相整合，通过跨境产业链构建与核心竞争力培育等举措，加快形成传统制造业新优势。

二、以自贸园区申创为抓手，强化外资、对外贸易双轮驱动

在入世红利、人口红利与第一批改革开放红利释放殆尽的背景下，遵循“先行先试”的原则，着力构建世界最优营商环境的自贸园区成为持续释放改革开放红利的试验田。而自贸园区制度红利将有助于推进对外贸易与引资的便利化进程，凸显增长极效应，此举可谓是促进城市高水平开放发展的重要抓手。同为中部城市的郑州和武汉，自贸园区同时获批，中部地区双核驱动模式已初步显现。安徽在坚持“两圈两带一群”发展规划的同时，应更为注重城市协同发展，积极加入自贸园区申创行列，积极探寻与武汉、郑州及其他获批自贸区的差异化定位，借申创契机，促进安徽各地市开放发展再上新台阶。

三、以综合保税区助推安徽跨境电商发展及对外贸易优进优出

综合保税区是安徽开放发展的先行区，是将安徽主要城市（如合肥、蚌埠、马鞍山和芜湖）打造为内陆开放新高地的突破口。综合保税区在推进区域经济协同发展、承接国际产业转移、扩大对外贸易与

外资规模、扩展就业渠道等方面功效显著。《促进综合保税区高水平开放和高质量发展的若干意见》（国发〔2019〕3号）明确指出，支持综合保税区内企业开展跨境电商进出口业务，逐步实现综合保税区全面适用跨境电商零售进口政策。因此，安徽应积极借鉴杭州等综试区先进的经验做法，以综合保税区助推安徽跨境电商发展，着力打造跨境电商完整产业链和生态圈，健全跨境电子商务发展保障体系，在物流、仓储、通关等方面进一步精简流程，优化服务，集聚优势，做大做强跨境电子商务产业。在强化安徽各综合保税区对跨境电商发展支撑作用的同时，安徽各地市应以跨境电商产业园构建为抓手，助力本地企业孵化转型与中小型对外贸易企业国际市场的开拓，促进本地特色产业经济发展和传统贸易的转型升级。

四、强化安徽各地市人力资本投资与对外贸易发展的耦合性

人力资本是对物质资本的有益补充，可以有效解释对外贸易的动因与模式。随着要素成本攀升与刘易斯拐点的加速来临，得益于劳动力优势和成本优势的传统对外贸易竞争力正逐步削弱，安徽各地市应逐步实现人力资源优势向人力资本优势的转化，通过加速人力资本积累，优化人力资源配置，来寻求竞争新优势（如以技术、品牌、质量、服务为核心的出口竞争优势）。由上文分析可以得知，合肥市、蚌埠市、马鞍山市和宿州市在技术密集型与资本密集型产业中，尚未形成长期稳定的竞争优势。安徽各地市应多措并举，加速人力资本存量的提升，进一步凸显人力资本对外贸易增长的贡献，增强安徽各地市人力资本投资与对外贸易发展的耦合性。

第三章 安徽利用外商直接投资研究

从 2011 年“十二五”的开局之年到 2017 年“十三五”的第二个年头，安徽省经济总体保持较快增长的态势，生产总值从 2011 年的 15300.65 亿元增加到 2017 年的 27018.00 亿元。按可比价格计算，2017 年安徽省生产总值较上年增长 8.5%，虽然比 2016 年的增长率降低了 0.2 个百分点，但在全国经济总体增长速度减缓的大背景下，安徽省实现了经济稳中有进、稳中向好的发展态势，这份成绩难能可贵。

开放型经济已成为推动安徽省经济社会发展的重要力量之一。2011—2017 年，安徽省开放型经济建设取得长足发展，开放型经济水平不断提升，对外贸易、吸引外商直接投资以及进行对外直接投资都稳步前进。近年来，安徽省志在打造内陆开放新高地，实施双向互动、内外联动的全面开放。利用外商直接投资是安徽省打造内陆开放新高地的重要抓手之一，必须积极构建招商引资新机制，提升外商直接投资的技术溢出效应和产业升级效应。

第一节 安徽利用外商直接投资现状分析

一、利用外资规模分析

改革开放以来，安徽省实际利用外商直接投资规模经历了从少到多不断扩大的过程。从图 3-1 和图 3-2 可以看出，2011—2017 年，安徽省实际利用外商直接投资额从 66.3 亿美元增长到 159.0 亿美元，占全国实际利用外商直接投资额的比重从 5.7%增长到 12.1%。安徽省实际利用外商直接投资额不断扩大以及占全国实际利用外商直接投资额的比重不断提高得益于安徽省稳中有进的国民经济运行以及开放型经济的建设发展，并对经济总量和开放型经济发展起到积极促进作用，形成良性循环。从图3－1和图3－2还可以看出，安徽省实际利用外商直接投资增速放缓。在经历高速增长之后，安徽省实际利用外资的慢速增长符合事物发展规律和全国经济形势。

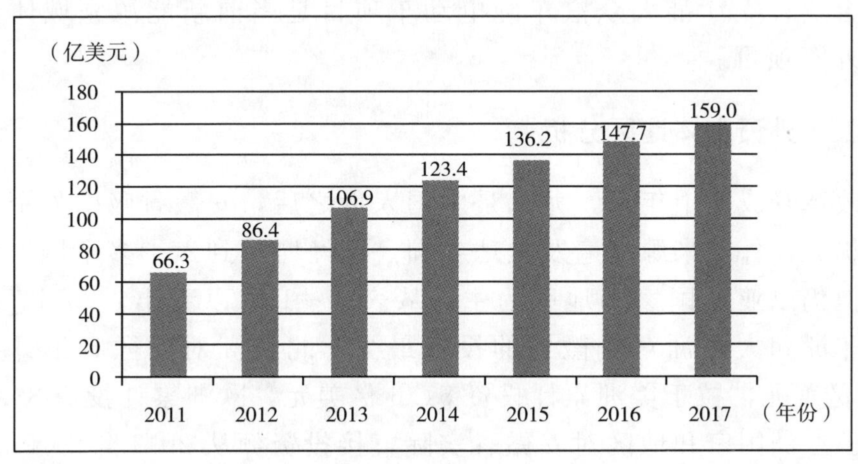

图3－1　2011—2017年安徽省实际利用外商直接投资额

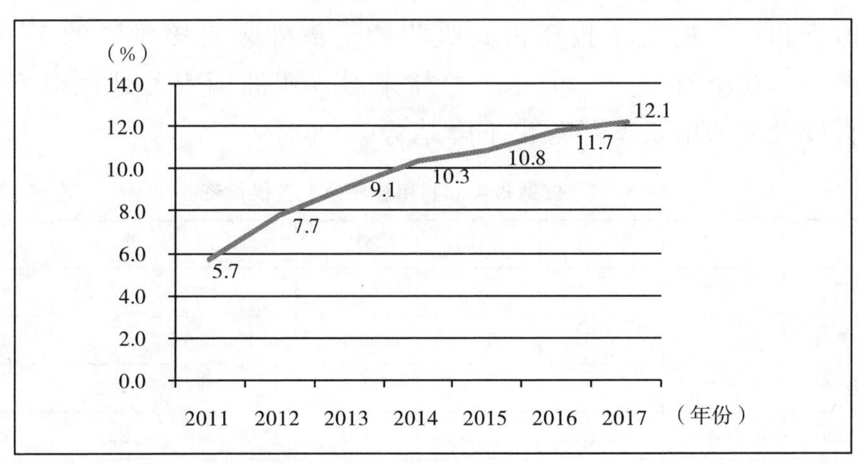

图3－2　2011—2017年安徽省实际利用外商直接投资占全国实际利用外商直接投资额比重

近些年，安徽省利用外商直接投资不但注重量的扩大，而且强调质的提升，安徽省把吸引世界500强企业作为利用外资的重中之重，积极优化投资环境，世界巨头进入安徽的步伐明显加快。据2018年安徽省政府工作报告显示，截至2017年底，境外世界500强在安徽设立企业增加到152家。2017年，世界500强企业中的德国大众、美国普莱克斯、英国联合食品集团等7家跨国公司在安徽新设立企业。其中，2017年12月份商务部正式批复的德国大众与江淮汽车合资设立江淮大众汽车纯电动车项目是当前新能源领域体量最大的外资项目。

二、外资主体地区分析

改革开放四十年来，尤其是中国入世之后，安徽省吸引外资力度不断扩大，外资来源地遍及全球各洲，已经增加到六十多个国家和地区，但仍以亚洲国家和地区为主。从表3-1可以看出，2011—2017年，非洲和大洋洲对安徽省的投资最少，北美洲对安徽省累计投资44.8亿美元，拉丁美洲累计投资51.6亿美元，欧洲累计投资83.9亿美元。亚洲国家和地区对安徽省实际直接投资额从2011年的46.5亿美元增加到2017年的123.4亿美元，七年累计投资达到614.8亿美元。欧洲虽然位列第二，但与亚洲相差甚远。2017年，安徽实际利用亚洲国家和地区的直接投资占其吸收的全部外来直接投资的77.7%，同比增长4.3个百分点。但是，总体来看，亚洲国家和地区对安徽省实际直接投资的增长率呈现出下降趋势。

表3-1 安徽省实际利用各洲外商直接投资 （亿美元）

年份	2011	2012	2013	2014	2015	2016	2017
亚洲	46.5	63.0	77.9	96.4	99.3	108.3	123.4
拉丁美洲	4.7	4.9	4.7	6.1	10.4	11.3	9.5
北美洲	2.6	5.0	7.4	7.3	8.8	7.2	6.5
大洋洲	0.4	2.2	2.2	3.1	3.1	2.5	2.6
非洲	0.3	0.2	1.1	1.8	1.2	1.9	0.5
欧洲	7.8	7.7	13.6	8.6	13.4	16.5	16.3

资料来源：安徽省统计年鉴。

对安徽省进行直接投资的亚洲国家和地区主要有中国香港、中国台湾、日本、韩国等，尤其是我国香港地区。安徽省实际利用香港地区直接投资从 2011 年的 37.4 亿美元增加到 2017 年的 96.4 亿美元，多年来占安徽省实际利用亚洲国家和地区直接投资的 75%以上，2017 年占安徽省实际利用外商直接投资总额的 60.6%，见表 3-2 所列。

表 3-2　主要国家和地区对安徽省实际直接投资额　　（亿美元）

国家/地区	2011 年	2012 年	2013 年	2014 年	2015 年	2016 年	2017 年
中国香港	37.4	45.8	58.7	76.8	76.6	82.6	96.4
中国台湾	1.3	4.7	5.2	8.1	7.6	8.9	9.9
日本	4.2	6.3	5.2	5.3	6.0	7.4	7.0
韩国	0.7	1.9	1.7	0.5	1.1	2.4	1.9
英属维尔京群岛	4.5	5.5	3.1	5.3	9.1	10.3	7.3
美国	2.3	4.7	6.8	6.8	8.1	5.9	4.6
加拿大	0.2	0.3	0.2	0.5	0.5	0.7	1.4
德国	2.5	1.9	4.7	2.1	2.3	7.3	3.1
英国	0.6	0.6	1.0	0.8	1.6	0.9	1.7
法国	0.7	0.7	2.8	0.7	1.4	1.5	4.1

资料来源：《安徽省统计年鉴》。

中国台湾是安徽省第二大外资来源地，其他主要来源地有英属维尔京群岛、日本、美国、德国、法国等。但是，安徽省实际利用欧美发达国家的直接投资占比很小，如 2017 年安徽省利用美国直接投资只占利用外商直接投资总额的 2.9%，2017 年安徽省利用英国直接投资只占利用外商直接投资总额的 1.1%。而欧美发达国家是大多数大型跨国公司的母国，尤其是世界 500 强企业的母国，利用欧美发达国家直接投资占比小说明安徽省利用外资的质量有待进一步提高。

安徽省外商直接投资来源地过度集中于一个地区，将导致安徽经济发展对此地区的依赖性较大，一旦该地区出现经济动荡或危机等问题，安徽省经济发展势必受到波及，经济发展的波动性和风险性加大。因此，安徽省必须优化投资环境，创新引资方式，力争拓宽外资来源地区范围，改善外资来源地区结构。

三、外资流入行业分析

安徽省利用外商直接投资传统上主要分布在制造业，房地产业，农林牧副渔业，电力、煤及水的生产和供应业，批发和零售业。近几年，第三产业中的交通运输、仓储及邮政业，信息传输、软件和信息技术服务业，租赁和商务服务业以及金融业总体上的引资效果明显，利用外资金额增加，但是都出现不同幅度的波动，并且在第三产业引资金额中的占比仍然很小，见表 3 - 3 所列。

表 3 - 3 安徽省利用外商直接投资主要行业 （亿美元）

行业	2011 年	2012 年	2013 年	2014 年	2015 年	2016 年	2017 年
农林牧副渔业	1.3	1.8	2.7	3.1	2.6	2.7	2.5
制造业	43.0	54.7	66.2	55.0	69.8	85.8	82.8
电力、煤及水的生产和供应业	4.5	4.0	5.6	6.9	9.3	14.3	13.4
批发和零售业	1.8	3.7	3.3	2.8	3.2	4.7	5.2
房地产业	10.2	14.2	17.1	36.1	32.3	21.3	30.2
交通运输、仓储及邮政业	0.8	1.9	2.6	3.8	0.2	1.2	2.7
信息传输、软件和信息技术服务业	0.05	0.4	1.2	1.3	0.5	2.3	1.4
租赁和商务服务业	0.6	1.0	1.5	3.8	8.9	6.2	3.7
金融业	0.1	0.08	0.4	3.7	2.0	2.0	8.6

资料来源：《安徽省统计年鉴》。

制造业一直是安徽省利用外商直接投资最多的行业。从表 3 - 4 可以看出，安徽省制造业利用外资总额呈现不断增长的趋势。2011—2017 年，安徽省制造业实际利用外商直接投资额从 43.0 亿美元增长到 82.8 亿美元。然而，全国制造业利用外资总额却呈现下降的态势，这说明安徽省充分发挥和利用了其中部的区位优势，营造了良好的制造业引资环境，促进了安徽省外向型制造业的发展。

表 3-4　安徽省制造业实际利用外商直接投资情况

年份	制造业实际利用外资金额（亿美元）	安徽省实际利用外资总额（亿美元）	占安徽省实际利用外资比重（%）	同期增长（%）
2011	43.0	66.3	64.9	37.4
2012	54.7	86.4	63.3	27.2
2013	66.2	106.9	61.9	21.0
2014	55.0	123.4	44.6	－16.9
2015	69.8	136.2	51.2	26.9
2016	85.8	147.7	58.1	22.9
2017	82.8	159.0	52.1	－3.5

资料来源：《安徽省统计年鉴》。

表 3-4 还表明，安徽省制造业占安徽省实际利用外商直接投资总额的比重以及制造业实际利用外资金额的同期增幅从整体上来看都呈现出下降趋势，同期增幅甚至出现负增长。安徽省制造业利用外资金额占外资总额比重从 2011 年的 64.9%下降至 2017 年的 52.1%，这是由安徽省第三产业的某些行业的占比增加而导致，说明安徽省利用外商直接投资的行业结构不断优化，并将对安徽省经济运行产生良性影响。

四、外资流入地区分析

在安徽省 16 个地市中，合肥市、芜湖市、马鞍山市、蚌埠市一直是实际利用外商直接投资最多的 4 个地市，滁州市多年位列第五，而人口大市阜阳市一直排名靠后，实际利用外资金额较少（表 3-5）。2017 年，合肥、芜湖、马鞍山、蚌埠四市实际利用外资总额占全省实际利用外资总额的比重达 60.4%，并且 2011—2017 年，此 4 个地市实际利用外资总额占全省实际利用外资总额比重都在 55%以上。这些数据不但高于四市人口占全省人口比重，而且高于四市经济总量占全省经济总量的比重，这在很大程度上归功于四市的城市化建设和引资环境的优化。

合肥市作为省会，经济基础良好，交通运输等基础设施条件优良，科研机构和大中专院校聚集，再加上享有政策上的特殊优惠，合肥市势必成为外资首选，其实际利用外资金额远远超出其他地市。皖江城市带建设带动了沿江地市的经济发展和外资吸引力，尤其是芜湖市和马鞍山市。而大多皖北地市由于经济基础和基础设施相对薄弱，还需改善引资的软硬环境。

表 3-5 安徽省各地市利用外商直接投资额 （亿美元）

城市	2011 年	2012 年	2013 年	2014 年	2015 年	2016 年	2017 年
合肥市	14.6	16.0	18.9	22.6	25.1	28.1	30.2
淮北市	3.0	3.8	4.6	5.4	6.0	6.5	6.7
亳州市	2.5	3.6	4.7	6.0	6.6	7.2	7.8
宿州市	2.5	3.7	4.7	5.9	6.8	7.3	7.9
蚌埠市	4.6	7.3	9.7	12.1	13.9	15.0	16.1
阜阳市	0.6	1.1	1.3	1.6	1.8	2.0	2.2
淮南市	1.3	1.9	2.4	2.0	2.1	2.2	2.4
滁州市	3.2	5.2	7.3	9.2	10.6	11.4	12.2
六安市	2.1	2.6	3.0	3.5	3.9	3.7	4.4
马鞍山市	9.9	12.8	14.8	17.6	19.4	21.0	22.8
芜湖市	10.4	13.2	16.1	20.0	23.0	25.1	26.9
宣城市	3.1	4.4	5.7	6.9	8.0	8.6	9.2
铜陵市	2.4	3.3	4.0	2.0	2.2	2.4	2.7
池州市	1.7	2.1	2.6	3.0	3.5	3.6	3.9
安庆市	2.6	3.3	4.5	2.7	1.8	1.8	1.9
黄山市	1.8	2.2	2.5	2.8	1.6	1.6	1.7
总计	66.3	86.4	106.9	123.4	136.2	147.7	159.0

资料来源：《安徽省统计年鉴》。

安徽省实际利用外商直接投资在地理分布上呈现出的不平衡性在一定程度上反映了安徽省区域经济发展以及城市化水平的非均衡性。合肥、芜湖、马鞍山以及蚌埠四市在经济总量和城市化水平方面一直处于全省前列，提高了城市的综合吸引力，增强了外商投资信心。必须指出的是，这种引资的非均衡性很可能会使地区经济差距进一步拉大，并将不利于安徽省区域经济的协调发展。

第二节 安徽利用外商直接投资存在的问题分析

自“十二五”以来，安徽省经济总体上发展较快，皖江城市带建设和内陆开放新高地建设都取得不菲成绩，实际利用外资金额不断增加，引资质量稳步提升，外资流入的行业结构也不断优化。然而，在成绩的背后，安徽省利用外商直接投资还存在不少问题，与我国其他省市横向比较之下还存在较大差距。

一、经济总量较小，横向引资规模不足

安徽省经济发展总体态势良好，纵向来看，安徽省经济总量在2011—2017年间有较快增长，2017年安徽省GDP位列全国第13名。但是安徽省GDP占全国比重一直在3.2%左右，2017年略有提升，达到3.3%（表3－6），然而其绝对量与其他省市相比仍处于较低位置。众多学者研究表明，经济总量与FDI之间是相互促进、相互影响的。经济总量大的地区，经济发展水平和人民收入水平相对较高，购买力和消费能力相对较强，对外资的需求和吸纳能力相对较强，市场对外资的综合吸引力相对较大，外资的投资收益率相对较高。反之，经济总量较小的地区对外资的综合吸引力较弱，能够实际利用的外资金额较少。

表3－6　2011—2017年安徽省生产总值　（亿元，%）

	2011年	2012年	2013年	2014年	2015年	2016年	2017年
安徽	15300.65	17212.05	19229.34	20848.75	22005.63	24117.89	27018.00
全国	489300.6	540367.4	595244.4	643974.0	689052.1	743585.5	827121.7
占比	3.1	3.2	3.2	3.2	3.2	3.2	3.3

资料来源：《安徽省统计年鉴》。

安徽省实际利用外资规模以及占全国实际利用外资总额的比重与我国沿海省市相比差距较大，甚至与同处中部的河南省相比也有一定

差距。2011—2017 年，安徽省累计利用外商直接投资 825.9 亿美元，江苏省累计利用外商直接投资 2032.7 亿美元，因此安徽省只占江苏省实际利用外商直接投资的 40.6%，见表 3－7 所列。2011—2017 年，河南省累计利用外商直接投资 1008.9 亿美元，为安徽省实际利用外商直接投资的 1.2 倍。

表 3－7 我国部分省市实际利用外资金额对比 （亿美元，%）

年份	安徽	江苏	浙江	上海	广东	河南	全国	安徽占比	江苏占比	浙江占比	上海占比	广东占比	河南占比
2011	66.3	321.3	116.7	126.0	223.3	100.8	1160.1	5.7	27.7	10.1	10.9	19.2	8.7
2012	86.4	357.6	130.7	151.9	241.1	121.2	1117.2	7.7	32.0	11.7	13.6	21.6	10.8
2013	106.9	332.6	141.6	167.8	253.3	134.6	1175.9	9.1	28.3	12.0	14.3	21.5	11.4
2014	123.4	281.7	158	181.7	272.8	149.3	1195.6	10.3	23.6	13.2	15.2	22.8	12.5
2015	136.2	242.7	169.6	184.6	270.3	160.9	1262.7	10.8	19.2	13.4	14.6	21.4	12.7
2016	147.7	245.4	175.8	185.1	234.1	169.9	1260.0	11.7	19.5	14.0	14.7	18.6	13.5
2017	159.0	251.4	179.0	170.1	229.5	172.2	1310.4	12.1	19.2	13.7	13.0	17.5	13.1

资料来源：各省市统计年鉴。

安徽省地处我国中部和长三角腹地，劳动力资源和旅游资源较为丰富，物价水平相对稳定，而东南沿海省市近几年外商投资成本增加，故而安徽省应该发挥资源优势推动外商投资向安徽省转移。

二、产业结构及产业链不完善，外资行业分布失衡

安徽省外商直接投资主要流入制造业，呈现引资行业失衡现象。近些年，随着农村务农人口的减少，安徽省第一产业所占比重也在逐年下降，且在 2017 年首次降至 10%以下（表 3－8）；各地为追求高速发展，加大工业投入力度，第二产业在 2010 年比重首次超过 50%，直到 2015 年才降至 50%以下，但仍占主导地位；随着安徽省产业结构调整升级，安徽省第三产业稳步发展，第三产业占 GDP 比重逐年上升，但速度较慢，比重低于全国水平，并且第三产业内部结构不均衡，房地产业、批发零售业等传统行业占据主导，新型产业占比很小。总体来看，安徽省产业结构不合理，多年来维持“二三一”的格局，且

会继续维持一段时间。产业结构的不合理直接导致外资流入行业的不均衡，外商直接投资流入结构也维持在“二三一”的格局。

表 3-8　安徽省三大产业占安徽省 GDP 比重　（%）

年份	第一产业	第二产业	第三产业
2011	13.17	54.31	32.52
2012	12.66	54.64	32.70
2013	11.79	54.03	34.18
2014	11.47	53.14	35.39
2015	11.16	49.75	39.09
2016	10.64	48.06	41.30
2017	9.56	47.52	42.92

资料来源：《安徽省统计年鉴》。

安徽省产业集群发展缓慢，技术链和产业链不完善，配套产业不能满足外资企业需求，尤其是第一产业和第三产业问题更为严重，因此第一产业和第三产业实际利用外资较少。安徽省缺乏龙头企业，利用外资多以劳动密集型的中小企业为主，竞争力不足。目前，全国各省市吸引外商投资竞争加剧，安徽省面临着资金、技术、基础设施、政策环境等方面的巨大压力。如果不及时完善产业链，加强分工协作，形成聚集效应，就难以在竞争中获取有利地位。为了引导外资流向，安徽省需加快产业结构升级，重点发展第三产业，提升第三产业比重，提高产业技术水平。安徽的地理位置有利于承接沿海地区经济辐射和产业转移，因此安徽各地市应积极完善产业链，抓住机遇承接沿海地区的产业转移。

三、经济发展和城市化水平不一，各市利用外资不均

安徽省各地市实际利用外资呈现严重不均衡的现象，以 2017 年为例，合肥市实际利用外资 30.2 亿美元，芜湖市实际利用外资 26.9 亿美元，马鞍山市实际利用外资 22.8 亿美元，而阜阳市、安庆市和黄山市实际利用外资分别为 2.2 亿美元、1.9 亿美元和 1.7 亿美元

（表 3－5）。

“十二五”以来，安徽省各地市经济总量及城市化水平稳步提升，但是各地市经济发展水平和城市化水平不一，居民消费水平和购买力存在差异。经济发展水平和城市化水平是影响外商直接投资区位选择的重要因素，见表 3－9 和表 3－10 所列。2017 年，合肥市 GDP 达 7003.05 亿元，约为黄山市的 11.5 倍；合肥市城市化水平达 73.75%，而阜阳市仅为 41.75%。外商直接投资的不均衡又会进一步加剧区域经济发展的不平衡。因此，为了降低外商直接投资对区域经济协调发展的不利影响，必须加快落后地市的基础设施建设，加速工业化建设，推进城市化水平建设，提高居民消费能力，吸引外商直接投资，形成良性互动。

表 3－9 2011—2017 年安徽省各地市 GDP 情况 （亿元）

城市	2011 年	2012 年	2013 年	2014 年	2015 年	2016 年	2017 年
合肥市	3636.62	4164.32	4684.00	5180.56	5660.27	6274.38	7003.05
淮北市	554.92	620.54	714.26	759.64	760.39	799.03	924.01
亳州市	626.65	715.65	819.99	883.63	942.61	1046.10	1149.79
宿州市	802.42	914.95	1025.20	1140.53	1235.83	1351.82	1466.45
蚌埠市	780.24	890.22	1046.65	1151.19	1253.05	1385.82	1550.66
阜阳市	853.21	962.53	1099.71	1188.97	1267.45	1401.86	1571.12
淮南市	709.54	781.76	819.39	789.32	901.08	963.84	1060.18
滁州市	850.49	970.74	1112.34	1214.39	1305.70	1422.83	1604.39
六安市	821.08	918.19	1020.09	1095.81	1016.49	1108.15	1168.05
马鞍山市	1144.30	1233.94	1269.90	1333.12	1365.30	1493.76	1710.09
芜湖市	1658.24	1873.63	2101.01	2309.55	2457.32	2699.44	2963.26
宣城市	671.39	757.46	848.52	917.63	971.46	1057.82	1185.56
铜陵市	579.41	621.30	680.60	716.31	911.60	957.25	1122.10
池州市	372.49	417.45	472.95	517.17	544.74	589.02	624.35
安庆市	1215.74	1359.70	1418.20	1544.32	1417.43	1531.18	1708.83
黄山市	378.81	424.95	470.90	507.17	530.90	576.82	611.32

资料来源：《安徽省统计年鉴》。

表 3－10　安徽省各地市城市化水平　（%）

城市	2011 年	2012 年	2013 年	2014 年	2015 年	2016 年	2017 年
合肥市	64.60	66.40	67.79	69.1	70.40	72.05	73.75
淮北市	55.70	57.20	58.53	59.8	60.76	62.13	63.61
亳州市	31.30	33.00	34.4	35.7	36.96	38.28	39.77
宿州市	33.10	34.80	36.16	37.4	38.73	40.03	41.56
蚌埠市	46.60	48.30	49.67	50.9	52.22	53.74	55.31
阜阳市	33.30	34.90	36.23	37.5	38.81	40.24	41.75
淮南市	63.70	65.30	66.65	67.9	60.67	62.05	63.46
滁州市	43.40	45.10	46.47	47.8	49.02	50.40	51.89
六安市	37.40	38.90	40.19	41.4	42.81	43.99	45.41
马鞍山市	59.40	61.20	62.57	63.9	65.15	66.49	67.89
芜湖市	56.30	58.00	59.37	60.7	61.96	63.46	65.05
宣城市	45.00	46.70	48.06	49.3	50.64	52.14	53.69
铜陵市	74.90	76.30	77.58	78.7	52.73	54.14	55.79
池州市	46.00	47.50	48.82	50.1	51.11	52.30	53.67
安庆市	38.10	39.60	40.96	42.2	45.87	47.19	48.57
黄山市	42.80	44.40	45.74	47.0	48.28	49.56	50.90

资料来源：《安徽省统计年鉴》。

四、软硬环境不完善，缺乏综合吸引力

近些年，安徽省的高铁网络不断加密，城市轨道交通从无到有，新桥国际机场、京福高铁（安徽段）等一批标志性工程相继建成，并且随着“放管服”改革的深化，安徽省在营造国际化、法治化、便利化的营商环境道路上取得不错的成绩，营商环境不断优化。尽管如此，安徽省在吸引外资的环境方面还存在严重不足。

安徽省交通和基础设施建设落后，与东部沿海省市相比，高速公路里程短，航空设施少；教育投入不足，人才引进机制不完善，高素质人才缺乏；法律体系不完善，对外商投资企业知识产权保护不力；行政审批程序繁杂，服务和管理水平有待提高。若要提升引资竞争力，

就必须进一步放宽准入限制，营造开放包容、竞争公平、政策稳定透明、服务高效便捷的环境。

不仅安徽省整体营商环境缺乏吸引力，安徽省各地市在引资环境方面也差距较大。比如，安徽的教育和科技资源主要集中在合肥，合肥综合性国家科学中心和合肥微尺度物质科学国家研究中心都已获批建设，而其他地区的教育和科技资源十分稀缺，缺乏国家级研究所和研究中心。

第三节 安徽利用外商直接投资政策建议

一、推进区域协调发展，促进全省经济增长

安徽省区域发展、各地市经济及城市化发展水平不一，各地市利用外商直接投资不均衡，为推动全省经济健康良性高质量发展，必须积极推进区域协调发展，大力推进城镇化进程。安徽省“五大板块”（合肥都市圈、皖江、皖北、皖南、皖西）协调发展已上升为国家战略，“五大板块”应抓住此重大机遇，实现更加协调、更加可持续地发展。

《2018年安徽省政府工作报告》指出：推动合肥都市圈一体化发展，进一步增强创新竞争力和带动力，建设具有较强影响力的国际化都市圈和支撑全省发展的核心增长极；推进皖江城市带创新升级、绿色发展，加快建设具有国际竞争力的先进制造业和现代服务业基地；高水平建设皖南国际文化旅游示范区，努力建成美丽中国先行区、世界一流旅游目的地和中国优秀传统文化传承创新区；加快大别山革命老区振兴步伐，提升特色产业支撑力、基础设施保障力和生态环境竞争力，解决区域性贫困问题；支持资源型城市经济转型发展，加快发展接续替代产业，创建可持续发展示范区。提升城镇化质量，强化城市群主体，促进大中小城市和小城镇协调发展。

就各地市而言，应因地制宜，补短板、强弱项，实现高质量发展，

加速构建协调发展的良好格局。如，阜阳市是农业大市、人口大市，阜阳市应推动农业领域的技术创新，促进农业产业化发展，引导外资流向阜阳农业产业；黄山市拥有得天独厚的自然地理环境和人文环境，深厚的文化积淀造就了高品位的旅游资源，应打造一批旅游资源开发项目，积极引导外资投向旅游行业；淮南和淮北这样的能源充足地区可以利用能源优势，大力吸引外资投向能源工业。

二、完善产业结构和产业链，优化外商投资导向

安徽省产业结构和产业链不完善，利用外商直接投资存在流入行业不平衡问题，FDI 主要流入传统制造业，第一产业和第三产业中的新兴服务业利用外商直接投资不足，应大力推进产业结构优化升级，引导外资更多投向现代服务业和现代农业；发展、培育一批利用外资的龙头企业，打造若干个产业集群，为外资企业提供完善的配套产业。通过为跨国公司提供配套产品和服务，不但能够提高产品质量、生产技术，而且能够促成先进的管理技术在当地的扩散，带动当地行业整体竞争力的提升。

要扎实推进现代农业建设，构建现代农业产业体系、生产体系、经营体系，打造农业品牌。一直以来，安徽农业资源丰富，但是基础薄弱，农业科技投入不足。近年来，外商直接投资一般以农产品初级加工为主，高科技含量、高新技术精深加工少。安徽省应积极引进国外先进的农业技术、管理经验以及管理模式，积极推进传统农业改造，快速提升农业的产业化水平，加快农业现代化和产业化的步伐。政府应通过政策引导，鼓励外商加大对第一产业的投资力度，使更多的外资投向农业，提高外资在农业中的比例。同时，以增加农民收入为抓手，加快农业和农村经济发展，提高农村人口购买力和消费水平。

要重点发展第三产业，尤其是发展现代服务业，引导外商直接投资流向第三产业。现代服务业是高增长的行业，代表了一个国家或地区的发展水平，其拉动效应十分明显，应提升现代服务业的国际化水平和管理水平，同时加大资金投入，完善现代服务业的市场环境和政策扶持，力争在金融、保险、旅游、商业、电信、文化等领域取得更

大进展。以旅游业为例，安徽省旅游资源丰富，有黄山、九华山、天柱山等国家级风景名胜区，有亳州、寿县、歙县等国家级历史文化名城，要利用旅游资源优势，采取一系列优惠措施，吸引更多FDI流向安徽旅游业，使第三产业中的FDI配置更加合理。

三、创新引资方式，拓宽引资渠道

随着信息技术和网络技术的发展，传统的招商方式已经不能满足招商引资工作的需要，无法适应日益激烈的竞争环境，线上和线下的招商方式应该同步进行。然而，长期以来，安徽省利用外商直接投资主要借助一些传统的招商引资方式。安徽省的网上招商也有所进展，但是效果不太显著，委托招商、代理招商采用的还比较少。

安徽省应努力搭建招商引资信息平台，推进网上招商，开展灵活务实的定向招商、产业招商、园区招商等，拓宽招商引资渠道，保持与跨国公司之间的交流沟通常态化，及时把握跨国公司投资动态及国际资本流向，提高招商效率。另外，政府要为招商引资创造良好的投资环境和创业氛围。应突出企业在招商引资中的主体地位，使招商引资真正成为由政府有关职能部门参加并指导的一种企业行为、社会行为和市场行为。

积极鼓励跨国公司通过并购等方式进行投资，积极吸引外资参与国有企业，可以促进企业结构的调整和优化。同时，注重民营企业利用外资找准自身在价值链中的位置，围绕企业自身的比较优势和竞争优势，选择与跨国公司之间的合作形式，可以提高企业的技术含量和管理水平。

四、优化软硬环境，增强招商引资吸引力

安徽省利用外商直接投资一直呈增长态势，但是利用外商直接投资金额以及每年引进的世界500强企业数量不仅远低于沿海省市，与中西部地区一些省份相比，也有较大差距，安徽省营商环境优化刻不容缓。

一方面，进一步完善引进外资的硬环境，推进基础设施重大项目

的建设，改变安徽部分地区在交通运输、信息技术和相关配套设施上的落后状况。全面推进“县县通”高速补齐项目，推进高速铁路建设，完善高等级公路网和农村公路网，加速航空、水运建设，构建现代化综合交通运输体系，加快建成全国重要的综合交通枢纽。

另一方面，进一步改善引进外资的软环境，加大教育投入，提高人口综合素质，培养和造就一大批知识型、技能型、创新型劳动者；实施更加积极、更加开放、更加有效的人才引进政策，引入一大批高水平科技人才和创新团队，提升高端人力资源的比例；完善法律体系，特别是要完善外商投资活动所涉及的各方面法律，推动废止或修订与国家对外开放发展要求不符的法规或条款；在对外商投资审批方面，要简化程序，提高服务质量，加快政府职能转变。同时，强化政策在外商投资中的管理和监督作用，加大对外商投资企业享有准入后国民待遇的保障力度，进一步扩大市场准入对外开放范围，落实新能源汽车制造、国际海上运输、铁路旅客运输、银行业、证券业、保险业等行业的对外开放具体措施，加快建设统一开放、竞争有序的市场环境。

第四章 安徽深度融入“一带一路”建设研究

安徽省具有承东启西、连南接北的区位优势，位于长江经济带和“一带一路”重要节点，迎来千载难逢的战略机遇。《长江经济带发展规划纲要》是推动长江经济带发展的重大国家战略的纲领性文件。2018 年 4 月 26 日，习近平总书记主持召开第二次长江经济带发展座谈会，强调推动长江经济带发展是党中央做出的重大决策，是关系国家发展全局的重大战略，对实现“两个一百年”奋斗目标、实现中华民族伟大复兴的中国梦具有重要意义。“一带一路”倡议和长江经济带战略之间存在紧密关联。对接“一带一路”倡议、深入实施“走出去”战略，是与国际经济接轨、提高对外开放水平、广泛地激活省内资源、全面提升开放型经济发展水平的重要契机。

安徽省积极参与“一带一路”建设，打造内陆开放新高地，精准谋划合作项目、畅通贸易渠道、加快推进互联互通设施建设，在深度融入“一带一路”建设中，不断刷新开放合作的“成绩单”。2018 年安徽省对外通道建设快速推进，“合新欧”国际货运班列发运近 200 列，货源半径已辐射上海、江苏、浙江、广东等省市；新开通合肥至莫斯科航线。截至目前，安徽已开通至新加坡、泰国、德国等 15 条国际客运航线及合肥至美国洛杉矶国际货运航线。深化与“一带一路”沿线国家的经贸合作与交流，推动合作项目落地取得显著成果。2018 年安徽不断完善“一带一路”重点项目库，在基础设施、经贸合作、产业投资等领域谋划和实施重点项目。其中，江淮汽车与德国大众合资生产的新能源汽车于 2018 年 5 月正式下线。2018 年 1—10 月，安徽省与“一带一路”沿线国家和地区的进出口额达 124.2 亿美元，增长 10.8%。随着深入参与“一带一路”建设，安徽省越来越多的技术能人青睐出国“打洋工”，也促进了对外劳务合作转型升级。

第一节 安徽融入“一带一路”建设的现状

安徽省参与“一带一路”倡议的力度在逐步增大。2018 年，安徽省克服中美经贸摩擦影响，进出口总额首次突破 600 亿美元，其中，高新技术和机电产品出口额，分别增长 34%、25%，有效实现了“稳存量，促增量”的高质量发展目标，为与“一带一路”沿线国家和地区的合作提供了稳定的经济背景。安徽省沿江各地正统筹沿海沿边沿江和内陆开放，建设开放大平台，培育国际合作竞争的新优势，打造具有国际竞争力的现代产业体系，推动产业向中高端发展。加快创新对外贸易发展方式，以合肥、芜湖、马鞍山综合保税区为主体，积极创建中国（安徽）自由贸易试验区。统筹口岸和海关特殊监管区域建设，推动贸易和投资自由化、便利化。立足已有的各类主体和开放平台，全面推行关检合作，实施“一次申报、一次查验、一次放行”的通关作业模式和全国通关一体化改革，助推优质安徽制造更快走出去。2018 年安徽实际对外投资 14.5 亿美元，增长 56%，其中对“一带一路”沿线国家和地区投资 1.9 亿美元，增长 1.1 倍。2017 年，安徽省与“一带一路”沿线国家贸易发展中贸易额最大的 10 个国家是韩国、印度、越南、马来西亚、伊朗、印度尼西亚、泰国、俄罗斯、新加坡和菲律宾。

一、贸易发展

安徽省与“一带一路”沿线国家贸易发展呈现以下特征：

（一）贸易规模有波动，当前处在快速上升之势

近年来，安徽省与“一带一路”沿线国家和地区的贸易发展呈现良好态势，进出口总额持续增加，贸易规模不断扩大。与沿线国家和地区的进出口总额从 2010 年的 47.41 亿美元增长到 2016 年的 121.10 亿美元，增加了约两倍，年均增长 22.4%（表 4-1）。其中，2012 年双方进出口总额突破 100 亿美元大关，达到 112.24 亿美元。

2011年和2012年进出口总额呈现出较高的年增长速度，分别为46.53%和61.59%。由于2011年和2012年贸易基数较大，2013年增速放缓。但是，2014年增长速度又达到两位数，为18.3%。2015年和2016年受全球经济大环境的影响，年增长速度减缓，出现了负增长。安徽省与“一带一路”沿线国家的进出口总额年增长速度有较大起伏的变化。2017年，进出口总额、出口额和进口额都逆转达到历史最高水平。

表4-1 安徽省与“一带一路”沿线国家贸易额 （亿美元）

年份	进出口总额	出口额	进口额	贸易差额
2010	47.41	36.97	10.43	26.54
2011	69.46	54.03	15.43	38.61
2012	112.24	93.62	18.61	75.01
2013	121.46	93.43	28.03	65.40
2014	143.70	110.98	32.72	78.25
2015	140.83	110.75	30.08	80.67
2016	121.10	95.28	25.82	69.45
2017	175.34	119.84	55.50	64.34

资料来源：对《安徽统计年鉴》中的数据整合，2017年之前的数据采用了64个国家的数据，而2017年采用了参与“一带一路”倡议的71个国家的数据。

（二）贸易顺差显著，近三年有减少的趋势

由表4-1可见，2010—2017年安徽省对“一带一路”沿线国家的出口额均大于进口额，一直处于贸易顺差，而且顺差额呈现增长趋势，其中2015年的贸易顺差达到极值80.67亿美元，是2010年贸易顺差额的三倍多。贸易的顺差给安徽省经济的增长带来了积极作用。2016年与2017年安徽省对“一带一路”沿线国家的贸易顺差在减小。

（三）与“一带一路”沿线国家贸易是安徽省对外贸易的重要组成部分

目前，安徽省已形成遍布全球的多元化对外贸易市场，贸易伙伴达200多个。虽然美国、欧盟等发达国家是安徽省对外贸易的主要对象，然而与“一带一路”沿线国家的进出口也是重要的组成部分。

2010—2016年，安徽省与“一带一路”沿线64个国家的进出口总额在安徽省贸易总额中所占比重从19.53%增加到27.29%，其中2014年达到29.16%；2017年安徽省与“一带一路”沿线国家贸易额占对外贸易总额的比例逆转上升至32.69%，见表4-2所列。

表4-2 安徽省与“一带一路”沿线国家贸易额占对外贸易总额的比例

（亿美元，%）

年份	沿线国家贸易额	对外贸易总额	占比
2010	47.41	242.77	19.53
2011	69.46	313.38	22.17
2012	112.24	393.25	28.54
2013	121.46	456.34	26.62
2014	143.70	492.73	29.16
2015	140.83	488.08	28.85
2016	121.10	443.80	27.29
2017	175.34	536.36	32.69

资料来源：同表4-1。

（四）商品结构按需优化

安徽省与“一带一路”沿线国家的进出口商品结构不断优化。出口商品结构方面，安徽省出口到“一带一路”沿线国家的商品主要是纺织服装、机电产品、工业制成品和高新技术产品，传统劳动密集型产品出口下降。2015年机电产品出口达371.9亿元，增长9.8%。同时，汽车及零部件、光伏产品和家用电器在“一带一路”沿线国家所占的出口份额不断增加，并支持和推动一些战略性新兴产业出口到“一带一路”沿线国家，参与国际市场竞争，如新能源汽车、新材料、高端装备制造、电子信息、生物和节能环保等产业。进口方面，安徽省主要从“一带一路”沿线国家进口初级产品和农产品。“一带一路”沿线国家拥有丰富的资源，西亚、北非和俄罗斯等拥有丰富的石油和天然气，要不断扩大来自这些国家和地区的资源进口。

二、对外投资与吸引外资

（一）对外投资额回到较高水平

安徽省地处中部地区，其对外投资的步伐迟于东部发达省份，投资规模和水平有限。近年来，安徽省对外投资也取得了一定的成效。2015 年，安徽省企业对外投资合作实现历史性突破，全年对外实际投资达到 12.4 亿美元，同比增长 28%。其中，年度对外实际投资额首次突破 10 亿美元，创历史新高。国家“一带一路”倡议的提出，为安徽企业“走出去”提供了更加广阔的空间，促进更多的安徽优秀企业“走出去”。安徽对“一带一路”沿线国家投资保持了较快增长。安徽省对“一带一路”沿线国家的投资整体波动较为明显，见表 4 - 3 所列。2011 年安徽省对“一带一路”沿线国家协议投资额达到最高值 38936 万美元，2012 年和 2013 年协议对外投资额急剧下降，降至 2013 年的谷底 339 万美元。2013—2016 年，安徽省对“一带一路”沿线国家的对外投资额触底反弹，并持续增加，2016 年达到 35128 万美元，2017 年逆转至 38815 万美元。与此同时，安徽省对“一带一路”沿线国家的实际对外投资额也呈现阶梯式增长，由 2013 年的 20 万美元飙升至 2015 年的 12597 万美元，2016 年受全球经济复苏放缓及贸易保护等因素影响，实际对外投资额出现明显下降，降至 6649 万美元，2017 年逆转至 10295 万美元。

表 4 - 3 安徽省与“一带一路”沿线国家投资额 （万美元）

年份	协议对外投资额	实际对外投资额
2011	38936	1430
2012	4432	3795
2013	339	20
2014	18707	5968
2015	30574	12597
2016	35128	6649
2017	38815	10295

资料来源：同表 4 - 1。

（二）承包工程和对外劳务合作规模空前

对外承包工程和对外劳务合作是安徽省实施“走出去”战略的重要举措，在促进安徽省与“一带一路”沿线国家的投资合作方面发挥了重要的促进作用。安徽省劳动力资源丰富，“一带一路”沿线国家是安徽省对外承包工程和劳务输出的重要区域。近几年，安徽省对“一带一路”沿线国家的承包工程和劳务合作规模也在不断扩大。

表 4-4 显示，安徽省对“一带一路”沿线国家工程承包总体是在波动中上升。2011 年安徽省与“一带一路”沿线国家新签承包工程合同额为 7.36 亿美元，占同期安徽省新签承包工程总额的 38%；2012 年有所上升，2013 年下降明显，降至 4.52 亿美元；2014 年和 2015 年与“一带一路”沿线国家新签合同额持续上升，2015 年达到 15.26 亿美元，占同期总额的 49.7%，较上年增长 36%。2017 年，全年新签对外承包工程合同额 13.49 亿美元。安徽省与“一带一路”沿线国家承包工程完成营业额保持平缓上升趋势，由 2011 年的 4.51 亿美元增加至 2017 年的 17.39 亿美元。

表 4-4　安徽省与“一带一路”沿线国家承包工程和对外劳务合作

年份	承包工程		沿线国家劳务合作			
	新签合同额（亿美元）	完成营业额（亿美元）	外派劳务人数（个）	占比（%）	年末在外人数（个）	占比（%）
2011	7.36	4.51	3706	27.30	5879	28.13
2012	12.12	5.89	6540	48.92	9001	37.90
2013	4.52	7.06	7435	59.33	10327	47.69
2014	11.21	10.19	7317	51.75	11909	48.20
2015	15.26	8.27	5085	48.43	10961	46.27
2016	11.07	10.19	5627	56.02	9070	47.25
2017	13.49	17.39	9260	80	12540	62.62

安徽省与“一带一路”沿线国家的劳务合作总体上呈波动上升趋势。2011 年外派至“一带一路”沿线国家的劳务人数为 3706 人，占同期总人数的 27.30%；2013 年为 7435 人，占比为 59.33%；2016 年

外派劳务下降至 5627 人，占比为 56.02%。年末在“一带一路”沿线国家的人数方面，2013—2015 年均超过 1 万人；占同期总人数比重方面，2013—2017 年都超过 45%，2014 年为 48.2%，2017 年达到 62.62%。

（三）安徽省在“一带一路”沿线国家稳定布局新批企业

表 4-5 显示，安徽企业“走出去”的规模越来越大，范围也越来越广。2011—2016 年，安徽省新批境外企业数不断增加，2011 年为 42 个，2014 年达到 100 个，2015 年和 2016 年均超过 100 个，分别为 133 个和 121 个。2011 年安徽在“一带一路”沿线国家设立境外企业仅 4 家；2012 年增加到 15 家，增长了近 4 倍；至 2015 年一直保持增长态势，2015 年达到 27 家，增长 17%；2016 年，在“一带一路”国家设立境外企业共 21 家。“一带一路”沿线国家成为安徽省“走出去”的重点目的地。

表 4-5 安徽省新批境外企业情况

年份	新批“一带一路”沿线国家企业数（个）	新批境外企业数（个）	比例（%）
2011	4	42	9.52
2012	15	56	26.79
2013	16	59	27.12
2014	23	100	23.00
2015	27	133	20.30
2016	21	121	17.36
2017	26	75	34.67

资料来源：同表 4-1。

表 4-6 显示，从安徽“走出去”企业在“一带一路”沿线国家的布局来看，大多数集中在东南亚和南亚。2011 年安徽省新批“一带一路”沿线国家的 4 家企业都在东南亚地区；2012 年的 15 家企业有 7 家在东南亚，2 家在南亚；2013 年的 16 家企业有 12 家在东南亚；2014

年的23家企业，东南亚有15家，南亚有3家；2015年新批企业最多，为27家，其中20家在东南亚和南亚。2014年以来安徽省新批“一带一路”沿线国家企业的分布范围较广，涉及“一带一路”沿线的五个区域。目前，安徽省外经建设集团、马钢集团、海螺集团、丰原集团、安徽省能源集团和江淮汽车等已经在伊朗、印尼、土耳其、印度、越南、孟加拉国、匈牙利、俄罗斯、哈萨克斯坦等多个“一带一路”沿线国家投资项目。2017年上半年，安徽省共在印度尼西亚、越南、缅甸、俄罗斯等11个“一带一路”沿线国家投资5869万美元，同比增长99%。主要项目包括海螺水泥南加里曼丹、北苏海螺、伏尔加海螺、缅甸海螺项目，安徽比特矿山工程有限公司俄罗斯远东项目，安徽龙磁科技股份有限公司越南项目等。

表4-6 2011—2017年安徽省新批在“一带一路”沿线国家企业分布表 （个）

年份	东南亚	南亚	东欧	西亚北非	中亚	东亚	企业数合计
2011	4	0	0	0	0	0	4
2012	7	2	5	1	0	0	15
2013	12	0	3	1	0	0	16
2014	15	3	2	2	1	0	23
2015	13	7	0	3	2	2	27
2016	10	7	2	1	0	1	21
2017	13	3	4	5	1	0	26

资料来源：同表4-1。

安徽省应切实加强与“一带一路”沿线国家的务实合作，支持企业参与国际产能合作、装备制造合作和海外并购。在“一带一路”沿线国家，安徽“走出去”主体呈现出多元化的发展趋势，既有资本优势明显的大型国有（或国有控股）企业，也有技术创新显著的民营企业。相关部门成立了“先进制造业产业合作发展联盟”“工程总承包产业联盟”“外部煤炭资源产业合作开发联盟”等七大产业联盟，涉及安徽大型国有企业80多家，形成了以大型国有企业为龙头，相关国有企业“抱团出海”的基本态势。如：铜陵有色、海螺水泥、安徽省农垦集团、奇瑞汽车、江淮汽车、安徽省外经建设集团、丰原集团等。奇瑞、海螺等工业企业和农垦、丰原等农业企业已经成为安徽“走出去”的名片。江淮汽车深耕“一带一路”市场，先后在沿线国家建立10多个分公司和组装工厂，实现了从单一输出产品向综合输出技术、管理、资本、品牌的转变。随着安徽民营经济的迅速发展，中鼎股份、海润光伏、鸿润集团、新长江集团等一批民营企业不断加大“走出去”的力度，并表现出日益强劲的投资活力，是安徽省在“一带一路”沿线国家投资的生力军。在2016年新批的121家境外企业中，民营企业有106家，占总数的87.6%；在发生实际对外投资业绩的99家企业中，民营企业就有78家，占总数的78.8%。安徽在境外设立工业园区，以大型国有企业为龙头，带动中小配套企业入驻园区，形成产业链，共同发展。目前，融入“一带一路”建设的工业园区有外经建设集团莫桑比克贝拉工业区、农垦集团津巴布韦合作园区、海螺水泥印尼工业园、奇瑞汽车巴西汽车工业园和柬埔寨滨海经济特区等境外工业园区，积极推动家电、汽车及零部件、工程机械、钢铁、建材、能源、建筑、农业等行业优势企业扩大对外投资合作。

（四）吸引“一带一路”沿线国家投资快速增长

安徽省吸收外资工作起步较晚，利用外资的基础较薄弱。然而近年来，安徽省抓住国家促进中部崛起的战略机遇，并在皖江城市带承接产业转移示范区和合芜蚌自主创新示范区等战略的共同推动下，吸引了大量有实力的国外企业来皖投资，安徽省利用外资呈现持续增长的态势。2011年安徽省实际利用外资额为66.289亿美元，2016年实际利用外资额为147.671亿美元。此外，截至2017年3月，共有77家境外世界500强公司在安徽累计设立了137家企业，累计批准设立外资企业超过1万家，累计利用外资近930亿美元。安徽省利用外资水平的提升促进了安徽省整体经济社会的发展。安徽省外商直接投资主要来源于亚洲、欧洲、北美洲、大洋洲的发达国家和地区，中国香港一直是安徽省外资来源最多的地区，2016年实际吸收中国香港直接投资为82.61亿美元，占当年安徽省实际利用外资总额的56%。2016年，安徽新引进“一带一路”沿线国家投资企业 13 家，同比增长 8.3%；实际吸收“一带一路”沿线国家直接投资 7.6 亿美元，同比增长 6.9%，占当年安徽省实际利用外资总额的 5.15%。2017 年新引进“一带一路”沿线国家和地区投资企业 24 家。安徽省在吸收外资规模不断扩张的同时，外商投资的结构也不断优化，由传统制造业逐步拓展到高端制造业、高新技术、现代农业、交通、商业等领域，战略性新兴产业利用外资占比稳中有升，实现规模和质量的全面提升。“一带一路”沿线国家大多数是发展中国家，经济发展水平较低，产业发展水平相对偏低，从“一带一路”沿线国家“引进来”的产业与安徽省重点发展产业的契合度不高，很难满足安徽省产业结构优化升级的需求。

第二节　安徽深度融入“一带一路”建设的障碍

“一带一路”倡议已成为推动经济全球化健康发展的新引擎，为“十三五”时期安徽经济社会发展带来了重大机遇。安徽省初步具备了进一步开展合作、全面参与“一带一路”建设的基础条件，充分发挥区位和资源优势，在“一带一路”建设中发挥了积极的作用，未来发展前景良好。但是在参与“一带一路”建设方面还存在一些问题和障碍。

一、经贸规模相对较小

自 2011 年以来，中国与“一带一路”沿线国家进出口贸易整体呈现上升态势，2016 年中国与沿线国家贸易总额约为 9535.9 亿美元，占中国对外贸易总额的比重达 25.7%，较 2015 年上升了 0.4 个百分点。在全国省市层面，中国东部沿海地区，如广东、江苏、浙江、上海，其与“一带一路”沿线国家贸易规模大、贸易商品广、所占比重较大；安徽省与“一带一路”沿线国家贸易合作体量还不够大，处于全国中下游，与“一带一路”沿线国家贸易总额在中国与“一带一路”沿线国家贸易总额中所占比重较低，2015 年比重最高为 1.404％，2016 年较 2015 年有所下降，为 1.27％。2014—2016 年，中国企业在“一带一路”沿线国家对外直接投资超过 500 亿美元。在“一带一路”沿线国家新签对外承包工程合同额为 3049 亿美元，中国企业先后在“一带一路”沿线 20 个国家建设了 56 个境外经贸合作区，累计投资超过 185 亿美元，为东道国创造了超过 11 亿美元的税收和 18 万个就业岗位。安徽省总体上开放程度还不足、开放力度还不够、开放带动力还不强，在“一带一路”沿线国家的投资规模有限，安徽省应逐步调整产业结构，深化优势产业发展，深入参与“一带一路”的建设。

二、市场风险相对较高

“一带一路”沿线绝大多数是发展中国家，经济发展较为落后，经济稳定性较差，普遍存在较高的市场风险。安徽省与“一带一路”沿线国家的经贸合作，无论是贸易还是投资，不确定性的存在会影响相互的经贸关系。世界银行发布的《营商环境报告》显示，“一带一路”沿线国家的营商环境，排名较高的只有中东欧国家，其余“一带一路”沿线国家的营商环境普遍排名较低。“一带一路”沿线国家中，将近三分之一的国家存在较高的风险水平，包括政治风险、经济风险、法律风险和商业环境风险等。东南亚和南亚是安徽省与“一带一路”沿线国家进行贸易合作的主要伙伴，也是安徽省在“一带一路”沿线“走出去”的重要区域。这些区域中，除新加坡经济发展水平较高、政治相对稳定、投资受阻程度很低，其他部分国家地缘政治复杂，政权更迭频繁，政府效能低，政治风险较高，偿债能力也较低，投资风险较高。只有破除各类市场风险，安徽省参与“一带一路”建设的市场主体才能主动开展与“一带一路”沿线国家的经贸合作。

三、沟通障碍相对突出

“一带一路”合作的重点就是“五通”，即：政策沟通、设施联通、贸易畅通、资金融通和民心相通，其中，民心相通是“一带一路”建设的社会根基。目前，安徽与“一带一路”沿线国家在通道建设、经贸合作、文化旅游、外事交往等方面已取得显著成果。中欧班列（合肥—汉堡）、铁海联运等开通运营，构筑了新时代对外开放的大通道；皖江示范区、合肥跨境综试区等获批建设，构筑了相对完备的开放大平台，为安徽深度参与国际分工合作带来广阔的市场空间，为“一带一路”建设注入源源不断的动力。但是，大部分安徽企业对“一带一路”沿线国家或地区在认识上还存在隔膜，对“一带一路”沿线国家的政策法律、投资环境和风俗等相对陌生，缺乏系统的信息渠道，从而限制了其参与“一带一路”建设的广度和深度，并在一定程度上影响安徽省参与“一带一路”建设的成效。此外，虽然安徽具有悠久的对外商贸和文化交往传统，但是，当前“一带一路”沿线国家对安徽企业的了解有限，制约了“走出去”的步伐和效果。

四、专业人才相对欠缺

深入参与“一带一路”建设，人才是关键。“一带一路”沿线国家众多，各国在政治制度、文化制度、宗教信仰、法律体系等方面存在较大的差异，再加上国际环境多变、区域状况复杂，所遇到的难题也是层出不穷。这就需要一批致力于对外实践的复合型人才，即具备专业的经贸管理知识和操作能力，通晓当地语言，熟知当地法律法规，了解当地文化和风俗习惯等。只有具备人才条件，安徽企业“走出去”才具备强大的智力支持，安徽省参与“一带一路”建设才能深入。安徽省在开放型经济发展过程中也注意人才的培养和吸引，但主要是针对发达国家市场，真正了解“一带一路”沿线国家基本国情的人才十分短缺，例如外语小语种翻译人才、熟悉沿线国家的法律人才等。这些都将阻碍安徽省与“一带一路”沿线国家的经贸合作，投资项目引入与输出、产品的出口受到限制，丧失许多发展机遇。要想解决好人才问题，必须明确安徽省当前人才队伍面临的问题。相对于东部沿海发达省份，安徽省人才引进政策吸引力度不够。另外，安徽省虽然拥有几所知名高校，但是所培养的高端人才不足，又缺乏留住人才的政策，导致“一带一路”建设出现较大的人才缺口。

第三节 安徽深度融入“一带一路”建设的政策建议

继续深度参与“一带一路”建设，拓展与沿线国家投资合作空间，实现贸易额、投资双向快速增长，笔者为此提出四个政策建议。

一、营造良好的营商环境，深化政策沟通

“一带一路”倡议向纵深发展，长三角一体化发展上升为国家战略。安徽省需要抓住机遇，用足用活，利用好长江经济带沿线城市、口岸建设等优势，深度融入长三角一体化发展，高效发挥国家政策效应，设计出合理有效的地方政策。首先，要用足、用好国家“一带一路”相关政策。积极争取中央在财政、税收、金融等方面的支持。落实国家相关优惠政策，对投资新区域和新领域、带动相关产业“抱团”出海的重点企业，给予政策和资金支持。亚洲基础设施投资银行与“丝路基金”是在“一带一路”倡议背景下成立的两个专项金融服务组织，在对接“一带一路”中要充分借助两者的资金支持。其次，要围绕对接“一带一路”出台相关配套政策。安徽省财政可以设立专项资金，支持和推动基础设施和平台建设，促进对外贸易发展，鼓励企业“走出去”和“引进来”，大力开展对外合作和交流。引导传统企业试水跨境电商，借力信保工具，助推对外贸易整体转型升级、创新发展。再次，鼓励金融机构为企业“走出去”创新金融产品，探索境外资产、境外应收账款、出口退税单等融资抵押方式。由于“一带一路”沿线部分国家政策环境不稳定，市场规范化程度相对较低以及政治制度和宗教文化差异，企业对外投资存在一定的风险。要鼓励政策性保险机构、商业性保险机构为安徽企业的海外投资、国际项目合作等提供信用保险，防控投资风险。

着力机制创新，营造良好的政策环境。一是创新地方政府合作机制。大力发展友好省州经贸合作伙伴关系，积极与重点沿线国家驻华使领馆签署“一带一路”经贸合作备忘录。二是促进投资贸易便利化。

积极推广上海自贸区的改革措施，建立安徽与沿线国家贸易投资合作“项目清单”。加快国际贸易“单一窗口”建设，建立沿线国家贸易投资合作“出入境绿色通道”。三是创新金融支持平台。积极搭建金融机构与企业对接平台，协助推动建立安徽“一带一路”融资担保平台，加强与“丝路基金”的沟通联系，加大企业参与“一带一路”建设的融资支持力度。

完善推进“一带一路”建设组织协调机制和省市联动体系，建立常态化工作机制。更加主动对标国家重大发展战略，进一步搭建对外开放平台，统筹对外开放资源，聚焦重点国别区域，加强在“一带一路”沿线重点国家地区的布局，推动“中俄地方合作交流年”工作，全面深化对德合作以及与非洲等重点国家的交流合作，将“一带一路”国际合作纳入全省对外宣传工作总体安排，大力宣传安徽省打造内陆开放新高地的优势和举措，为安徽省参与“一带一路”建设营造良好的外部舆论环境。

二、谋划平台与项目，优化政府服务逻辑

深度参与“一带一路”建设，政府不仅要当好引路人、推动者，还要做好服务。为此，政府应该搭建各类服务平台，贡献安徽智慧和安徽方案，释放经济的开放效应。一是要搭建省级“一带一路”综合信息服务平台，及时为企业提供公益性服务。畅通信息汇总和分享渠道。二是要完善对外贸易综合服务平台，为中小对外贸易企业提供对外贸易全供应链服务。鼓励对外贸易服务综合平台进行创新提升。在进出口两个环节着力完善平台的服务功能。三是要大力培育服务“走出去”企业的资产评估、法律服务、会计服务、投资顾问、设计咨询、风险评估等相关中介机构。支持相关行业商（协）会积极发挥服务作用。四是要积极搭建展会平台，组织全省对外贸易企业参加境内外国际性展会。积极承办国际性展会，探索开拓中东、非洲、中亚地区市场机会。

构建多种平台，鼓励各地全面对接。一是推进各类开发区开放合作。鼓励合肥、芜湖等地有条件的各类园区，与“一带一路”沿线国

家政府、开发区、战略投资者合作共建产业园区和合作联盟。积极拓展海关特殊监管区功能，推进境外经贸合作区建设。二是推进国际会展平台建设。精心打造一批自主展会，组织参加东盟博览会、南亚博览会等国际国内重点展会。三是发挥合肥的省会优势。积极复制和推广上海自贸区经验，争创合肥国家自由贸易实验区；推动"合新欧"货运班列继续向西延伸。争取更多项目成为"共建科技合作中心"等"一带一路"优先推进项目。四是发挥沿江航运优势。加强芜湖、马鞍山等沿江港口与上海、宁波等沿海港口合作，打造安徽对接"一带一路"建设的示范区；加快发展马钢轨道交通材料和装备、铜陵有色铜基复合材料、安庆石化化工新材料等产业，强化"一带一路"项目库建设。五是针对安徽高新技术产业、生产性服务业"走出去"还很少的现状，相关部门应当进行细致调研、摸清家底、逐渐培养、重点帮扶，并在信息共享、市场背景、项目对接、风险防控、中介服务等方面，为企业提供更丰富、更快捷、更专业、更精准的优质信息，畅通信息汇总和分享渠道，进一步协同行动，把安徽与"一带一路"沿线国家或地区的合作推向深入。

推动省内服务业龙头企业在"一带一路"沿线国家开展商贸、物流、旅游、文化、教育、信息技术等服务业投资，带动服务出口；支持高新技术企业向"一带一路"市场推广中国技术、标准和系统解决方案，推动服务外包企业开展研发、设计和品牌建设，在沿线国家建立国际（离岸）接包中心和研发中心。

瞄准重点国家和地区，谋划一批"一带一路"建设重点项目，加快推进海螺水泥、丰原集团、奇瑞集团等企业境外重点项目和省级境外园区建设。深化皖德、皖俄合作。继续推动安徽省江淮汽车与德国大众新能源汽车项目等一批重点项目的实施，加快推进中德（合肥）中小企业国际创新产业园、中德（芜湖）中小企业国际合作园建设。积极参与"长江-伏尔加河"地方合作理事会第三次会议。

重点关注"一带一路"为光伏市场拓展带来的新机遇。建议完善"一带一路"投融资体系，在促进沿线国家经济发展的同时带动国内产能出口，实现互利共赢。发挥光伏产业制造优势，提升核心技术水平，打造国际品牌，积极开拓"一带一路"市场，融入沿线国家绿色能源产业发展进程，实现产能及技术输出。同时推动服务模式优化升级，为扩大"一带一路"沿线国家产业合作规模，提供全面、可靠保障。推进互联互通设施建设方面发力，主要是完善安徽铁路、公路、航运、航空等综合交通运输网络；开通更多通达"一带一路"沿线国家和地区的航班。加大对"合新欧"国际货运班列的支持力度，加密班列运营密度。

提升平台承载能力，主要是争创安徽自由贸易试验区；加快开发区、海关特殊监管区、开放口岸、跨境电子商务综合试验区建设，建立跨部门、跨地区的通关通检协作机制；探索与"一带一路"沿线国家共建跨国合作产业园区，营造良好营商环境，推动经贸投资往来。"长江经济带"是"一带一路"的主要交汇地带，安徽努力推动"一圈两带三区"协同发展。结合省内产业结构调整和产能转移的需要，依托行业骨干龙头企业确定重点项目，在市场潜力大、生产能力不足的发展中国家，加快汽车、光伏、纺织家电、建材等境外生产基地的建设和布点，加强国际产能合作，带动相关行业装备出口。同时，发挥本省电力、水利、交通、建筑建材等行业优势，积极推动对外承包工程企业以 BOT、PPP 等模式，参与"一带一路"基础设施互联互通重大项目建设，多渠道延伸产业链，带动安徽装备制造、技术标准、服务出口。

升级改造"安徽省走出去综合信息服务平台"，优化国别投资指南、项目信息、银企合作等内容。加强国别区域研究，特别是针对安徽省重点交往的"一带一路"相关国家或地区，聚焦"企业、项目、机制、人才"四大要素，开展投资环境研究和项目信息收集。继续加大政策资金落实力度，持续支持安徽省企业"走出去"，加强投融资政策研究，在现有省级股权投资基金体系下，以子基金方式设立"一带一路"建设引导基金。健全境外安全应急处置机制，加强风险评估预警，做好安徽省居民、企业的海外领事保护工作，防范"一带一路"国际合作境外风险。围绕合肥综合性国家科学中心建设，加大引进国际科技领军人才和高层次外国专家力度。利用海外引智工作站资源开展形式多样的引才引智活动。加大高层次人才培养力度以及引智项目支持力度，创新人才服务机制。

支持中欧班列做大做强。逐步建立由省相关部门共同参与的协调推进机制，从政策、人才、资金上给予支持，共同保障班列运营。对经海关验收已投入使用的合肥货运北站海关监管场所通关设施进行完善，推进合肥国际内陆港用地立项和报批等工作，加强班列起点站建设。班列运营公司将在组织货源方面加强集疏网点布局，发展跨境电商业务，保障往返程货源充足。加强与“一带一路”沿线国家相关部门联系，借助境外集货网络，积极寻求返程货源。充分利用安徽省沿江近海的优势，加快多式联运和运贸一体化发展，提升信息化水平，开展差异化服务，增强班列盈利能力。

推进对外开放平台建设。强化国际品牌会展、开发园区平台、自贸区试点经验复制推广平台、海关特殊监管区平台等对安徽省参与“一带一路”国际合作的载体支撑作用。积极推动口岸扩大开放，发挥好安徽国际贸易“单一窗口”口岸服务云平台的作用，逐步完善数据交换、作业协同、全程跟踪、统计分析等功能，积极完善国际交通网络。积极推动海关特殊监管区内产业向研发、物流、销售、维修、再制造等产业链高端发展。利用和发挥好重大经贸平台作用，策划一批招商推介项目，开展全产业链招商，加快形成具有保税特色的海关特殊监管区域产业集群。提升投资自由化、便利化水平，加快推进“最多跑一次”改革，实施外资企业商务备案与工商登记“单一窗口、单一表格”受理新模式。积极贯彻国务院有效利用外资推动经济高质量发展若干政策措施，对外资研发机构、重大项目、先进技术项目等给予重点支持。

三、创新人才战略，强化连接能力

加快建立适应“一带一路”建设需要的高素质人才队伍，加强人才培养和国际交流合作。培育和壮大高素质的开放型人才群体，应当成为安徽省进一步发展开放型经济的战略要务。加大对“一带一路”沿线国家国别域情的研究人员、专业技术人才和外语人才的培养力度，鼓励民间教育力量创办“一带一路”沿线国家小语种基地。

延揽更多高层次人才，鼓励企业主动参与国际竞争与合作，积极在海外建立研发中心，继续抢占科技创新制高点。与“一带一路”沿线国家名校加强在科研创新、人才培养等方面的合作。安徽省应研究、制定和发布有效的招才引智政策，推动科技创新的重大平台和良好环境的形成，刺激各国专家学者通过多种形式积极参与和支持安徽创新发展。面向国内外引进高层次人才和顶尖团队来安徽创业，深入实施国家“千人计划”“长江学者奖励计划”“皖江学者计划”等高端人才项目。激励各路“英雄豪杰”来安徽发展，包括优秀的企业家、创业者、研发设计者，通过人才促进产业发展。切实加强人才资源建设，广纳贤才、人尽其才，把优秀人才集聚到发展开放型经济的事业中来。不断创新机制。大胆使用开放意识浓、创新精神足、开拓能力强的优秀人才，充分挖掘现有的人才智力资源，增强安徽省扩大对外开放的核心竞争力。

做好安徽宣传推介活动，树立安徽良好形象，使得海外高层次人才充分认识到安徽机遇，主动发挥聪明才智，以各种适合形式参与安徽科技创新和经济建设，为加快打造内陆开放新高地、建设五大发展美好安徽注入新的动力。

加强人才培养培训合作，积极对接安徽省“走出去”企业的人才需求，探索为沿线国家提供教育培训援助的路径，鼓励和支持高校与沿线各国高校在专业领域开展学生联合培养或中外合作办学，实现学分互认、学位互授。积极对接“一带一路”沿线国家的人才需求，鼓励有条件的城市和高等学校单独设立或与企业、社会力量合作设立“丝绸之路”奖学金，吸引沿线国家优秀学生来安徽学习，将安徽打造为沿线各国学子欢迎的留学目的地。推动高校智库聚焦“一带一路”建设，大力开展前沿问题研究和相关政策研究，为推进“一带一路”建设提供智力支持、决策咨询、理论探讨和实践分析。

着力推动陆上、海上、天上、网上“四位一体”的联通。一是拓宽陆上通道。发挥“合新欧”国际货运专列的重要作用，实现中亚、中东欧及东南亚等沿线国家铁路互联互通。二是拓宽海上通道。深化与上海港、宁波港、南京港的联运合作，加快芜马组合港、合肥、蚌埠、安庆等航运枢纽建设，重点将芜湖港打造成长江中下游上海重要喂给港和集装箱中转港。三是拓宽天上通道。发挥合肥区域性航空中心优势，加密开通“一带一路”沿线航班，加快推进合肥空港经济示范区建设。四是拓宽网上通道。加强电子口岸服务平台建设，主动参与长三角、珠三角、海西经济区信息共享平台建设，推动通关便利化，并发展跨境电子商务。需要突出重点国家，拓展经贸互通领域：一是扩大重点国家进出口贸易。针对沿线国家人口众多，对食品、轻工产品、电子产品等需求量大的特点，推动优势产品“走出去”。针对沿线国家橡胶、原油、农产品等资源丰富的特点，扩大进口贸易。二是扩大在重点国家（区域）的投资。加快推进海螺水泥、安徽省能源集团、交通控股集团等合作项目建设，扩大合作领域。三是扩大重点国家工程合作。发挥安徽水利、电力、交通运输、矿山建设等方面优势，加强工程建设合作。

四、讲好安徽故事，深化民心相通

聚焦“一带一路”上的安徽人，以新闻报道和新媒体传播的方式，全面深入地报道“一带一路”上的安徽成就以及安徽故事，展现安徽建设者的形象和风采，推动“一带一路”建设走深走实。积极扩大和深化与“一带一路”沿线国家教育交流合作和人文交流，讲好安徽故事、传播好安徽声音和安徽文化。设立“留学安徽”奖学金，资助来自“一带一路”国家的留学生攻读博士、硕士和学士学位，吸引各国的学子来安徽留学。深化与“一带一路”沿线国家的语言合作交流，加强在汉语推广和非通用语种学习中的互帮互助，促进中外语言互通。鼓励各高校发挥自身优势，与有关国家加强合作，积极开设非通用语种专业，加快培养安徽省所需非通用语种人才以及既通晓沿线国家语言，又熟知当地政治、经济、文化、宗教等国情的专门人才。并且，鼓励高校与沿线国家的专家学者合作开展中国课题研究。鼓励有条件的各级学校适时将理解教育课程、丝路文化遗产保护纳入课程体系，增进青少年对沿线国家历史、地理、文化等方面的了解。

产业合作可以加快安徽省产业转型升级，打造具有国际竞争力的现代产业体系，进一步夯实对接“一带一路”的产业根基，是深度参与“一带一路”建设的核心和关键。要借助“一带一路”倡议，通过讲好安徽故事，实现自主品牌“走出去”。安徽拥有为数不少的自主品牌，如合力、科大讯飞、美亚光电、奇瑞汽车、江淮汽车、丰原生化、海螺水泥等。这些品牌，有的已经在国际市场上获得了竞争优势，但大多数与发达国家同行业相比，仍处在弱势地位，对外推广难度大。这些企业与“一带一路”沿线国家相比，在价格和技术上具有相当大的比较优势，借助“一带一路”倡议，帮助这些企业“走出去”，支持江淮、奇瑞等汽车企业开发俄罗斯和中亚市场，海螺水泥在缅甸、老挝等东南亚国家全面布局。优势企业的引领将会加速其他企业发展，取得新业绩，助力安徽“走出去”再创新优势。

加快安徽省国家级、省级开发区向质量特色型转变，充分利用国外市场和资源，改造提升化工、食品、纺织等传统产业做大做强电子信息、装备制造、新材料、新能源、生物医药等主导产业。聚焦信息、能源、健康、环境四大领域，统筹基础研究、前沿高新技术、战略性工程技术，提升现有同步辐射、全超导托卡马克和稳态强磁场等大科学工程性能和开放度，力求催生一批变革性技术，努力形成一批支撑创新发展的技术产业成果。以境外直接投资、对外承包工程、出口和技术合作等形式，推动这些产业“走出去”，培育一批具有国际竞争力和市场开拓能力的企业。

服务业正成为国际产业转移的新热点，积极发展开放型现代服务业，放宽服务业外资准入，大力引进和发展工业设计、现代物流、电子商务、金融保险、服务外包等生产性服务业以及满足居民消费升级需求的家庭服务、健康养老、文化教育、娱乐休闲等生活性服务业。依托新亚欧大陆桥经济走廊，加强与沿线国家的物流合作，重点发展多式联运和物流体系，加强与沿线国家铁路公司的信息交换和对接，动态掌握中欧班列全程运行信息。

注重示范引领，促进皖企和徽商“走出去”。一是推动优势企业对外投资。二是推动境外资源合作利用。鼓励矿产地质勘查企业联合赴目的地国家勘探开发资源，支持马钢在马来西亚等沿线国家开展矿山设计、项目建设和矿权收购，铜陵有色赴南亚、东南亚等地区进行资源勘探开发。三是推动境外农业合作开发。支持省农垦集团赴东南亚、中亚、中东欧等地区开展粮食、蔬菜、种业、农产品加工等领域合作。四是推动工程项目融资创新。鼓励外经建设集团、水安建设等企业，参与“一带一路”国家重大基础设施建设。

在经济全球化时代，各国各地发展环环相扣。加强协调合作、实现联动发展是安徽省深度参与“一带一路”建设、探索经济新动能的必经之路。一是与“一带一路”节点省份建立高效联动协调机制，培育安徽良性商业生态系统。深化与长三角区域合作，推进产业和市场的一体化发展。提高口岸对外开放能力，共同提升长江、淮河上下游运输能力。加强与沿海、沿边、沿江城市的口岸通关合作。二是要积极与国际组织、外国（地方）政府、境外商（协）会加强交流合作，建立对话磋商机制和交流制度。邀请国内专家和企业界有经验的人士进行培训，客观、全面地了解和认识相关国家，从心理上“走出去”。三是要深挖与“一带一路”沿线友好省份、经贸伙伴城市的合作潜力，建立有效衔接机制。依托新亚欧大陆桥经济走廊节点城市，物色有实力、互补性强的城市发展友好城市和友好交流关系。深化与俄罗斯，特别是伏尔加河沿岸联邦区的合作。

注重人文先行，着眼于长远，深化与沿线国家的交流与合作。一是提升教育交流合作水平。推进安徽高校与沿线国家尤其是国际友好城市之间，开展校际交流合作。支持省内高校到沿线国家创办孔子学院、合作办学，选派华文教师赴海外任教等。二是精心组织文化交流活动。定期在沿线国家举办“安徽文化周”，拓展面向东南亚、中西亚及中东欧文化市场。要利用“徽商大会”品牌影响力，定期在沿线国家举办徽商大会，组织实施好“丝路书香”工程。三是支持旅游交流合作。协助搭建旅游商品国际展会平台，推出一批具有安徽特色的旅游商品。

第五章　安徽加工贸易发展研究

安徽加工贸易始于 20 世纪 80 年代，在“两头在外、大进大出”的指导思想下，从无到有、从小到大发展起来，逐渐成为安徽省对外经济贸易的重要形式。但安徽省加工贸易起步较晚，总量规模和发展水平远低于沿海发达地区。“十一五”时期以来，受劳动力成本上升、资源趋紧和环境恶化等因素的影响，东部沿海地区产业结构亟待转型升级，以加工贸易为主要形式的传统产业开始向中西部地区转移。2008 年以来，国家出台了一系列支持中西部地区承接加工贸易梯度转移的优惠政策，合肥市、芜湖市、安庆市、马鞍山市陆续成为国家级加工贸易梯度转移的重点承接地，为安徽省加工贸易发展提供重要机遇。安徽省作为中部前沿省份，在承接产业转移中拥有绝对的区位优势，但也面临着中西部其他省份的竞争。因此，安徽省如何把握机遇、应对挑战，积极承接沿海地区产业转移，扩大并巩固省内劳动密集型产业，发展资本、技术密集型的新兴产业，实现全省对外贸易的快速增长是一个值得探究的重要问题。

第一节　安徽加工贸易发展现状

一、加工贸易总量规模不断扩大

自 2007 年商务部、国家开发银行《关于支持中西部地区承接加工贸易梯度转移工作的意见》文件正式下发以来，中部各省开始有序承接沿海地区产业转移，安徽省加工贸易迎来了新一轮的快速增长，加工贸易总量规模不断扩大，内部结构不断优化。2018 年安徽省加工贸易进出口总额达到 135.21 亿美元，是 2008 年的 3.96 倍，年均增长 14.75%。其中，加工贸易出口 96.63 亿美元，是 2008 年的 3.76 倍，年均增长 14.16%；加工贸易进口 38.58 亿美元，是 2008 年的 4.59 倍，年均增长 16.47%，见表5-1所列。除受到全球经济形势的影响外，安徽省加工贸易总量规模不断扩大，加工贸易占对外贸易的比重也呈上升趋势。2018 年，加工贸易占贸易总额的比重由 2008 年的 16.71%上升到 21.47%，仅低于全国 5.99 个百分点。总体来看，近十年安徽省加工贸易在波动中增长，和全国平均水平的差距不断缩小。

表 5-1 安徽省与全国加工贸易对比表 （亿美元）

年份	安徽省加工贸易			全国加工贸易		
	加工贸易进出口总额	加工贸易年均增长率	占贸易总额比重	加工贸易进出口总额	加工贸易年均增长率	占贸易总额比重
2008	34.16	—	16.71%	10534.91	—	41.10%
2009	26.71	-21.81%	17.08%	9093.00	-13.69%	41.19%
2010	41.18	54.17%	17.00%	11577.00	27.32%	38.93%
2011	63.82	54.98%	20.48%	13052.00	12.74%	35.84%
2012	62.87	-1.49%	15.99%	13440.00	2.97%	34.75%
2013	89.49	42.34%	19.61%	13575.00	1.00%	32.64%
2014	117.47	31.27%	23.84%	14086.57	3.77%	32.75%
2015	101.75	-13.38%	20.85%	12414.91	-11.87%	31.41%
2016	96.43	-5.23%	21.73%	11059.42	-10.92%	30.01%
2017	119.37	23.79%	22.25%	11931.78	7.89%	29.05%
2018	135.21	13.27%	21.47%	12704.17	6.47%	27.46%

数据来源：2009—2018 年《安徽省统计年鉴》、合肥海关发布的数据。

二、加工贸易内部结构不断优化

（一）安徽加工贸易增值率较高

安徽省加工贸易内部结构优化首先体现在加工贸易增值率较高，并且一直高于全国平均水平。2018 年安徽省加工贸易增值率为 150.47%，比全国平均水平高 80.97 个百分点。2008 年安徽省加工贸易增值率高达203.31%，2009年又迅速回落至94.81%，全国加工贸易增值率并没有出现集中爆炸式的增长，见表5-2所列。加工贸易增值率的提高在一定程度上能够反映安徽省价值链升级，生产出口了更多高附加值产品。此外，安徽省加工贸易增值系数也呈现出波动中不断增长的趋势，表明近十年来安徽省加工贸易发展规模的扩大和发展水平的提高。

表5-2　安徽省加工贸易与全国加工贸易增值率对比表

年份	安徽省加工贸易出口（亿美元）	安徽省加工贸易进口（亿美元）	安徽省加工贸易增值系数（%）	安徽省加工贸易增值率（%）	全国加工贸易增值率（%）
2008	25.69	8.47	303.31	203.31	78.42
2009	17.65	9.06	194.81	94.81	81.57
2010	27.47	13.71	200.36	100.36	77.36
2011	42.42	21.4	198.22	98.22	77.82
2012	40.65	22.22	182.94	82.94	79.30
2013	53.39	36.1	147.89	47.89	73.14
2014	87.56	29.91	292.74	192.74	68.64
2015	80.14	21.61	370.85	270.85	78.43
2016	71.93	24.5	293.59	193.59	80.14
2017	83.95	35.42	237.01	137.01	76.08
2018	96.63	38.58	250.47	150.47	69.50

数据来源：2009—2018年《安徽省统计年鉴》、合肥海关发布的数据。

（二）出口产品结构优化，出口产品的技术含量提高

近年来，纺织、家具和农副产品等劳动密集型产品的出口比重逐年下降，机电产品和高新技术产品成为安徽对外贸易出口的主要组成部分，安徽省出口商品结构有所改善。2018年全省出口总值为2386.6亿元。其中，机电产品出口为1377.4亿元，同期增长19.6%，占全省出口的57.7%，所占比重较上年增加2.3%；高新技术产品出口665.5亿元，同期增长27.9%，占全省出口的27.9%。这种趋势在加工贸易上表现得更为明显，2017年，机电产品出口是拉动加工贸易出口增长的重要原因，占比超过80%。相比之下，以加工贸易方式出口的服装、纺织、

家具等传统劳动密集型产品比例有所下降。合肥海关数据显示，2017 年前三季度，安徽省机电产品出口额达到 347.2 亿元，同比增长 37%，占全省加工贸易出口总值的 82.3%；以加工贸易方式出口的传统劳动密集型产品仅为 31.2 亿元，在全省加工贸易出口总值占比不足 10%。

（三）进料加工比例较高，贸易方式优化

从加工贸易方式来看，进料加工涉及的是两笔割裂交易：企业使用外汇在国外市场购买加工原材料、辅料等；然后利用本国的技术、设备和劳动力将其加工成成品后，再销往国外市场。在此过程中，进料加工企业要承担材料采购的价格风险以及成品的销售风险，但也有利于企业通过技术创新生产出高附加值产品，以增加企业利润。因此，在进料加工中，企业拥有完全的自主经营能力，进料加工比例的增加意味着加工贸易质量的提高和加工贸易方式的优化。安徽省加工贸易企业一直以来都保持着较好的自主经营能力。安徽省历年来的进料加工贸易在整个加工贸易中所占比重均大于 90%，远远高于来料加工所占比重。其中，2014 年加工贸易所占比重最高，达到了 98.24%，见表 5-3 所列。

表 5-3 安徽省加工贸易方式

年份	进料加工贸易总额（亿美元）	进料加工贸易所占比重（%）	来料加工贸易总额（亿美元）	来料加工贸易所占比重（%）
2008	32.57	95.35	1.59	4.65
2009	25.38	95.02	1.33	4.98
2010	39.52	95.97	1.66	4.03
2011	60.38	94.61	3.44	5.39
2012	59.63	94.85	3.24	5.15
2013	87.52	97.80	1.97	2.20
2014	115.4	98.24	2.07	1.76
2015	99.6	97.89	2.15	2.11
2016	94.02	97.50	2.41	2.50
2017	111.6	93.49	7.77	6.51
2018	126.25	93.37	8.96	6.63

数据来源：2009—2018 年《安徽省统计年鉴》、合肥海关发布的数据。

（四）出口市场、市场参与者多元化格局形成

近年来安徽省进出口市场范围不断扩大，除巩固中国香港地区、美国、欧盟等传统贸易市场外，安徽省积极开拓新兴市场，扩大与周边国家和地区的贸易联系，其中“一带一路”市场增长较快。2017年，美国、欧盟和东盟是安徽省主要的加工贸易出口市场，出口值合计超过同期全省加工贸易总值的50%[①]。此外，随着“一带一路”倡议的提出和实施，安徽省与“一带一路”沿线国家的贸易往来迅速增加。此外，安徽省市场参与者多元化发展的趋势初步显现。在发展加工贸易的初期，外商投资企业是安徽省加工贸易的主要参与者。近年来，安徽省不断鼓励其他性质的企业通过加工贸易的方式参与到国际市场中，从2018年的相关数据来看，其效果较为显著。2018年，民营企业进出口总额达到1773亿元，同期增长25%，占比为43%，其中，睿力公司和晶澳公司增长尤为显著；外商投资企业进出口总额为1284亿元，同期增长10%；国有企业进出口总额为1094亿元，增长3%。

第二节　安徽发展加工贸易的优势

安徽省加工贸易起步较晚，发展进程缓慢，总体贸易水平远不及沿海发达地区。但随着东部加工贸易产业逐渐向中西部地区转移，安徽省作为中部前沿省份，在地理区位、资源、劳动力成本、科研技术、工业基础、政策支持等方面都具有独特的优势，能够为安徽承接东部加工贸易产业转移、发展本省加工贸易提供良好的条件。

一、区位优势

安徽省地处华东地区，横跨长江、淮河，属中国中部六省之一。东邻长三角的江苏、浙江两个经济大省，北接山东，是沿海发达地区

---

① 安徽省人民政府网，http：//www.ah.gov.cn/UserData/DocHtml/1/2017/11/6/5336133677107.html

经济辐射和产业转移的直接受益地区；西连湖北、河南，南接江西，是中部连接东部地区的“桥头堡”，具有承东启西、沟通南北的得天独厚的区位优势。此外，“区域经济”到“流域经济”的发展进一步凸显了安徽的区位优势，皖江城市带依托万里长江黄金水道，紧邻中国经济最活跃、创新能力最强的长三角地区，同上海市、江苏省、浙江省组成具有全球影响力的长江三角洲城市群，辐射中西部地区。如今，安徽省交通运输网不断健全，通达深度大幅提升，形成以高速铁路、高速公路、长江黄金水道为主要通道的多层次现代立体交通网，同东部长三角地区的互联互通水平显著提高。截至 2018 年底，全省公路里程达到 20.9 万公里，其中高速公路通车里程为 4836 公里，基本实现了“南北 6 小时、东西 3 小时过境”；全省内河航道总里程为 6612 公里，通航里程达到 5728 公里；航线网络覆盖了国内外近百个城市，旅客和货邮吞吐量同比增速分别达到了 19.1%和 9.4%[①]。安徽发达的交通基础设施和较低的物流商务成本，为承接沿海地区产业转移提供了得天独厚的条件。

二、资源优势

安徽省是自然资源大省，丰富的土地资源、矿产资源、动植物资源以及水资源等是安徽省能源业、原材料、农副产品加工等传统支柱产业发展的重要基础，也为发展加工贸易、承接沿海加工贸易转移提供了有利条件。目前，安徽省已发现的矿种有 130 多种，且在工业利用上已形成一定规模；矿产资源分布也较为集中，煤炭集中分布于淮南、淮北，而铁、铜、硫、明矾石及其伴生矿产则集中于沿江地区的铜陵、贵池、怀宁等地。此外，安徽省作为全国 13 个粮食主产区和 6 个粮食调出省之一，在农副产品加工业方面具有良好的优势。2008 年，安徽省推出了《安徽省农产品加工业发展实施方案》，将农产品加工业作为安徽省跻身工业强省的重要推动力量。近年来，安徽省农业生产、加工、物流、营销一体化得以发展，产业价值链有所延长，农

---

① 安徽省交通运输厅 http://www.ahjt.gov.cn/ahjt/jtgk/index.html

业结构进一步优化。据省农委统计，2017年安徽省农产品加工产值超过万亿元，同比增长9.2%。与此同时，大力培育农副产品加工龙头企业，加快现代农业园区建设，农业机械化、产业化建设颇具成效。2018年上半年，全省新增农业产业化龙头企业486家，总数达15990家。安徽省农产品加工业的迅速发展为发展农产品加工贸易奠定了基础。

三、劳动力优势

安徽省丰富的劳动力资源、较低的劳动力成本是承接东部沿海地区加工贸易，尤其是劳动密集型产业梯度转移的重要优势之一。截至2017年底，全省总人口达到7059万人，从业人员合计4377.9万人，城镇人口所占比重稳步上升。农机的大量应用和耕地面积的减少释放出大量农村剩余劳动力且城镇非就业人员基数仍然十分庞大，为承接加工贸易转移提供了丰富的劳动力资源。安徽省是劳务输出大省，流向省外半年以上人数达1058万人，其中流向江浙沪地区人口占比较高，2017年流向江浙沪地区半年以上人口占比达到70%以上。随着沿海发达地区生活成本的增高以及就业机会的减少，加上背井离乡的隐性成本，劳动力开始逐渐向中西部回流。据商务部统计，2018年，在东部地区务工的农民工为15808万人，比上年减少185万人。而在中西部地区务工的农民工人数为12044万人，比上年增加378万人，增长3.2%，增速高于全国2.6个百分点[①]。除拥有丰富的劳动力资源外，与东部地区相比，安徽省劳动力成本较低。2017年安徽省城镇非私营单位制造业就业人员年平均工资为59089元，居中部六省首位，但远低于江浙沪地区的年平均工资81047元。低廉的劳动力成本是吸引东部沿海产业转移的重要优势，也会进一步促进安徽省加工贸易的发展。

四、教育和科研优势

安徽教育发达，省会合肥是全国四大科教基地之一，并且是全国首个科技创新试点市，拥有中科大、合工大等国家重点大学以及诸多

① 商务部商务数据中心，http：//data.mofcom.gov.cn/article/zxtj/201901/46838.html

科研机构。在人才培养方面，截至 2018 年末，全省共有普通高校 110 所，研究生培养单位 21 个，每万就业人口中从事研发活动人员 32.1 人，学术技术带头人 739 人，扶持高层次科技人才团队 115 个。在科研方面，安徽省一直以建设创新性省份为目标，不断推进科技研发成果转化。2018 年，全省拥有科研机构 6018 个，其中大中型工业企业机构 1390 个，从事研发活动人员 24.4 万人，各类专业技术人员 230.7 万人。全省登记科技成果 8213 项，专利申请受理量和专利申请授权量分别达 207428 件和 79747 件，研发经费支出 630 亿元，技术市场成交额达 86.2 亿元。以上数据说明，在人力资源和科学研究方面，安徽省都具有一定的实力。

五、良好的产业基础

经过多年的发展与建设，安徽省已经形成以能源业、原材料、化工、汽车及工程机械、农副产品加工、家电等为支柱产业，以机器人、光伏、新能源汽车等创新型产业为突破口，稳定全面的产业格局。2018 年，全省原煤产量达到 11529.1 万吨，发电量超过 2000 亿千瓦时，规模以上工业增加值同比增长 9.3%，增速居中部第一位、全国第四位。安徽省汽车工业依靠江淮汽车集团、奇瑞汽车龙头企业的带动作用，分别在合肥、芜湖形成汽车制造产业集群，带动周边汽车零部件产业的快速发展，现已形成完备的配套设施和产业链条。电子信息制造业发展迅速，2018 年规模以上工业增加值增长 22.2%，对工业增长贡献率居全省首位，阳光电源、天康集团、铜陵精达、芜湖长信进入全国电子信息百强企业，伴随着一批重大产业项目的实施建设，安徽省电子信息产业将迈向高质量发展阶段。

六、政策优势

“十一五”时期以来，东部沿海地区产业逐步向中西部地区转移，国家陆续出台了一系列支持中西部地区加工贸易发展的政策文件，为安徽省加工贸易发展提供了良好的国内环境。2017 年 11 月 22 日，商务部与国家开发银行公布的《关于支持中西部地区承接加工贸易梯度转移工作的意见》中，确定安徽省合肥市、芜湖市作为全国第一批加工贸易梯度转移重点承接地。安庆市、马鞍山市紧随其后，成为第二批、第三批国家级加工贸易梯度转移重点承接地。

目前合肥市、芜湖市都已设立出口加工区，安庆、宣城保税物流中心通过验收并起用，马鞍山综合保税区、合肥空港保税物流中心（B）也于2018年正式封关运营。保税区和出口加工区的建立极大地简化了加工贸易企业的通关手续，且在进口保税、出口退税、免税等方面为企业提供更多的优惠政策。除此之外，国务院于2010年正式批复《皖江城市带承接产业转移示范区规划》，将包括合肥、芜湖、马鞍山、安庆等城市的皖江城市带作为承接产业转移示范区。这是安徽省第一个国家层面的战略规划，为安徽省创造了重大的战略机遇。2016年6月，国家发展和改革委员会印发《长江三角洲城市群发展规划》（以下简称《规划》），将安徽省合肥、芜湖、马鞍山、铜陵等8个皖江城市纳入长江三角洲城市群，以期建设以上海市为核心、紧密联系江浙皖多个城市的具有全球影响力的世界级城市群。这对缩小安徽省与江浙沪的发展差距，形成国际竞争新优势具有重要意义。同年7月，国家发展和改革委员会复函，同意将规划展期至2020年，并将《规划》进一步修订完善。《规划》结合"一带一路"建设、长江经济带发展、促进中部崛起等重大国家战略，强调产业承接和培育新增长点相融合，对皖江示范区发展提出新要求。

第三节 安徽加工贸易存在的问题

一、加工贸易增速放缓，总体发展水平不足

近年来，安徽省加工贸易总量规模不断扩大，但加工贸易增长速度正在放缓。2018年，安徽省加工贸易年均增长率为13.27%，同比下降10.5%，与2010年相比下降41.26个百分点；加工贸易占贸易总额的比重比2008年的16.71%上升4.76个百分点，但仍不及全国平均

水平。安徽省加工贸易额受外部市场影响明显，个别年份由于国际经济环境恶化甚至出现了不同程度的负增长。此外，安徽省加工贸易在全国加工贸易总额中所占比重较低，总体发展水平不足。2018 年安徽省加工贸易在全国所占比重仅为 1.07%，远远低于广东、江苏、上海地区，见表 5 - 4 所列。其中，广东所占份额最大，而广东与江苏两省在全国加工贸易中所占比重超过一半，高达 52.27%。安徽省加工贸易的规模相对来说还比较小，与发达省份还有着较大的差距。

表 5 - 4 2018 年部分地区加工贸易进出口总额

地区	加工贸易进出口总额（亿美元）	占全国加工贸易比重（%）	地区	加工贸易进出口总额（亿美元）	占全国加工贸易比重（%）
广东	4020.80	31.72	浙江	407.88	3.22%
江苏	2605.08	20.55	福建	376.60	2.97%
上海	2352.39	18.56	安徽	135.21	1.07%

数据来源：由海关数据整理得出。

二、产品技术水平低，产业配套不完善

安徽省加工贸易以生产传统劳动密集型产品为主，在价值链分工中也主要从事低附加值的加工组装环节。2018 年，安徽省对外贸易中，机电产品是主要的出口产品，总出口额达到了 207.9 亿美元；高新技术产品出口 100.4 亿美元，所占比重为 27.72%，低于全国平均水平 2.35 个百分点。相关产业配套不完善是导致安徽省出口商品附加值低、技术水平不高的主要原因之一。产业配套不完善制约了省内产业链条的延伸，加工贸易被锁定在价值链的低端，仅进行一进一出的单一工序初级加工装配；加工贸易带来的正向技术溢出效应不高，上下游企业关联度低，高新技术转让较少。从 2014 年起，安徽省加工贸易配套值逐步提高，但是最高还不足 50 亿美元，仍然处于低价值生产阶段。2018 年安徽省加工贸易配套值远远不如广东、上海、江苏、福建等省市。其中广东省是安徽省配套值的 14 倍，上海是安徽省的 12.56 倍。因此，相关产业配套不足、价值链短是当前制约安徽省加

工贸易进一步发展的关键因素。

三、区域发展不平衡

安徽省加工贸易主要集中在合肥和芜湖两市，区域发展不平衡。2017 年，合肥市加工贸易进出口总额为 73.69 亿美元，占全省加工贸易总额的 61.73%。其中出口额为 60.19 亿美元，同期增长 22.39%，占全省加工贸易总出口的 71.70%；进口额为 13.50 亿美元，同期增长 68.34%，占全省加工贸易总进口的 38.11%。同期，滁州市加工贸易出口额为 2.04 亿美元；六安市加工贸易出口额仅为 0.10 亿美元；皖北地区阜阳、亳州、淮南三市加工贸易总出口额仅为 2.1 亿美元。由此可见，合肥加工贸易处于绝对优势地位，并且皖南地区的加工贸易发展状况普遍优于皖北地区，各市之间的发展不平衡。

四、劳动力素质普遍低下，人才流失严重

伴随着全国范围内的产业结构调整升级，各地区上演了激烈的“人才抢夺战”。武汉、南京、杭州等地为争夺人才出台了一系列的优惠政策，如本科生就业享受工资补贴，并可直接落户等。低素质劳动力已经无法满足各地经济发展的需要。正在加速转型的中国经济发展现实决定了中国需要高端、高技术人才，而各地人才储备是产业结构调整的后劲支持。安徽省拥有丰富的劳动力资源，但低素质劳动力所占比重较高。并且由于安徽经济发展水平远不及北京、上海、广州等东部发达地区，相当一部分高素质人才受高薪资吸引选择去东部沿海地区就业，安徽省人才流失情况非常严重。高素质人才的持续流失也是导致安徽省产品技术水平低下、在价值链分工中处于低端的重要原因。

第四节　中部六省加工贸易比较分析

安徽省发展加工贸易面临着区域竞争的挑战。安徽省把握东部沿海加工贸易承接转移机遇，积极培育自己的竞争新优势，合理规划省

内产业布局。经过多年的发展，中部六省加工贸易发展情况已经大不相同。

一、中部六省加工贸易规模

2008 年，安徽省加工贸易进出口总额为 34.16 亿美元，居中部六省第三位；湖北省加工贸易总体规模相对较高，加工贸易进出口总额达到 43.07 亿美元，约是湖南省的 3.78 倍。总体来看，六省加工贸易总量规模较小，发展水平十分接近。经过近十年的发展，各省加工贸易水平都有了较大的提升，其中河南省加工贸易发展速度较快，与中部其他省份的差距加大。2017 年，河南省加工贸易进出口总额达到 518.53 亿美元，约是 2008 年的 20.13 倍，年均增长 139.59%。其中，加工贸易出口 307.36 亿美元，是 2008 年的 20.42 倍，年均增长 139.82%；加工贸易进口 211.27 亿美元，是 2008 年的 19.71 倍，年均增长 139.27%。相较于河南省加工贸易的迅猛增长，江西省加工贸易的发展十分缓慢。2017 年江西省加工贸易进出口总额仅为 42.85 亿美元，远低于中部其他省份。虽然近年来安徽省加工贸易取得了较快的发展，但在中部地区并不占优势，见表 5－5 所列。

表 5－5　中部六省加工贸易进出口总额　　（亿美元）

年份	安徽省	湖南省	江西省	山西省	河南省	湖北省
2008	34.16	11.38	35.27	29.92	25.76	43.07
2009	26.71	10.84	32.63	10.14	22.64	48.32
2010	41.18	11.64	14.80	12.60	31.44	79.00
2011	63.82	17.15	19.49	29.08	128.23	101.56
2012	62.87	63.72	32.35	44.24	303.36	88.32
2013	89.49	76.6	44.14	57.00	384.36	93.17
2014	117.47	87.18	50.62	81.52	422.00	120.42
2015	101.75	99.53	37.06	86.97	507.46	129.74
2016	96.43	72.04	35.61	113.41	483.90	84.38
2017	119.37	103.79	42.85	119.76	518.53	91.62

数据来源：2009—2018 年各省统计年鉴。

二、中部六省加工贸易增值率

虽然安徽省加工贸易的规模在中部六省中并不占优势，但是安徽省加工贸易的增值率一直稳居中部六省前列，加工贸易内部结构有所优化。相较于中部其他省份，安徽省在承接资本、技术密集型产业转移方面更具有优势。和加工贸易整体规模迅速扩张对比明显，河南省加工贸易增值率却一直处于较低的水平，最高仅为83.06%，见表5-6所列。河南省是劳动力资源大省，拥有丰富的劳动力资源且劳动力成本较低。因此，河南省依托要素成本比较优势，大力发展"两头在外，大进大出"的单一工序初级加工装配，省内企业大多从事的是低附加值的加工组装环节。

表5-6　中部六省加工贸易增值率对比　（%）

年份	安徽省	湖南省	江西省	山西省	河南省	湖北省
2008	203.31	159.81	80.16	39.41	40.44	125.68
2009	94.81	69.65	77.92	96.66	83.06	122.82
2010	100.36	86.24	130.65	85.33	77.41	130.82
2011	98.22	74.11	127.60	6.22	47.09	152.37
2012	82.94	50.96	43.06	75.30	51.94	185.22
2013	47.89	42.41	−7.65	138.07	46.13	111.05
2014	192.74	50.23	−4.33	89.41	36.86	70.58
2015	270.85	71.41	26.32	57.48	34.33	59.98
2016	193.59	72.03	14.23	72.05	51.18	246.44
2017	137.01	60.42	−15.98	67.47	45.55	240.53

数据来源：2009—2018年各省统计年鉴。

第五节　安徽加工贸易发展的对策建议

安徽省加工贸易起步较晚，总量规模和发展水平远低于全国平均水平。东部地区产业梯度转移为安徽省加工贸易发展提供重要机遇。但安徽省加工贸易也存在着基础薄弱、人才储备不足、产业配套基础不完善等问题。因此，安徽省应该围绕地理区位、资源丰富等优势积极对接东部沿海产业转移，扩大巩固省内劳动密集型产业，发展资本、技术密集型的新兴产业，培育经济新优势，实现全省对外贸易的快速增长。

一、大力发展生产性服务业，提高产业配套能力

生产性服务业位于全球价值链高端，作为高附加值要素投入产业链的各个环节。生产性服务业在增强自主创新能力、推动产业升级方面发挥着重要的作用。近年来，安徽省把握长江三角洲城市群建设机遇，交通运输网不断健全，通达深度大幅提升，同东部长三角地区的互联互通水平显著提高。但产业配套的现代物流、商务服务、金融保险等与沿海发达省份相比还有一定的距离。加工贸易配套产业不完善，导致无法承接沿海资本、技术密集型的产业转移，在一定程度上制约了安徽省加工贸易的发展。因此，安徽省应加快建设道路等公共基础设施，降低物流成本；建立通关机制，提高通关能力和效率；扩大服务业开放，增加高附加值、高技术的生产性服务进口。与此同时，政府也要加大对科研创新的资金投入力度，鼓励企业进行自主创新，加快省内技术创新步伐；加强对配套企业资金、技术、信息等的支持，发挥政府各部门的作用，最大限度地推动加工贸易相关配套产业的发展，从而促进配套产业群的形成。

二、加大对人才的培养与引进力度

近年来，安徽省的劳动力成本不断上升，部分加工组装生产环节开始由内地向印度、越南等发展中国家转移。随着全国范围内的经济结构升级，廉价劳动力成本的比较优势会逐渐丧失。因此，安徽省加工贸易应从劳动密集型积极向资本、技术密集型转变。而人才结构、人才储备是产业结构调整的重要支持。一方面，要加大对教育的投入力度，提高基础教育素质，即相当于提高了加工贸易劳动者整体素质；另一方面，要加强对高素质人才的培养。政府要加大对教育和研发经费的投入力度，培养出一批加工贸易企业所需的高素质人才。此外，

对加工贸易人才的引进也至关重要。目前，中国各省市之间正在开展一场人才的“抢夺战”。各省市都为了吸引人才出台了相关优惠政策。安徽省也可以在薪资、租房定居等方面出台优惠政策，吸引各地人才来安徽发展。

三、发挥合肥的示范作用，缩小加工贸易区域发展差距

合肥市是安徽省对外开放程度最高的地区，其经济发展在安徽省也处于领先水平。各地政府要积极主动加强对外开放意识，摒弃老旧落后思想，积极鼓励企业参与国际竞争，发展对外贸易。其次，地方政府应为加工贸易扫清一切障碍。加大扶持力度，加快公共设施建设步伐，不断提高贸易便利化水平，提高行政审批等办事效率，积极为企业创造良好的投资融资环境，不断优化营商环境，为当地加工贸易的发展壮大铺路。最后，企业本身要深化“引进来”与“走出去”战略，要主动参与国际合作，把握当下历史机遇，依照自身发展情况积极承接符合企业特色的加工贸易产业类型。发挥合肥市的示范带头作用，积极向合肥市相关企业“取经”。

四、完善营商环境，招商引资与发展加工贸易相结合

营商环境影响招商引资能力，也关系到企业参与国际竞争与合作，是地方经济发展的重要软实力之一。近年来，安徽省采取了诸如减少审批事项、推行网络审批服务、优化企业经营环境、建立保障机制以及建立量化考核机制等措施，虽取得了明显的改善，但与市场需求相比还远远不足。目前，由于信用体系的建设不完备，中小型企业融资难、融资贵的问题依然存在；行政政策还不够规范，不同地区之间缺乏统一的政策标准；出口退税政策还不完善，出口退税进度较慢；地方监管执法不够规范、产权保护力度不够等问题亟待解决。在完善营商环境的基础上，加强基础设施建设，充分利用安徽省自身的地理特点，依托长江经济带着重发展承接沿海的加工贸易，将加工贸易项目作为引进外资的重要媒介，以招商引资促进高新技术产业、龙头企业加工贸易的进一步发展。

第六章　安徽商贸流通业发展总体评价

近年来，安徽省消费市场规模不断扩大，消费结构不断优化，农村电商发展迅速，现代流通体系日益完善，商贸流通业整体保持稳中有进的发展态势。但是，安徽省商贸流通化、信息化水平较低，消费新热点供给不足，流通基础设施有待进一步改善，法治化营商环境有待进一步优化等。因此，在新一轮开放形势下，要切实贯彻党的十九大精神，坚持以市场为导向，进一步深化商贸流通领域的改革和开放，加快商贸流通业的供给侧结构性改革，创新商贸流通模式，促进安徽商贸流通业高质量发展。

第一节　安徽商贸流通业发展现状分析

一、安徽商贸流通业发展的主要成就

（一）消费规模不断扩大，乡村消费潜力持续释放

安徽统计局官网数据显示，2018 年安徽省社会消费品零售总额为 12100 亿元，同比增长 11.6%，整体增速比上年的 11.9%稍有回落，但仍保持着两位数的增长格局，增速居全国第二位、中部第一位，总量也在全国排名中上升一个位次，继续保持高于预期、快于全国的良好态势。2018 年安徽省消费规模不断扩大，城乡市场体系同步发展，农村消费市场不断释放潜力，持续保持快速增长。2018 年安徽省城镇零售额为 9731.8 亿元，增长 11.3%，比上年同期下降 0.4%；乡村零售额为 2368.2 亿元，增长 12.9%，近三年来乡村零售额持续高速增长，领先城镇 1.6%。自 2012 年以来，安徽省乡村消费增速持续高于城镇消费增速，且差距逐渐增大，乡村消费潜力持续释放。

（二）消费结构不断优化，新型业态蓬勃发展

随着居民收入的增加和生活质量的提高，消费结构不断优化，消费升级现象比较明显。安徽统计局官网数据显示，2018 年安徽省城镇常住居民人均消费支出 21523 元，增长 3.8%；七大类消费支出呈现六升一降的趋势，居住、医疗保健、生活用品及服务三类支出的增速位列前三，分别增长 15.9%、11.4%和 8.8%，其中快速增长的住房装饰和医疗服务成为城镇居民消费热点。2018 年安徽省农村常住居民人均消费支出 12748 元，增长 14.8%；七大类消费支出呈现全面增长的态势，生活用品及服务、教育文化娱乐、交通和通信三类支出增速位列前三，分别增长 31.2%、18.2%和 15.6%，家庭耐用消费品、首饰手表化妆品和美容美发、旅馆住宿等个人用品和服务、教育文化服务成为农村居民消费热点。

大数据、云计算、区块链、人工智能等新技术的广泛运用，激发了安徽省商贸流通业新业态、新模式的蓬勃发展，为商贸流通业注入了新动力。新型商业模式不断涌现，城市商业综合体发展较快，成为安徽城市消费市场的新亮点。城乡居民由生存性消费向服务性消费快速转变，特别是以信息传输、互联网为代表的新兴服务业高速发展。安徽统计局官网数据显示，2018 年规模以上工业中，计算机、通信和其他电子设备制造业增长 28.8%，医药制造业增长 17%，高技术产业增加值增长 22.6%、产值占比由 24.7%提高到 29.5%，战略性新兴产业产值增长 16.1%、占规模以上工业比重达 29.5%，工业机器人增长 18.3%，新能源汽车增长 1 倍。

（三）电子商务发展迅速，农村电商亮点纷呈

安徽省持续推进“电商安徽”建设、“电子商务进农村”全覆盖建设，全省电商主体持续增长，电商物流体系不断提升。近五年来，安徽省网络零售额年均增长 40%以上，电子商务日益成为推动全省消费增长的主要动力。2018 年全省有 786 家限额以上批发零售企业开展网络零售业务，较 2017 年增加 217 家，实现网上零售额 492.2 亿元，同比增长 36.1%。网上零售额占限额以上消费品零售额比重由上年的 5.6%提高至 9.0%，网上零售额大幅增长。商务部公布的 2017—2018

年度电子商务示范企业名单中，全国共238家示范企业，安徽省有7家企业榜上有名。

2018年安徽农村电商发展亮点纷呈。安徽省以国家电子商务进农村综合示范建设为契机，在全省推进电子商务进农村全覆盖，加快农村信息基础设施建设和宽带普及，在76个县（市、区）全部建成电商公共服务中心，构建了多站合一、协同发展的县、乡、村三级电子商务物流配送体系，农村电商发展基础得到夯实。各地积极探索农村电商发展路径，启动建设农村电商先进县、示范镇和示范村，着力打造农村特色电商产业基地、创业园，加强与阿里巴巴、苏宁、京东等知名电商企业的合作，先后搭建了京东安徽扶贫馆、京东·合肥电商扶贫特色馆、砀山苏宁易购电商扶贫实训店和砀山扶贫特色馆等一大批电商扶贫馆，通过网销大会等活动，包装推介了砀山酥梨、颍上八里河咸鸭蛋、五河螃蟹、怀远石榴等一批农产品品牌，使安徽省农产品网络销售成为亮点。

（四）流通体系日益完善，开放平台跨越式发展

安徽省先后出台《安徽省人民政府办公厅关于进一步推进物流降本增效促进实体经济发展的实施意见》《安徽省人民政府办公厅关于加快发展冷链物流保障食品安全促进消费升级的实施意见》和《安徽省人民政府办公厅关于印发推进电子商务进农村全覆盖工作方案的通知》等政策，加快普及发展以连锁经营、物流配送、电子商务为代表的现代流通方式，鼓励阿里巴巴、京东、苏宁等知名电商落地安徽，设立仓储中心，基本形成以合肥、芜湖为重点，蚌埠、阜阳、安庆等为补充的物流园区发展格局，并搭建流通网络公共信息服务平台，支持智慧物流企业发展，整合物流产业链上下游相关资源，商贸物流体系日益完善。

2018年，安徽省扎实推进“长三角一体化”经贸合作，各类商贸流通业发展平台建设取得历史性突破。例如，先后建设并验收通过了合肥综合保税区、芜湖综合保税区、蚌埠保税物流中心（B型）等12个进境指定口岸、5个自营进口商品直销中心，扩大了安徽省水果、肉类、粮食、冰鲜水产品等消费品的进出口。同时，完善海关特殊监

管区域等对外开放平台基础设施建设和服务功能拓展，加强中国（安徽）国际贸易“单一窗口”平台功能的完善和运行维护，打造多式联运体系，扩大“合新欧”国际货运班列运行密度和辐射面，现已基本形成集水陆空及跨境电子商务和对外合作服务于一体的全方位、立体化的八大对外开放平台，为安徽省商贸流通业的国际化拓展奠定了基础。

二、安徽商贸流通业存在的主要问题

随着中国经济发展步入新常态，安徽省经济增长速度总体放缓，安徽省商贸流通业由高速增长迈向中高速增长，商贸流通产业长期高速增长下掩盖的一系列问题开始出现。受国内经济增速放缓、居民消费结构变化、新旧业态竞争加剧等影响，安徽省商贸流通业发展遇到了不少新情况、新问题，需要认真研究，加以解决。

（一）现代化、信息化水平较低，商业模式创新能力有待加强

大数据、云计算、区块链、人工智能等现代信息化技术的快速发展，激发了商贸流通业新业态、新模式的发展。但是，安徽省现代流通方式发展与发达地区存在较大差距，传统业态仍居于主导地位，大多数企业对现代信息技术的应用不够深入，特别是在管理信息系统、电子数据交换系统、网上销售、电子订货等技术应用方面较为薄弱。同时，利用新技术、新思维探索商业模式的能力相比发达城市存在很大差距，信息化、规模化的现代大型商贸流通企业很少。由于缺少新型商业模式，安徽省商贸流通业同质化竞争比较激烈。

（二）新兴消费热点供给不足，消费增长后劲有待增强

安徽省商贸流通业虽然保持着良好的增长态势，但增长速度正在逐年减缓，作为核心指标的社会消费品零售总额增速回落，年增速由2016年的12.3%逐渐回落至2018年的11.6%。受消费结构升级的影响，消费从注重量的满足转向追求质的提升，从有形物质商品消费向服务型消费转变，迫切需要商贸流通引领新兴消费领域发展。但是，安徽省在新兴消费领域供给不足，居民对高品质产品和服务的消费需求同供给不足的矛盾日益突出，新的消费热点难以形成，居民消费缺乏新动力，制约了消费规模的持续扩大和升级，消费增长后劲不足。

（三）商贸特色品牌竞争力较弱，辐射带动能力有待提升

安徽省在商贸流通龙头企业发展、品牌化建设和特色化建设方面相对薄弱，导致安徽省商贸流通企业综合竞争力不足，缺乏在国内、国际上具备影响力的大型商贸流通龙头企业。2018 年安徽省限额以上流通领域经营主体虽然近万家，但是大型流通企业数量少，规模以上企业数量不足 1%，且主要集中在制造业和农业领域，入选“中国零售业百强”“中国餐饮百强”数量严重偏少。2018 年安徽省内综合百货业第一的合肥百大集团年营收额仅仅相当于百联集团年营收额的 22%，与发达省市比较，在流通企业综合竞争力和区域辐射带动能力方面存在一定差距。同时，商业特色发展不足，商贸特色品牌较少，且竞争力较弱，城市商圈设计不合理等问题仍然比较明显，没有形成特色鲜明的体验型消费目的地，区域性商贸流通的吸引力和辐射力还有待提高。

（四）商贸流通区域发展不平衡，空间布局有待优化

安徽省商贸流通业区域发展不平衡、不协调现象较为明显，商贸流通资源主要集中在市一级，拥有相当数量人口和广阔地域的县城及乡镇地区的社会消费品零售额只占到了 37%左右。乡村基础设施虽不断完善，但是现代化商业设施主要集中在城市中心区，乡村商业发展明显不足。城郊及乡镇商业设施缺乏，难以满足乡村居民日益增长的消费潜力，严重制约了城乡地区消费需求的释放和商贸流通业的发展。从空间布局来看，2018 年人均社会消费零售额有 9 个市不足 20000 元/年，最高的合肥市为 37371 元/年，最低的宿州市为 9798 元/年，前者是后者的 3.8 倍，地区差异明显，空间布局有待优化。

（五）市场监管力度不足，法治化营商环境亟待建设

安徽省商贸流通领域市场监测运行体系不够完善，商业企业信誉评价机制不健全，管理体制机制有待深化改革，商品流通市场特别是县级及以下市场的有序发展、规范管理、依法保护的良好运行机制尚未真正形成。合肥、芜湖、亳州的肉、菜及中药材流通追溯体系试点建设步伐和应用推广较为缓慢，对酒类流通、汽车流通、成品油、茧丝绸等特殊行业的监管力度不足，未建立起有力的失信惩罚力度，导致违法违规行为时有发生，无法保证商务领域各类企业公平参与市场

竞争，法治化营商环境亟待建设。

第二节　安徽商贸流通业竞争力评价

一、评价方法与评价指标体系

（一）评价方法

商贸流通产业竞争力评价一般采用熵值法、因子分析法、最优权法和离差权法，也有一些学者运用层次分析法、德尔菲法。为了尽量减少主观打分对产业竞争力评价的偏重因素影响，同时使不同量纲的商贸流通业原始数据指标可以进行比较，本节采用熵值法评价安徽省16个地市的商贸流通业竞争力[①]，采用因子分析法评价全国的商贸流通业竞争力[②③]，并将安徽省与中部其他省份进行比较。

熵值法是一种客观赋权方法，熵是对不确定性信息的度量。信息量越大，不确定性就越小，熵也就越小；信息量越小，不确定性越大，熵也就越大。根据熵的特性，可以通过计算熵值来判断某个指标的离散程度，指标的离散程度越大，该指标对综合评价的影响越大。熵值法可以避免主观赋权法的随机性、臆断性问题，对于多指标变量间存在的信息重叠问题，也可以通过熵值法得到有效解决。

因子分析的核心思想是降维，即在充分利用存在着相关性的各项指标的信息的基础上，通过提取出少量综合指标来替代原来的庞大的指标体系，从而达到降维的目的。此外，使用因子分析所提取出的综合指标之间互不相关并且每个综合指标都集中反映了具有内在经济关联的指标项所承载的信息，可以通过对综合指标以合适的命名，来分析商贸流通业竞争力的影响因素。

---

① 宋雪茹，武云亮．安徽省商贸流通业区域竞争力评价——基于16个地市层面的分析［J］．皖西学院学报，2017，33（1）：106－110.

② 王娟．湖南省流通产业竞争力评价研究［J］．湖南商学院学报，2014（4）：23－29.

③ 黄岩，武云亮．“互联网＋”背景下我国商贸流通业竞争力比较分析［J］．商业经济研究，2017（19）：11－12.

（二）评价指标体系

为了使选取的指标能够科学全面地反映安徽省商贸流通业的发展情况，在指标选取时遵循系统性、指标数量适中性、灵活可操作性等原则，以期保证评价尽可能合理、公正、客观，减少主观臆断的误差，同时又易于收集和计算。笔者从流通规模、环境和基础设施、流通效率、流通辐射力、流通贡献与成长、信息化和连锁化六个方面，构建了商贸流通竞争力评价指标体系，见表 6－1 所列。

表 6－1 安徽省各市及中部六省商贸流通业竞争力评价指标体系

指标体系	安徽省各市	中部六省
流通规模	流通产业增加值	流通产业增加值
	社会消费品零售总额	社会消费品零售总额
	限额以上批发零售住宿餐饮从业人员	流通产业从业人员
	流通产业固定资产投资总额	流通产业固定资产投资总额
	公路货运量	货运量
环境和基础设施	人均生产总值	人均生产总值
	人均金融机构年末存款余额	人均储蓄额
	市场开放程度	市场开放程度
	每平方公里公路里程数	每平方公里等级公里
	人均民用汽车拥有量	人均民用汽车拥有量
流通效率	流通资本效率	流通资本效率
	限额以上批发零售住宿餐饮人员效率	流通人员效率
	批发零售库存率	批发零售库存率
流通辐射力	商流辐射力指数	商流辐射力指数
	物流辐射力指数	物流辐射力指数
	货源辐射力	货源辐射力
流通贡献与成长	流通经济贡献率	流通经济贡献率
	流通就业贡献率	流通就业贡献率
	流通业增加值增长率	流通业增加值增长率
	流通业就业增长率	流通业就业增长率
信息化和连锁化	人均固定互联网宽带接入用户	互联网普及率
	人均邮电业务包裹、快递件数	人均邮电业务快递件数
	各市网上销售额	人均电子商务销售额
		连锁经营水平

二、数据来源与处理

数据主要来源于《中国统计年鉴》以及中部六省各省份统计年鉴，安徽省各地市的电子商务水平数据来自阿里研究院，多数指标数据通过直接获取或简单计算得出。

其中，市场开放程度＝进出口总额/*GDP*；流通资本效率＝（社会消费品零售总额＋交通运输业生产总值）/流通产业固定资产投资；流通人员效率＝流通产业增加值/流通产业从业人员总数；批发零售库存率＝批发零售库存额/批发零售销售总额；商流辐射力指数＝社会消费品零售总额/（城镇居民人均消费性支出×城镇人口＋农村居民人均消费现金支出×农村人口）；物流辐射力指数＝（地区货运总量/地区生产总值）/（全国货运总量/国内生产总值）；货源辐射力＝进出口总额；连锁经营水平＝（限额以上连锁零售销售额＋限额以上连锁餐饮营业额）/（限额以上零售企业销售额＋限额以上餐饮企业营业额）。

三、安徽16个地市商贸流通业竞争力评价

根据表6－1商贸流通业竞争力评价指标体系，通过熵值法分析了2017年安徽省16个地市商贸流通业的竞争力状况，并与2016年的评价结果进行了比较。

（一）熵值评价模型

1. x_{ij} 及标准化处理

假设 x_{ij} 表示安徽省第 i 个市的第 j 项指标值（$i=1, 2, 3, \cdots, m$；$j=1, 2, 3, \cdots, n$）。为了消除量纲与量级差异，首先对数据进行标准化处理，再进行非负化处理，对标准化后的数据进行坐标平移。

正向指标：

$$x'_{ij}=\frac{x_{ij}-\min(x_{1j}, x_{2j}, \cdots, x_{mj})}{\max(x_{1j}, x_{2j}, \cdots, x_{mj})-\min(x_{1j}, x_{2j}, \cdots, x_{mj})}+1 \tag{6-1}$$

负向指标：

$$x'_{ij}=\frac{\max(x_{1j},\ x_{2j},\ \cdots,\ x_{mj})-x_{ij}}{\max(x_{1j},\ x_{2j},\ \cdots,\ x_{mj})-\min(x_{1j},\ x_{2j},\ \cdots,\ x_{mj})}+1 \quad (6-2)$$

其中，$\max(x_{1j},\ x_{2j},\ \cdots,\ x_{mj})$ 为第 j 项指标的最大值，$\min(x_{1j},\ x_{2j},\ \cdots,\ x_{mj})$ 为最小值。

2. 计算 j 项指标下第 i 个市占该指标的比重 p_{ij}

$$p_{ij}=\frac{x'_{ij}}{\sum_{i=1}^{m}x'_{ij}} \quad (6-3)$$

3. 计算第 j 项指标的熵值 e_j

$$e_j=-k\sum_{i=1}^{m}p_{ij}\ln(p_{ij}) \quad (6-4)$$

其中，$k=1/\ln(m)$，m 为城市个数，$e_j\geqslant 0$。

4. 计算第 j 项指标的差异系数 g_j

$$g_j=1-e_j \quad (6-5)$$

5. 计算第 j 项指标的权重 w_j

$$w_j=\frac{g_j}{\sum_{j=1}^{n}g_j} \quad (6-6)$$

6. 计算各城市的综合得分

$$s_i=\sum_{j=1}^{n}w_jp_{ij}(j=1,\ 2,\ 3,\ \cdots,\ n) \quad (6-7)$$

（二）熵值评价过程及结果

1. 熵值评价方法的权重确定

根据式（6－1）～式（6－7）可以得到各二级指标所占权重，在此基础上，加总得到各一级指标所占权重，见表 6－2 所列。由表 6－2 可看出，在一级指标权重中，环境和基础设施以及规模指标所占权重均在 0.2 以上，权数较大。由此可见，环境和基础设施和规模指标是影响商贸流通业竞争力的重要因素；而流通效率权重较低，对综合评价影响相对较小。二级指标权重中，人均网上零售额和人均生产总值权数较大，流通业就业增长率所占权重较小。

表6-2　2017年一级指标和二级指标权重

一级指标	权重	二级指标	权重
流通规模	0.2179	流通产业产值	0.0418
		社会消费品零售总额	0.0379
		限额以上批发零售住宿餐饮从业人员	0.0434
		流通产业固定资产投资总额	0.0453
		公路货运量	0.0495
环境和基础设施	0.2099	人均生产总值	0.0564
		人均金融机构年末存款余额	0.0373
		市场开放程度	0.0448
		每平方公里公路里程数	0.0304
		人均民用汽车拥有量	0.0409
流通效率	0.1289	流通资本效率	0.0499
		限额以上批发零售住宿餐饮人员效率	0.0389
		批发零售库存率	0.0402
流通辐射力	0.1424	商流辐射力指数	0.0442
		物流辐射力指数	0.0520
		货源辐射力	0.0462
流通贡献与成长	0.1469	流通经济贡献率	0.0442
		流通就业贡献率	0.0431
		流通业增加值增长率	0.0301
		流通业就业增长率	0.0294
信息化和连锁化	0.1540	人均固定互联网宽带接入用户	0.0374
		人均邮电业务包裹、快递件数	0.0465
		人均网上零售额	0.0702

2. 安徽省各地市商贸流通业综合竞争力评价得分

利用式（6-7）可以计算出2017年安徽省各地市商贸流通业综合竞争力评价得分与排名，具体结果见表6-3所列，并与2016年安徽省各地市商贸流通业综合竞争力得分与排名（表6-4）做对比分析。

表6－3 2017年安徽省各地市商贸流通业综合竞争力得分与排名

城市	流通规模	排名	环境和基础设施	排名	流通效率	排名	流通辐射力	排名	流通贡献与成长	排名	信息化和连锁化	排名	综合得分	排名
合肥市	0.0225	1	0.0183	1	0.0078	12	0.0117	1	0.0111	1	0.0136	1	0.0839	1
淮北市	0.0127	13	0.0132	8	0.0071	14	0.0093	5	0.0083	15	0.0080	9	0.0582	15
亳州市	0.0137	5	0.0113	14	0.0086	5	0.0093	4	0.0101	3	0.0071	15	0.0599	11
宿州市	0.0135	7	0.0108	16	0.0086	6	0.0083	16	0.0096	5	0.0072	14	0.0579	16
蚌埠市	0.0139	4	0.0136	5	0.0085	9	0.0089	9	0.0095	7	0.0085	6	0.0627	5
阜阳市	0.0161	2	0.0112	15	0.0067	16	0.0097	2	0.0091	11	0.0071	16	0.0596	12
淮南市	0.0127	12	0.0119	12	0.0091	3	0.0085	13	0.0092	9	0.0076	12	0.0586	14
滁州市	0.0132	9	0.0133	7	0.0091	2	0.0089	8	0.0088	14	0.0082	8	0.0612	8
六安市	0.0135	8	0.0116	13	0.0086	7	0.0091	7	0.0090	12	0.0072	13	0.0593	13
马鞍山市	0.0129	11	0.0145	4	0.0090	4	0.0084	15	0.0080	16	0.0092	3	0.0613	7
芜湖市	0.0148	3	0.0153	3	0.0069	15	0.0087	11	0.0096	6	0.0109	2	0.0675	2
宣城市	0.0131	10	0.0134	6	0.0076	13	0.0092	6	0.0092	10	0.0087	5	0.0613	6
铜陵市	0.0125	14	0.0167	2	0.0092	1	0.0085	14	0.0089	13	0.0085	7	0.0635	4
池州市	0.0117	16	0.0132	9	0.0085	8	0.0086	12	0.0098	4	0.0079	10	0.0600	10
安庆市	0.0136	6	0.0128	11	0.0084	10	0.0088	10	0.0093	8	0.0078	11	0.0606	9
黄山市	0.0120	15	0.0130	10	0.0080	11	0.0093	3	0.0104	2	0.0090	4	0.0645	3

表 6-4 2016 年安徽省各地市商贸流通业综合竞争力得分与排名

城市	流通规模	排名	环境和基础设施	排名	流通效率	排名	流通辐射力	排名	流通贡献与成长	排名	信息化和连锁化	排名	综合得分	排名
合肥市	0.0224	1	0.0183	1	0.0070	14	0.0128	1	0.0109	2	0.0119	1	0.0834	1
淮北市	0.0125	13	0.0123	9	0.0077	9	0.0096	8	0.0070	16	0.0075	11	0.0566	16
亳州市	0.0136	5	0.0110	15	0.0092	2	0.0096	6	0.0104	4	0.0066	15	0.0604	10
宿州市	0.0135	6	0.0109	16	0.0090	3	0.0091	14	0.0086	15	0.0064	16	0.0573	15
蚌埠市	0.0138	4	0.0128	7	0.0088	4	0.0115	2	0.0102	6	0.0080	8	0.0651	3
阜阳市	0.0157	2	0.0111	14	0.0073	12	0.0103	4	0.0103	5	0.0068	14	0.0615	8
淮南市	0.0129	12	0.0113	12	0.0082	7	0.0091	13	0.0098	9	0.0072	12	0.0585	14
滁州市	0.0131	9	0.0120	11	0.0080	8	0.0091	12	0.0089	13	0.0080	7	0.0592	12
六安市	0.0134	7	0.0112	13	0.0088	5	0.0095	10	0.0088	14	0.0070	13	0.0587	13
马鞍山市	0.0129	11	0.0145	4	0.0084	6	0.0086	16	0.0093	11	0.0085	5	0.0622	7
芜湖市	0.0149	3	0.0155	3	0.0069	16	0.0100	5	0.0101	8	0.0106	2	0.0680	2
宣城市	0.0129	10	0.0130	5	0.0072	13	0.0095	11	0.0093	10	0.0089	3	0.0609	9
铜陵市	0.0123	14	0.0166	2	0.0069	15	0.0096	7	0.0091	12	0.0081	6	0.0626	5
池州市	0.0117	16	0.0122	10	0.0077	10	0.0088	15	0.0119	1	0.0079	9	0.0602	11
安庆市	0.0134	8	0.0124	8	0.0095	1	0.0096	9	0.0102	7	0.0077	10	0.0626	6
黄山市	0.0120	15	0.0130	6	0.0074	11	0.0106	3	0.0109	3	0.0088	4	0.0627	4

由表 6－3 和表 6－4 可以看出，2016 年安徽省 16 个地市商贸流通竞争力综合排名前三为合肥市、芜湖市、蚌埠市；2017 年商贸流通竞争力综合排名前三为合肥市、芜湖市、黄山市。合肥市和芜湖市商贸流通业比较发达，综合实力明显较强。具体特点如下：

第一，在综合竞争力方面，合肥市连续几年综合竞争力排名全省第一，商贸流通发展水平处于绝对领先地位，综合实力遥遥领先。作为安徽省省会，合肥市商贸流通发展水平处于全省领先地位，是其经济实力的体现。芜湖市商贸流通业表现不俗，综合排名稳居第二。2016 年和 2017 年综合排名垫底的分别是淮北市和宿州市，近年来商贸流通业竞争力综合排名一直占据后两位，综合得分较低。总体来看，2016 年和 2017 年安徽省 16 个地市商贸流通业发展较稳定，各市排名均无明显变化。

第二，在流通规模方面，合肥、阜阳、芜湖与蚌埠分值较高，在商贸流通业发展的规模方面具有较强的竞争力，流通业企业产值、数量、规模以及就业优势明显；淮北、铜陵、黄山和池州居于后列，在流通业的产出水平、就业等方面的竞争力比较弱；其他八市在规模竞争力方面居中。

第三，在环境和基础设施建设方面，合肥、铜陵、芜湖、马鞍山分别排在前四位，说明这四个地区的流通业发展的外部环境较好，基础设施的建设、市场开放程度都比较好。主要原因是近年来合肥市大力建设交通枢纽和基础设施，交通运输条件大幅改善，同时依托“一带一路”倡议加快内对外贸易一体化发展，市场开放程度进一步扩大；铜陵是长江经济带重要节点城市和皖中南中心城市，区位条件优越，近年来商贸发展速度较快；芜湖和马鞍山作为中转港口，对外开放程度较高且物流基础设施建设完善，进一步优化了其流通业发展的外部环境。而六安、亳州、阜阳和宿州居后四位，流通业发展的外部经济条件相对较差；其他八市在外部市场环境竞争力方面居中。

第四，在流通效率方面，铜陵市连续两年排名第一，主要原因在于近年来，铜陵市经济持续快速发展，有力地带动了物流业的发展，促进了物流基础设施的完善，连锁经营、物流配送、电子商务等新型流通方式不断拓展并逐步形成大流通格局；芜湖、阜阳排名后两位。芜湖市应借助跻身为国家物流标准化试点城市这一优势，积极寻找提高流通效率的途径。

第五，在流通辐射力方面，合肥、阜阳、黄山和亳州对周边城市及产业的辐射力居于前列，合肥市由于城市规模和省会城市的优势，对安徽地区具有商业辐射能力，在流通业竞争中居于前列。而宿州市由于物流基础设施条件和信息化建设落后，物流辐射力较弱，流通辐射力排名垫底，其余城市除蚌埠由 2016 年的第 2 名下降为 2017 年的第 9 名，下降幅度较大外，其余城市均无明显波动。

第六，在流通贡献与成长方面，合肥、黄山、亳州和池州对本地区的产值、就业以及税收的贡献方面居前四位；马鞍山、淮北、滁州、铜陵、六安等城市和宿州在这几个方面的贡献竞争力则较弱。铜陵和阜阳两市退步明显。

第七，在信息化与连锁化水平方面，合肥、芜湖、马鞍山和黄山表现突出，六安、宿州、亳州和阜阳表现较差。信息化与连锁化指标排名的靠后说明该地区的电子商务发展还有欠缺。

四、中部六省商贸流通业竞争力评价

根据表 6－1 商贸流通业竞争力评价指标体系，运用 SPSS 21.0 软件，通过因子分析法分析全国商贸流通业的竞争力状况，对 2017 年全国商贸流通业的竞争力状况进行评价，再将安徽省与中部地区其他省份进行比较。

（一）公共因子特征值及贡献率

由相关系数矩阵 $\boldsymbol{R}$ 计算得到特征值、方差贡献率和累计贡献率，2017 年的前 4 个因子的特征值均大于 1，有较强的解释力度，累计贡献率为 82.131％（表 6－5），因此选择前 6 个因子作为公共因子，这样可以更好地描述地区的流通产业竞争力水平。

表 6－5 2017 年公共因子的特征值和累计贡献率

成分	初始特征值			旋转平方和载入		
	合计	方差的％	累计％	合计	方差的％	累计％
1	8.900	37.085	37.085	5.579	23.246	23.246
2	3.913	16.303	53.387	5.061	21.086	44.332
3	2.466	10.283	63.67	2.732	11.385	55.717
4	1.708	7.116	70.787	2.421	10.087	65.804
5	1.437	5.896	76.773	2.08	8.667	74.472
6	1.286	5.358	82.131	1.838	7.66	82.131

（二）因子载荷矩阵

由于初始因子载荷矩阵系数不是很明显，为使因子载荷矩阵中系数向 0～1 分化，对初始因子载荷进行方差最大旋转。

1. 因子载荷矩阵及因子命名

2017 年数据旋转后的因子载荷矩阵见表 6－6 所列。

表 6－6 2017 年旋转后的因子载荷矩阵

指标	成分					
	1	2	3	4	5	6
流通产业增加值	0.878	0.163	0.276	0.227	0.042	0.189
社会消费品零售总额	0.919	0.1	0.217	0.185	0.051	0.192
流通产业从业人员	0.735	0.579	0.162	－0.166	0.054	0.155
流通产业固定资产投资总额	0.786	－0.263	－0.081	0.216	0.177	0.326
货运量	0.846	－0.067	－0.049	0.284	0.098	－0.32
人均生产总值	0.179	0.653	0.57	0.022	－0.009	0.324
人均储蓄额	0.673	0.309	0.136	－0.396	－0.162	－0.171
市场开放程度	0.344	0.765	0.421	－0.195	0.105	0.137
每平方公里等级公里	0.421	0.575	0.041	0.237	0.368	0.221
人均民用汽车拥有量	0.103	0.289	0.823	0.184	－0.163	－0.001

（续表）

指标	成分					
	1	2	3	4	5	6
流通资本效率	0.329	0.712	0.223	0.179	−0.053	−0.117
流通人员效率	0.332	−0.32	0.289	0.753	−0.12	0.06
批发零售库存率	−0.061	−0.135	−0.027	−0.101	−0.761	0.151
商流辐射力指数	0.416	0.145	0.132	0.391	−0.372	0.495
物流辐射力指数	−0.087	−0.27	−0.182	0.151	0.013	−0.864
货源辐射力	0.74	0.397	0.403	−0.233	0.001	0.076
流通经济贡献率	0.041	0.484	−0.026	0.571	−0.269	−0.038
流通就业贡献率	−0.218	0.935	−0.056	0.009	0.034	0.054
流通业增加值增长率	0.141	−0.109	−0.098	−0.234	0.782	0.223
流通业就业增长率	−0.053	0.029	0.008	−0.755	−0.026	0.071
互联网普及率	0.388	0.118	0.686	0.096	0.33	0.206
人均邮电业务快递件数	0.337	0.601	0.558	−0.173	0.076	0.166
人均电子商务销售额	0.019	0.844	0.279	−0.209	0.017	0.163
连锁经营水平	−0.098	0.075	0.392	−0.144	0.545	−0.372

由表6-6可知，公共因子 F_1 在流通产业增加值、社会消费品零售总额、流通产业从业人员、流通产业固定资产投资总额、货运量、人均储蓄额、货源辐射力上有较大的载荷，主要反映商贸流通规模和流通业成长的因素；公共因子 F_2 在人均生产总值、市场开放程度、每平方公里等级公里、流通资本效率、流通就业贡献率、人均邮电业务快递件数、人均电子商务销售额上有较大的载荷，主要反映商贸流通环境的因素；公共因子 F_3 在人均民用汽车拥有量、互联网普及率上有较大的载荷，主要反映基础设施的因素；公共因子 F_4 在流通人员效率、流通经济贡献率、流通业就业增长率上有较大的载荷，是反映流通人员效率的因素；公共因子 F_5 在批发零售库存率、流通业增加值增长率、连锁经营水平上有较大的载荷，主要反映流通贡献的因素；公

共因子 F_6 在商流辐射力指数、物流辐射力指数上有较大的载荷，是反映流通辐射力的因素。

2. 因子得分及排名

按各公共因子对应的方差贡献率为权数，计算 2017 年各省综合得分：

$$F = F_1 \times 0.283035 + F_2 \times 0.256736 + F_3 \times 0.138620 + F_4 \times 0.122815 + F_5 \times 0.105526 + F_6 \times 0.093265 \quad (6-8)$$

计算出综合得分后，将各公共因子得分及综合得分排名，绘出表 6－7、表 6－8 和表 6－9，表 6－9 是 2016 年因子分析得分结果。

由表 6－7、表 6－8、表 6－9 可以看出，2016 年中部六省商贸流通竞争力综合排名的前三名为河南省、湖北省、湖南省，中部六省商贸流通业竞争力整体不强且差距明显。河南省和湖北省的综合得分均大于 0，说明其商贸流通业竞争力在中部地区处于领先地位。

2017 年中部六省商贸流通竞争力综合排名前三名为河南省、湖北省、湖南省。中部六省得分在全国位置中，安徽省、湖南省、江西省、山西省商贸流通综合竞争力有明显提升，其中江西省增速明显，上升了 8 个位次，这可能受长江经济带中心区域或中心城市发展较快的影响。河南省、湖北省名次略有下降。

就安徽而言，从因子分析法的分析结果来看：

第一，在综合竞争力方面，2017 年安徽省综合得分较 2016 年在全国排名提升 4 位，说明安徽省流通产业发展态势良好，在中部六省中排名仅次于河南省。但就全国范围来看，安徽省商贸流通产业的竞争力还比较弱，同东部地区相比，差距依然很大。

第二，在流通规模竞争力和流通业成长方面，2017 年安徽省全国排名第 5 位，说明安徽省商贸流通业规模较大，流通业成长性较好。

第三，在流通辐射力和流通基础设施方面，2017 年安徽省全国排名分别为 30 位和 23 位，说明流通基础设施建设滞后，流通辐射能力较差。

表 6-7　2017 年中部六省得分在全国中位置名次

省份	F_1	排名	F_2	排名	F_3	排名	F_4	排名	F_5	排名	F_6	排名	F	排名
安徽省	0.73445	5	−0.28208	15	−0.75393	23	−0.24943	18	0.37074	12	−2.01134	30	−0.32571	19
河南省	0.78015	4	−0.07567	13	−1.13179	31	0.39325	11	0.38831	11	0.62981	11	0.192508	10
湖北省	0.46805	8	−0.02297	11	−1.00574	28	−0.02174	14	0.28468	15	0.83595	7	0.092498	13
湖南省	0.43308	9	−0.49994	21	−0.88086	26	0.41827	9	0.16955	17	0.11426	17	−0.047961	15
江西省	−0.21972	16	−0.42137	19	−0.23635	16	−0.60762	24	0.94477	2	−0.57436	23	−0.231627	21
山西省	−0.26041	19	0.1463	8	−0.26569	17	0.63449	6	0.09214	18	−1.42279	28	−0.118023	18

表 6-8　2017 年根据在全国得分对中部六省的排名

省份	F_1	排名	F_2	排名	F_3	排名	F_4	排名	F_5	排名	F_6	排名	F	排名
安徽省	0.73445	2	−0.28208	4	−0.75393	3	−0.24943	5	0.37074	3	−2.01134	6	−0.32571	5
河南省	0.78015	1	−0.07567	3	−1.13179	6	0.39325	3	0.38831	2	0.62981	2	0.192508	1
湖北省	0.46805	3	−0.02297	2	−1.00574	5	−0.02174	4	0.28468	4	0.83595	1	0.092498	2
湖南省	0.43308	4	−0.49994	6	−0.88086	4	0.41827	2	0.16955	5	0.11426	3	−0.047961	3
江西省	−0.21972	5	−0.42137	5	−0.23635	2	−0.60762	6	0.94477	1	−0.57436	4	−0.231627	6
山西省	−0.26041	6	0.1463	1	−0.26569	1	0.63449	1	0.09214	6	−1.42279	5	−0.118023	4

表 6-9　2016 年中部六省得分在全国中位置名次

省份	F_1	排名	F_2	排名	F_3	排名	F_4	排名	F_5	排名	F_6	排名	F	排名
安徽省	−1.00603	31	0.54606	9	−0.33735	25	0.30983	12	−1.45247	28	1.13439	2	−0.28028	23
河南省	−0.74452	25	1.03297	4	0.72097	3	1.02492	3	0.58475	9	0.05806	19	0.201387	8
湖北省	−0.5923	22	0.79281	6	0.30812	14	0.91594	4	0.52332	10	−0.34124	23	0.11037	10
湖南省	−0.83582	26	0.62698	8	−0.23686	24	−0.2955	23	−0.17762	19	−0.7102	27	−0.27889	22
江西省	−0.59142	21	−0.0875	15	−0.21417	23	0.04803	15	−1.61645	29	−0.72987	28	−0.46844	29
山西省	−0.49193	19	−0.3288	21	−1.47605	30	−0.07982	19	0.09347	14	1.02067	4	−0.32585	24

第三节　安徽商贸流通业发展的政策建议

安徽省目前正处于经济结构加快调整和转型升级的关键时间，经济发展新常态促使商贸流通的先导性引领作用增强。为进一步发挥商贸流通对经济的基础性支撑作用和先导性引领作用，提升商贸流通信息化、标准化、集约化、法治化水平，努力为全省经济提质增效提供持久强劲的动力。安徽省要通过推进商贸流通业创新发展、提升市场消费水平、强化集约化发展、推进国际化拓展、完善物流体系建设、优化商贸流通业市场环境，从总体上提升商贸流通业发展水平和竞争能力。

一、加快信息化建设，提升流通创新发展水平

（一）推动流通企业信息化

鼓励各类企业深入应用现代化信息技术推动产业组织、商业模式、供应链、物流链创新，以智能制造为突破口，加快信息技术与制造技术、产品、装备融合创新步伐，推广智能工厂和智能制造模式，全面提升企业研发、生产、管理和服务的智能化水平，拓展智能消费领域，提高智能化产品和服务的供给能力和水平。在营销、支付、售后服务等方面应用大数据加强对时尚运行的监测分析、锁定目标受众、实施精准营销和个性化服务，全方位满足消费需求并与政府联合，建立社会紧密互动的大数据采集机制，形成高效率的商贸流通综合数据平台。加快运用互联网技术推进物流标准化，推动智慧物流信息平台建设，推进第三方物流配送服务，促进流通资源共享，提高资源利用率和流通效率。

（二）鼓励线上线下融合发展

当下，商业模式创新层出不穷，线上线下融合发展成为促进消费的新途径和商贸流通创新发展的亮点。鼓励传统商贸企业，拓展线上业务，采用门店交易与线上交易协同发展的模式，通过互联网展示、

销售商品和服务；鼓励线上品牌开设线下店或者与线下企业合作，开展合作消费，将线上引客和线下真实体验、物流配送等优势融合，提高全渠道营销能力；鼓励零售企业与创意产业、餐饮企业等多种产业方式融合发展，通过线上线下互动，开展全渠道经营，实现跨行业联动；支持批发业通过线上线下互动，由商品批发向供应链管理服务转型；鼓励生活服务业通过线上线下互动，探索“电子商务＋社区终端”便利智能化生活新模式，整合零散的社区服务资源，打造多层次、多业态的便民服务体系。

（三）促进商贸发展模式创新

推动企业商业经营模式转变。鼓励零售企业转变商业经营模式，创新商业业态，结合体验式消费向智能化、主题商城等综合服务体转型。支持实体企业发展 O2O 跨境商务与跨境保税直营店结合的新型商业模式，力推实体店转型，促进商业模式创新，增强经济发展新动力。鼓励企业倡导绿色低碳发展模式，加快设备的节能环保改造，推动资源能源的集约发展，实现生产过程绿色化，遏制流通环节造成的污染和浪费。

二、积极拓展消费需求，大力发展电子商务

（一）积极拓展消费需求

安徽省在新兴消费热点方面供给不足，应推动流通业与金融业、文旅业、信息业、养老业融合发展，挖掘农村消费潜力，扩大城镇居民消费规模，逐步引导海外和省外消费回流，扩大市场有效供给。联合金融业创新消费金融，鼓励金融机构设立消费信贷专营部门，创新消费金融服务种类，支持住房、汽车和健康养老等大宗消费的线上、线下信誉透支和分期信贷业务消费，继续推广移动支付等支付方式，提升居民金融消费的便利性，稳步促进消费；联合文旅业拓展体验消费，依托黄山、九华山等国际著名旅游目的地，将商业与旅游、文化深度融合，延伸消费链条，大力发展服务消费。支持合肥等中心城市以会展中心为载体，开展各类大规模、高质量的国际文化体育会展活动，打造商业综合体，推动餐饮、住宿、家政等居民生活服务业转型

发展，丰富服务内容，提升服务品质，创新服务方式，增加有效供给；联合信息业增强信息消费，发挥国家信息消费试点示范城市、国家级信息消费创新应用示范项目及省级信息消费试点的引领作用，支持合肥创建“中国软件名城”，打造中国智能语音产业基地（中国声谷），推进合肥、芜湖、阜阳信息惠民国家试点城市建设，积极创建国家数字家庭示范应用产业基地，逐步形成区域信息消费新模式，带动全省信息消费快速发展；联合养老业开拓银色消费，积极应对人口老龄化趋势，推进以市场化发展养老服务产业试点工作，扩大老年消费需求，加强健康养老新兴服务消费供给。

（二）大力发展电子商务

2018 年安徽省电子商务行业表现亮眼，安徽省应继续推进“电商安徽”建设，不断细化实施方案，构建电商发展支撑体系，营造持续向好的发展环境。加快推进合肥、芜湖国家电子商务示范城市建设，继续推进合肥市国家移动电子商务金融科技服务创新试点。引导电子商务企业入驻综合保税区，制定省级示范评定标准，促进电子商务集聚发展。支持农村电商的发展，全面推进电子商务进农村全覆盖工作，举办安徽省网商大会、安徽好网货大赛，搭建电商展示展销对接平台，大力推介安徽优秀电商企业和产品，努力营造电商发展的良好氛围，持续推动安徽省农产品上线。加强省级电商统计监测系统应用，发挥电商大数据对政策引导和决策参考作用。加强电子商务基础设施、投融资环境、信用、安全、人才培养等支撑体系建设，推动电子商务健康有序发展

三、加快流通业国际化步伐，提升流通辐射力度

（一）提高商贸流通开放水平

为提高商贸流通业整体开放水平，安徽省必须进一步强化大开放理念，实施更加积极主动的对外开放战略，逐步在开放的广度、深度、高度上实现新的突破。广度上，深度融入国家“一带一路”倡议以及长江经济带、京津冀协同发展战略，借力苏浙沪“走出去”优势，加快大通道大平台大通关建设，积极构建东西双向互动、对内对外联动

的开放新格局；深度上，推动外资准入负面清单的实施，加大招商引资力度，创新招商机制，扩展渠道招商、市场招商、产业链招商、特色资源招商等多种方式，吸引更多国内外企业来安徽省投资兴业，以投资促进市场良性竞争，增加高质量产品和服务的供给，切实推进利用外资提质增效；高度上，抓住国家进一步放宽市场准入的机遇，推进服务业开放，深化农业、采矿业、制造业开放，加快电信、教育、医疗、文化等领域开放进程等机遇，支持跨国公司在安徽省设立采购、营销等功能性区域中心，鼓励省内大型企业开拓海外市场，促进内对外贸易易融合发展，打造对外开放新高地。

（二）加强流通品牌建设

积极引进具备独特品牌价值和优秀运营模式的国际知名企业品牌、商品品牌和服务品牌，拓宽商业合作渠道与国际接轨，从而做强本地商业品牌。加强营造品牌发展环境，鼓励安徽省商贸流通企业创立和维护商标信誉，设立创名牌奖励专项资金，对被评为国家名牌产品的企业，给予奖励，将现有的品牌扶持政策覆盖到商贸流通领域，壮大一批具有国际竞争力的本土商业品牌部，提高本土商贸流通企业品牌的市场认知度和信誉度。加大各市非物质文化遗产的保护力度，注重老字号传承与创新，提升老字号品牌价值，支持建设特色商业区，推动街区引进新模式、新业态以及老字号企业，增强街区集聚和辐射能力，打造出一批如老乡鸡、同庆楼等具有本地特色的老字号餐饮、零售专业市场品牌，建设省级特色商业示范街区，并引导企业利用展会、媒体等平台，整体展示和推介安徽省老字号，提升其知名度和影响力。

（三）加快流通企业“走出去”步伐

安徽省应主动融入“一带一路”倡议，推动商贸流通企业国际化，支持省内流通企业“走出去”。鼓励余良卿号、寿春堂、耿福兴、红星宣纸等一批有影响力的“皖牌”企业设立出口加工区、境外营销中心和综合保税区等，推动流通渠道向外扩展，扩大品牌的国外影响力。引导各地企业加强与跨境电商平台企业沟通衔接，举办跨境电商与对外贸易企业业务对接活动，加快推进中国（合肥）跨境电商综合试验区建设，构建跨境电商产业园，完善配套产业链，形成集群效应，打造良好的跨境电商生态圈。支持企业建设运营或租赁使用海外仓，提升合肥空港报税物流中心、芜湖综保区等进口保税物流仓储能力，通过完善省内外物流体系资源，鼓励有实力的企业建设一批跨境电子商务公共海外仓，拓展海外市场，加快流通企业走出去步伐。

四、优化商贸流通空间布局，提升流通供给水平

（一）构建城乡一体化流通网络

安徽省区域协调发展不足，城乡商贸水平发展不一致，乡村商贸基础设施与城镇之间仍存在差距。安徽省应将农村市场体系建设纳入城镇化规划，推进集零售、餐饮、文化娱乐、配送等方面于一体的多功能乡镇商贸中心建设，形成一批具有带动引领作用的示范型商贸强镇。加强农村物流体系建设，引导大中型商贸流通企业合理布局建设农村商品配送中心、乡镇商贸中心和农村直营连锁店，建成多站合一、协同发展的县、乡、村三级商品流通网络，逐步完善农村地区工业品、农产品双向畅通的流通渠道。推动农产品骨干网络建设，支持农村电商的发展，将乡村农产品与城市的批发市场和大型商场对接，建立以城带乡、城乡融合的流通一体化发展机制，构建高效畅通的城乡一体化流通网络。

（二）优化流通网络空间布局

安徽省 16 个城市综合竞争力得分差距明显，商贸流通业整体发展不均衡。安徽省应落实全国流通节点城市布局规划，优化安徽省流通体系规划，合理布局流通节点城市。根据各市流通业的发展情况，加快沿江物流主干道和区域性商贸物流中心建设；支持综合得分第一的合肥打造国家级流通节点城市，支持芜湖、铜陵、蚌埠、安庆等流通业发展水平居中的城市打造区域级流通节点城市；对于商贸流通业发展欠发达的城市根据各地优势打造地区级流通节点城市。借助节点城市的集散能力、辐射功能和中转效率，引导皖北和大别山区地区发展农副产品和药材交易市场，皖南和皖西建设文化旅游特色商品集散中心，完善不同层级、布局合理、畅通高效的商贸流通网络体系。

（三）完善现代化物流体系

安徽省具有较好的物流区位环境，但 2017 年流通辐射力在全国排

名明显靠后，安徽应加快建立开放的、产销一体化的具有安徽特色的现代物流产业体系，为提升安徽省商贸流通业供给水平的提高提供支撑保障。安徽省应推进“互联网＋”物流园区建设，加强云计算、大数据、物联网等先进信息技术在物流园区中的应用，提升园区在信息发布、仓配管理、追踪溯源、数据分析等领域的服务水平。引导物流园区通过电子化、数据化的方式采集物流交易和物流活动信息，促进车源、货源和物流服务等信息高效匹配。同时还应该大力支持智慧物流企业发展，培育引进重大物流企业，加大对合肥维天运通、芜湖共生物流等大型平台企业的支持力度，规划建设商贸服务型物流园区，整合物流产业链上下游相关资源，逐步形成布局合理、配置高效、功能完善的物流服务网站，提高流通业供给水平。

五、健全法制化营商环境，提升流通治理水平

（一）完善重要产品追溯体系

完善追溯体系建设，积极探索重要产品追溯体系建设试点工作，推进跨部门、跨地区追溯体系对接，推进追溯体系与互联网融合。一是以农产品、视频、药品以及其他对消费者身体健康有较大影响力的商品为重点，利用现代信息技术建设来源可追、去向可查、责任可究的信息链条。二是逐步扩大追溯商品范围，延伸重要商品追溯链条，深化追溯体系应用，保证重要商品从生产到销售各环节的可追溯性。三是完善追溯体系管理体制，加强区域间的协调，推进跨部门、跨地区追溯体系对接和信息互通共享，实现与国家重要商品追溯体系管理的衔接。

（二）加快商务诚信体系建设

加快构建企业信用评价体系，坚持信用与监管相结合，建立并完善行政管理信息共享、市场化综合信用评价、第三方专业信用评价机制。鼓励行业协会利用大数据联合建立企业信用档案，介入全省统一的信用共享交换平台，开展行业信用评价，对信用良好的企业给予财政补贴。加大企业失信惩罚力度，建立健全商务诚信制度规范和标准体系，加快信用体系建设，利用商务大数据平台建立信用信息记录和

共享机制，建立规模以上企业电子商务统计调查制度，建立健全企业经营异常名录，对失信企业设置“黑名单”，依法向社会提供信用信息查询，形成高效率的商贸流通数据平台，完善商贸流通领域市场监管体系，逐步形成“守信激励、失信惩戒”的诚信约束机制，提高流通领域经营主体的诚信意识和信用水平。

（三）加强监管执法能力建设

安徽省应打造良好的法治化营商环境，确保流通业的高质量发展。提升市场监管执法效能，加强商务执法能力建设，健全举报投诉渠道，建立监管互认、执法互助、信息共享的综合监管与联合执法机制，规范执法行为，提升执法人员职业素质。健全区域间执法协作机制，推进长三角地区案件线索和信息共享。创新电子商务监管模式，加强商品追溯信息、大数据等信息技术在流通领域监管执法中的应用，加强事中、事后监管，提高市场监管水平。

第七章 安徽零售业发展专题研究

第一节 安徽零售业面临的发展环境

一、宏观经济环境平稳

2018 年，安徽省坚持以习近平新时代中国特色社会主义思想为指导，全面落实中央、省委经济工作会议和省“两会”精神。坚持稳步发展的基调，坚持推进优质经济发展，认真贯彻落实中央“八字政策”和“六稳”工作要求，协调和促进稳定增长，推动改革，调整结构，造福民生，防范风险，增强市场各行各业的信心，加强零售业发展潜力。

2018 年安徽省利用自身地理位置的优势，抓住长三角一体化战略发展机遇，经济运行态势良好，质量效益有所提高，居民生活水平不断改善（表 7－1）。据安徽省统计局官网发布的数据，2018 年全省生产总值达到 30006.8 亿元，占全国生产总值的 3.33％。按可比价格计算，比 2017 年增长 8 个百分点，增速位居全国前列。2018 年安徽省服务业增速高于第一产业和第二产业，增加值达到 13526.7 亿元，增长 8.6％，约占全省生产总值的 45.1％，比上年提高 3.6％。第一、第二、第三产业的结构占比由上年的 9.6∶47.5∶42.9 转变为 8.8∶46.1∶45.1。其次，省内居民收入明显提高，物价基本保持稳定。全年全省城镇居民人均可支配收入达到 34393 元，与上年同期相比增长 8.7％，与全国城镇居民人均可支配收入 39251 元相差 4858 元；全省农村居民人均可支配收入 13996 元，与上年同期相比增长 9.7％，与全国农村居民人均可支配收入 14617 元相差 621 元，差距比上年缩小 53 元。城乡居民人均收入倍差相比 2017 年的 2.48%缩小了 2 个百分点。全省就业形势乐观，居民消费价格上涨，较全国 2.1%的涨幅低 0.1%，在年控制目标以下。同时，2018 年安徽省市场销售保持稳定增长的态势，网上零售额波动较大，呈快速增长的态势。全年全省社会消费品零售总额达 12100 亿元，占全国社会消费品零售总额的 3.18%，增长率达 11.6%，居全国第 2 位，与 2017 年相比前移 4 位。其中，限额以上消费品零售额相比上年增长了 11.5%，达到 5453.2 亿元，占全省社会消费品总额的 45%[①]。

表 7－1　安徽省经济运行总体情况

地区生产总值（本季度累计）	地区生产总值（亿元）	比上年同期增长（%）
2017 年一季度	5826.82	8.40
2017 年二季度	12645.41	8.50
2017 年三季度	19811.35	8.30
2017 年四季度	27518.67	8.50
2018 年一季度	6601.41	8.10
2018 年二季度	14263.97	8.30
2018 年三季度	21632.94	8.20

资料来源：安徽省统计局网站。

二、零售业政策环境不断完善

2018 年，为深入学习贯彻党的十九大精神，党中央、国务院、安徽省委省政府坚持以习近平新时代中国特色社会主义思想为指引，出台了一系列有利于零售业繁荣兴盛的惠民政策，推动零售业特别是农村电子商务深入发展。安徽省商务厅积极抓住消费升级的新机遇，在行业发展指导、相关保障政策、财政补贴等方面支持安徽省零售业的

① 数据来源于《安徽省 2018 年国民经济和社会发展统计公报》和安徽省统计局官网发布的数据。

创新转型，落实供给侧结构性改革，提高市场供给质量和效率。

首先，安徽省进一步强化政策支持，重点改造和提升商圈品质，扩大中高端商品的进出口规模，并在主要城市创建绿色购物中心。在全省范围内实施促进消费升级的战略措施，进一步优化零售业消费环境，释放零售市场消费潜力。推动业态与资源优势互补，将区域发展与商业区升级相结合、步行街改造与绿色购物门店相联系、国际优质商品供给与安徽省中华老字号精品相汇聚，联动发展增强零售市场的影响力。其次，全省进一步扩大零售开放规模。通过开放促进改革，促进发展，促进大型电子商务平台企业的跨境业务，提高商品和服务质量。为加快推进跨境电子商务发展，推动零售业新业态不断演进繁荣，2018 年安徽省人民政府先后印发了《关于促进全省跨境电商发展的指导意见》《支持跨境电子商务发展若干措施》等文件，充分发挥合肥跨境电子商务综合试验区的辐射带动作用，培育跨境电商市场主体，优化跨境电子商务发展环境，积极发展新型贸易，坚持以质为先发展，推动跨境电子商务成为安徽省对外贸易新增点和促进经济增长的新引擎①。再次，在省内零售业打造骨干标杆。建立健全安徽省重点零售企业联系制度，顺畅政府和企业的交流通道，加强企业间协作沟通，提升省内重点零售企业信息化及规范化水平。同时，对重点零售企业给予政策性支持，推动其加快转型发展，并对全省重点零售企业创新转型进程保持密切关注，提炼实体零售创新转型经验，再多渠道宣传推广各重点零售企业的典型模式和成功经验，在省内零售业发挥示范带动作用。最后，安徽省需对零售业的当前形势进行研究和判断。对零售业快速发展的地方，进一步优化服务效率，营造良好环境，培育新动力和创新发展新活力；对于仍需加快发展的地区，重点补短板、健全产业体系，并在了解居民消费习惯与现实需求的基础上，推进零售全业态化发展。2018 年起，安徽省实施农村电商巩固提升的战略措施，推动农村地区零售业提高质量效益和扩大规模。在巩固农村电商全覆盖工作成果的基础上，转变农村经济发展方式，促进农村产品提

---

① 熊兆巍．安徽省出台政策鼓励跨境电商发展［N］．合肥晚报，2018-11-10.

质增效和农民增收，加大产品网上销售力度，打造特色乡村农产品品牌，进一步推动农产品上行，构建现代化农村市场服务体系，实现城乡流通服务一体化，逐步完善安徽省农村电商的生态系统。

三、零售消费市场环境显著变化

近年来，在“互联网＋”普及的时代背景下，安徽省零售市场发生了翻天覆地的变化。消费者借助互联网的大数据逐渐转变成拥有海量信息来源并掌握消费市场主动权的网络群体，零售消费市场也从以卖方为主体跨入以买方为主体的时代，零售消费市场环境发生了显著的变化。

（一）消费群体分化明显

一是新生代消费群体正在崛起，这类崛起的年轻群体将会是未来消费市场升级发展的主要驱动力。在 2018 年的“双 11”中，85 后～00 后年轻消费者的消费占比六成朝上，且在“双 11”热销的商品中，无一不体现出年轻态、高端化、时尚化的特点。经济全球化使人们期待拥有更加高质量的生活水平、追求更加独特的生活方式。同时，也丰富了新一代消费者的购物理念与购物方式，他们期待消费市场的多元化发展能给他们带来更加丰富的购物体验。最终，他们将成为安徽省消费市场的主力军。二是中产阶级群体规模扩大，逐渐成为零售消费的主力军。目前安徽省中等收入群体已有一千多万人，在消费升级的背景下，他们将推动零售行业发展新业态以及新的商业模式。在不断更迭的商业基础设施和互联网等的发展助推下，中产阶级群体的不断扩大将在零售市场释放新的消费红利。三是低收入群体仍然大量存在。安徽省南北、中西部和城乡居民仍存在较大收入差距，临泉县、阜南县、寿县、石台县等多个县区依然属于新时期国家扶贫开发工作重点县，居民人均年支配收入不足 2.5 万元。然而，收入失衡并不影响长期低收入群体对美好生活的渴望，同时，越来越多的企业致力于为消费者提供物美价廉的产品。据悉，2018 年全省城镇零售额达 9731.8 亿元，与 2017 年相比增长 11.3％；乡村零售额达 2368.2 亿元，与上年同期相比增长 12.9％。

（二）消费理念呈现出多元化健康发展态势

近年来，商品消费升级步伐逐步加快，消费者逐渐偏好于智能且环保的商品，市场中这类产品的销售量逐年攀升。服务消费水平提升，餐饮、旅游、文化、娱乐等服务消费增长迅速，呈现出质量化和细分化的趋势。消费能力的提升、消费者偏好的变化以及消费内容的转变，推动消费边界进一步拓展。根据安徽统计局官网数据显示，截至2018年9月，限额以上六大类商品零售额呈现“四快两慢”的态势。基本生活类增长12.9%、增速同比加快0.6个百分点；燃料类增长17.5%、增速加快2.4个百分点；文化、娱乐和体育健康类增长12.4%、增速加快4个百分点；交通电器设备类增长10.2%、增速加快2个百分点；居住类增长11.8%、减慢4.7个百分点；其他类增长12.3%、减慢7个百分点（图7-1）[①]。可以看出，交通通信、教育文娱、医疗保健等服务类消费的增长幅度较大，消费者对于生活品质的重视程度在加强，消费观念逐渐转变为对便捷、品质、专业和体验享受等类型消费需求的增加。同时，随着时代的发展，人们越来越注重理性消费。消费者已经不再只以价格为导向，而是在要求高性价比的同时追求个性化，消费理念呈现出多元化健康发展的态势。省内居民消费理念转变，对生活质量要求的提高，与消费升级相关的商品在市场日趋主流化。最新数据显示，2018年全省限额以上文化娱乐体育健康类商品零售额增长12.6%，增幅创4年新高，比上年提高2.8个百分点。其中，体育娱乐、电子出版物及音像制品、书报杂志零售额分别增长22.3%、27.1%和15.7%，增幅分别高于上年9.8、8和1.8个百分点；化妆品等时尚类商品零售额增长21.8%，比上年提高了7.8个百分点。

（三）消费趋势向品质化、体验化发展

在收入增长的驱动作用下，价格因素对人们的消费行为的影响程度逐渐下降，高品质的生活方式与购物体验在人们的消费生活中逐渐占据重要位置。由于线上购物的弊端正在慢慢展现出来，这使得线上

---

① 安徽省统计局官网发布的数据。

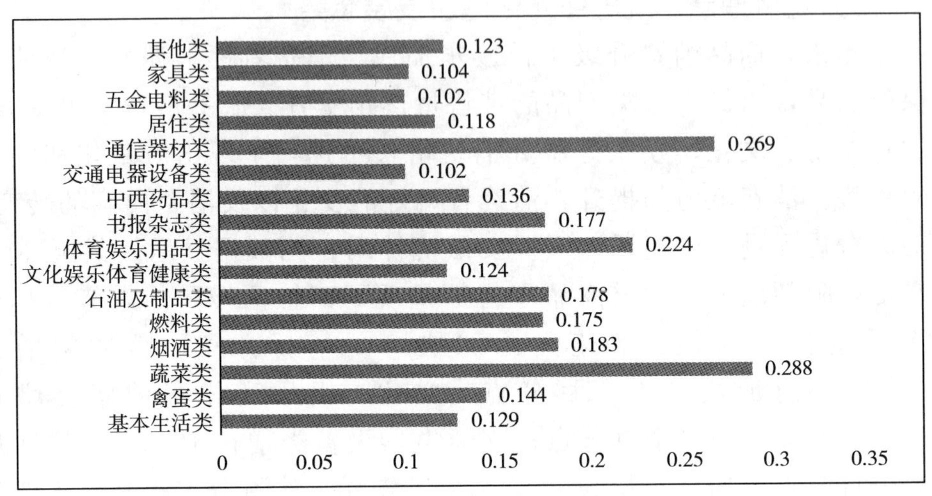

图 7－1　2018 年前三季度限额各类商品零售额增长情况

资料来源：由安徽省统计局网站数据整理。

购物对线下购物的冲击力度有所降低，不仅如此，市场经济的大力发展加大了零售业的竞争力度，消费者逐渐在消费市场上采取主动，从购买产品到购买服务和购买体验，进一步推动了全省零售市场从单一化到多元化的转变。2018 年 12 月，合肥市政府结合当前市场消费的新趋势，出台《关于促进商品消费发展的实施意见》（以下简称《意见》）。《意见》指出，合肥市将进一步加大调整城区内老商圈零售业态和商品结构的力度，打造和发展一批具有代表性和带动作用的商业综合体和商业圈，形成展示合肥城市形象的对外窗口，起到商贸经济发展的核心引擎作用。与此同时，合肥市也将进一步营造和提升时尚产品集聚的商业氛围，升级商业圈的档次，满足服务于合肥以及周边城市消费群体中高端群体的时尚消费需求。《意见》同时指出，合肥市将积极展开与国内知名机构、国际时尚机构的对接合作工作，发展和引进高端商务、新型金融、时尚文化等，加快本地时尚服务机构的发展，努力形成国际与国内时尚新品首发机制，走在消费时尚潮流的前端。《意见》最后表明，通过引进国际国内时尚品牌和构造奥特莱斯等国际知名品牌直销中心，扩大时尚消费品的种类和规模，结合开设品牌旗舰店、品牌专卖店、品牌连锁店等多种营销方式，体现高品位且具有特色的合肥商业圈。

四、科技进步推动零售业转型

技术进步将对零售业产生革命性的影响，各大零售商将持续面临崭新的挑战。为了应对新技术带来的挑战，各大企业必须对能够降低零售成本和提高流通效率的新技术密切关注，并能够及时吸收最新的技术成果，利用现代技术设计出新的商业模式，进一步实现价值的合理化分配。

（一）零售业态分化发展

零售业态是指零售企业向消费者提供商品和服务的具体经营形态，是零售企业为满足不同消费需求、丰富购物体验而形成的不同的零售经营方式[①]。近年来，在网络信息技术飞速发展和经济新常态的背景下，市场竞争日益加剧，现代零售企业正遭受着巨大的冲击，为了避免零售业态的恶性发展，必须要通过创新手段去丰富消费市场、提高消费者的购物体验，从而满足各类消费者的不同消费需求。在合肥，徽商、百大集团等安徽省零售巨头也在不断进行零售业态创新分化发展。例如，合肥百大集团正在向购物中心和奥莱发力，百大集团于2018年在省会合肥市建成了首家一体化购物中心——百大心悦城和首家以品牌折扣为主体的百大奥莱生活广场，为消费者提供集合众多体验业态为一体的大型商业中心。百大集团旗下的实体超市也在创新业态丰富体验，其旗下合家福公司深入探索新业态与新模式，首家生鲜便利店阿福鲜生顺利在合肥开业，主打生鲜产品，满足社区居民生鲜购买要求，具有明显的引流作用。另外，安徽徽商集团旗下的红府超市在2018年10月加入了“淘鲜达战略”，手机淘宝成为红府线上的流量入口，同时获得盒马的大数据软件、物流团队等支持，为周边消费者提供新鲜产品服务，新鲜水果和蔬菜的标准化为客户带来了全新的购物体验。生鲜电商的这种零售新业态的发展不仅提高了消费便利性，更进一步满足了顾客多元化的消费需求。

---

① 高道友．全渠道战略背景下的零售商业模式创新［J］．商业经济研究，2016（12）：129－131.

（二）线上线下高度融合

近几年来，实体零售为了重塑零售精神、寻找自身价值，在“互联网+”驱动的零售产业变革的发展环境中，与电子商务结合已是市场发展的必然趋势。安徽省零售企业纷纷投身电商领域，据有关数据显示，2018 年，全省有 786 家限额以上批发零售企业开展网上零售业务，相比上年增加了 217 家，全年网上商品零售额较上年增长 36.1%，达到 492.2 亿元，占限额以上消费品零售额总量的 9%，相比 2017 年所占的比重增加了 3.4%[①]。例如，作为安徽省重点零售企业——合肥百货大楼集团股份有限公司，其零售商业模式创新发展的方向就是发展双线平台。具体来看，在线下，2018 年，合肥百大新开了三家实体店。其仍以商圈观念为主导，选择优越的地理位置，将实体店作为集商品展示、体验及销售为一体的现代化大型购物中心，促进线下消费，实现多渠道下自采自营的运营模式；在线上，集团旗下的百大易购关注于海外商品采购和零售，是合肥首家实行跨境商品线上线下互动营销新模式的互联网电商企业，也是安徽省内最早和最大的海淘直销平台，在第四届中国县域电商大会暨 2018 年安徽省网商大会上，获评“2017 安徽电子商务十强企业”。2018 年“双 11”期间，集团公司充分利用其双线平台的优势，进行线上线下的高度融合，在“双 11”期间实现销售额超过 2.5 亿元，同比增长 30%。在当前信息技术的飞速发展中，利用互联网、物联网、大数据等现代信息技术，融合线上线下数据，结合数据库提取相应客户的网络消费记录，分析消费群体、消费偏好、消费内容、消费方式、消费理念，定义专属客户属性，发挥“1+1>2”的效果，更能为消费者提供物美价廉的商品和优质满意的服务，进一步促进零售业转型升级。

（三）移动支付推动零售业三链重塑

移动支付技术日新月异，为无人值守零售和小规模、快速发展的零售业态提供了良好的技术基础。2018 年，安徽省非银行支付机构的互联网支付和移动支付服务占在线支付服务总量的比重较大，移动支

---

① 熊兆巍.2018 年安徽人敢花钱增速全国第二［N］.合肥晚报，2019-1-30.

付服务规模继续高速增长。零售产业链、供应链和价值链是保持整个零售业稳定发展的三大核心链条。当下，伴随着数字经济的发展，智能手机、移动互联网、移动支付的普及为零售业智慧发展提供了技术支撑，特别是移动支付，2018 年前三个季度中第三方支付、移动支付市场总规模高达 123.5 万亿元，与上年同期相比，增加了 56.16 万亿元，增长率高达 71.3%。移动支付方式安全便捷，很快成为人们在购物消费时的主要支付方式，非现金移动网络化的支付方式不仅给消费者带来了丰富的购物体验，还积累了大量的用户数据，为智能零售的发展奠定了良好的基础。而各大零售企业充分运用日常积累的商品和消费数据，加强与外部数据共享共用，针对差异化需求积极拓宽渠道，实现对不同消费需求的精准营销。

五、对外开放创造零售业新机遇

自党的十九大以来，安徽省深入参与经济全球化进程，支持多边贸易体制，加大对外投资准入的放宽力度，增加贸易和投资便利化程度，促进公平公开竞争，营造良好的商业环境，构建人类命运共同体。其中，推动省内跨境电子商务的发展，是对党的十九大会议精神的贯彻落实和促进安徽省对外贸易进一步转型发展的重要措施，同时也是加快安徽省产业结构转型升级、培育和发展出新一批现代化企业的重要途径。

（一）零售企业主体和跨境电子商务综合服务平台不断做强

2018 年以来，世界经济日渐回暖，我国经济发展平稳，为安徽省对外贸易增长奠定了良好的基础，对外贸易交易量达到历史新高。2018 年全省对外贸易首次突破 4000 亿元（具体值为 4150.8 亿元人民币），是继安徽省 2011 年、2014 年分别突破 2000 亿和 3000 亿后，再次突破一个千亿大关[①]。跨境电商作为一种国际贸易新方式，近年来发展迅速，为对外贸易稳定增长和结构调整奠定了良好的基础。自合肥

① 王恺．安徽省去年对外贸易进出口额 4150.8 亿元创历史新高，同比增长 13.5% [N]．安徽日报，2019-01-22.

被国务院正式批复为第二批国家跨境电子商务综合试验区以来，全省跨境电子商务平台不断做强。截至 2018 年 9 月，安徽省实现 31.3 亿元的跨境电商进出口额，与上年同期相比增长 46%。为进一步推动全省跨境电子商务的发展，安徽省人民政府办公厅于 2018 年 11 月发布了《关于支持跨境电子商务发展若干措施》（以下简称《措施》），指出安徽省将重点培育和引进知名跨境电子商务龙头企业，对于已在安徽落户的跨境电子商务龙头企业，会根据企业首次全年所能达到的在线交易金额数目，给予资金支持并授予相关荣誉称号。大力培育跨境电商市场主体，积极发展新型贸易，努力提升对外贸易发展水平，增强对外贸易竞争新优势。加大对中国（合肥）跨境电子商务综合试验区的投入，完善跨境电子商务线上公共服务（通关）平台，在全省范围内推广中国（合肥）跨境电子商务综合试验区线上公共服务（通关）平台，争取达到全覆盖，对服务跨境电商企业数目较多、贡献率较大、年交易额逾千万美元的平台运维企业给予较大力度的补贴。《措施》表明了安徽省跨境电子商务未来的发展方向，积极适应新型对外贸易的发展潮流，加速中国（合肥）跨境电子商务综合试验区建设，打造富有安徽特色的跨境电子商务体系，完善全省跨境电子商务保障机制，进一步强化安徽省跨境电子商务综合服务平台的发展。

（二）对外零售营销中心和产业园区不断扩大

2018 年，安徽省大力支持跨境电子商务企业建立境内线下体验店，鼓励跨境电子商务企业建立境外线下体验店，在全省范围内大力推广跨境电子商务综合试验区政策和发展经验，加快构建安徽省跨境电子商务产业体系。鼓励安徽省各地区依托当地产业优势，建设跨境电子商务产业园区，对已确定的省级跨境电子商务工业园区，安徽省将给予相关政策性补助。此外，为了响应国家“一带一路”倡议，2018 年安徽省不断积极融入“一带一路”项目建设，推进现代基础设施体系构建，加强区域间经贸合作，加大沿线地区产业投资力度。据有关数据显示，截至 2018 年 10 月，“一带一路”沿线安徽省新增企业 23 家，比上年增加 11 家；“一带一路”沿线国家来安徽省投资项目

（企业）数 21 家，较上年增加 8 家，累计进出口额达 124.2 亿美元[①]。2019 年安徽省将继续深化与“一带一路”沿线国家的贸易往来，推动省内知名企业在“一带一路”沿线国家构建产业园区，拓宽其海外市场，进一步打造皖内品牌海外知名度。此外，对于重点国家，拓宽经贸互通领域，鼓励海螺水泥、皖能集团、奇瑞集团等省内优势企业加大对外投资力度，扩大与“一带一路”沿线重点国家的项目合作范围，探索建设跨国合作工业园区，参与“一带一路”国家重大基础设施建设。同时，加速打造安徽自由贸易试验区，加快开发区、海关特殊监管区、开放港口、跨境电子商务综合试验区的发展，建立跨部门、跨区域的通关检查合作机制，提高平台的承载能力，促进经贸投资。

（三）支持国际物流发展

2018 年，在安徽省发展和改革委员会、省商务厅的统一领导下，进一步推进落实《安徽省物流园区规划》，引入专业化物流企业，支持邮政、快递公司构建国际化物流体系，主动加强与国内、国际重要物流节点的联系，构建涵盖全省、覆盖全国、联通全球的国际化物流网络。在保税方面，安徽省不断拓展海关特殊监管区域功能，支持建设保税仓，为企业节省物流和资金占用成本。同时，鼓励跨境电子商务企业开展网购保税进口业务，年进口商品销售额 200 多万美元，保税仓库年使用量超过 30 万元的企业，安徽省将奖励实际成本 10%的财政补贴，每个企业最多可达到 20 万元。在外部通道方面，安徽省积极推进口岸大通道建设，合肥中欧国际货运班列实现了加密延伸，截至 2018 年 12 月，共计发运 180 余列，增长率高达两倍。除铁路货运外，空运和水运在 2018 年也有了进一步的发展，现已形成一批具有水陆空联运等功能的物流园区。据海关数据统计，2018 年，安徽省的航空运输进出口额达 705.5 亿元，较上年增长 17.4%；铁路运输的进出口额达 21.3 亿元，增长率为 26.8%。同期，水路运输进出口额高达 3265.1 亿元，增长率为 11.9%。此外，在安徽省、合肥市的大力支持下，安徽首家“邮政口岸”——合肥国际邮件互换局运营态势良好，

---

① 郑莉．安徽省深度融入“一带一路”建设［N］．安徽日报，2019-01-21.

据相关数据统计，目前日平均出口包裹 5 万多件，峰值能达到 20 万件，全国第八大规模的邮件快处中心（国际邮件互换局）也于 2018 年 3 月份在合肥正式动工建设，预计建成后日处理包裹 60 万件以上[①]。

第二节 安徽“互联网+流通”发展专题

一、全省电子商务行业向高质量发展前进

自 2018 年初以来，在安徽省委省政府的统一领导下，全省上下认真落实上年印发的《安徽省电子商务“十三五”发展规划》（皖商信〔2017〕170 号），深入推进信息技术与现代流通的结合，将安徽省“互联网+流通”发展作为促进经济高质量发展的新引擎，推动全省电子商务行业又好又快蓬勃发展。首先，从全省消费品市场运行来看，2018 年社会消费品零售总额达到 12100.1 亿元，尽管增速较上年放缓，但商品零售销售额一直保持上升趋势，仍然处于全国前列。其次，从行业特征来看，2018 年安徽省内电子商务行业整体发展持续向好，发展质量稳步提升，网络零售份额继续扩大并快于实体零售增长速度。截至 2018 年 12 月，安徽省网络零售额达到 492.2 亿元，同比增长 36.1%，电子商务行业整体进入平稳较快增长阶段。最后，从消费品市场区域特征来看，全年省内城镇零售额 9731.8 亿元，同比增长 11.3%；乡村零售额 2368.2 亿元，同比增长 12.9%，表现出电商产业迅速扩张的势头，并且开始由城镇向农村渗透，市场规模和潜力不断增加。值得注意的是，自“电商安徽”政策实施两年以来，全省上下通力合作，坚持把电子商务主体培育、园区建设、创新创业、农村电商、跨境电商、物流配送等放在促进经济向高质量发展迈进的重要部分，省内形成了跨境电商产业园和农村电商竞相发展的良好态势。迄今为止，安徽省共建成国家

① 中国（合肥）跨境电子商务综合试验区公共服务平台，http：//www.hfeport.gov.cn/mainIndexs.html

级电子商务示范城市2个、农村示范县33个，示范企业7家；省级示范园区26家、跨境产业园4家，示范企业57家[①]。

二、电子商务企业创新能力不断增强

作为互联网技术创新催生的新兴行业，电子商务的发展离不开创新。2018年，安徽省电商企业在政府的支持引导下，以科技创新驱动电商发展新模式，创新能力和创新成果应用转化能力都显著提高。具体来看，安徽省电子商务企业创新主要表现在技术创新、经营模式创新、跨界融合创新三个方面。第一，以互联网技术创新为核心，培育电商发展新动能。在产业园区建设方面，位于安徽省东部的天长电子商务产业园是一家致力于电子商务科技创新、大数据应用、服务专业化的产业园。截至2018年9月，园区内已建成一所电商服务创新专业孵化基地——“奇客营”众创空间，运营以来通过各种帮扶举措成功推动了多家创新创业团队的成长。在电子商务基础设施建设方面，省内各级政府不断加强互联网信息基础建设，如2018年天长市建立了电子公共服务中心，领先搭建了中国仪表线缆产业网，在一定程度上促进了天长市的电子商务服务水平[②]。除此以外，为贯彻“产学研”新型合作理念，天长电子商务产业园区还与电子商务领域的高水平高等院校建立了长期的“产学研”合作关系，有针对性地提高本地电子商务科技水平，提高研究成果转化效率，增强互联网应用能力。第二，以自营业务为基础，跨界合作探索新业态。三只松鼠是一家主营坚果炒货的安徽本土电商企业，也是国内网络零售额排名第一的网络食品品牌。面对不断变化的消费环境，三只松鼠开始从坚果销售商转向生产经销商，在坚果产品及口味的多元化不断进行创新。2018年9月17日，三只松鼠为突破原有销售市场创新性地将坚果和饮料混合起来，发布了一款名为“第二大脑”的混合坚果复合饮料产品[③]。此款产品也是三只松鼠电商品牌与国际知名机构合作，第一次试水跨界创新进军

① 杨琦、郑强强．从业人数370万！安徽电商事业迅猛发展［N］．中安在线，2018-10-25.

② 郑莉．安徽：以创新驱动县域经济高质量发展［N］．安徽日报，2018-10-06.

③ 陈丽卿．安徽食品电商巨头“三只松鼠”首次进军饮料行业［N］．新安晚报，2018-09-17.

饮料行业。第三，政策鼓励线上线下融合促销，提高省内电商企业营销协同能力。为做大做强安徽本土电商企业，2018 年经安徽省委省政府研究决定设立电子商务发展专项资金，鼓励实体和电商融合发展，对符合条件的电子商务企业单场最高可补助 20 万元。

另外，2018 年 10 月 24 日，安徽网商大会不仅总结了 2018 年电子商务行业的发展情况，为各类电商经营主体指明了行业未来发展的趋势与方向，还评选了 2017 年安徽省电子商务十强企业名单（表 7－2）。

表 7－2　2017 年安徽省电子商务十强企业名单

三只松鼠股份有限公司
安徽苏宁易购销售有限公司
芜湖凡臣电子商务有限责任公司
安徽高梵电子商务有限公司
合肥荣电实业股份有限公司
安徽省六安瓜片茶业股份有限公司
云伙计电子商务集团有限公司
安徽古井云商电子商务有限公司
合肥三瓜公社电子商务有限公司
安徽空港百大启明星跨境电商有限公司

资料来源：中安在线网站。

三、“电商进村全覆盖”巩固提升

为全面贯彻“电商安徽”政策精神，2018 年安徽省委省政府还依据年初发布的“中央一号文件”关于乡村振兴战略部署的具体要求，决定于 3 月 30 日印发《农村电商全覆盖巩固提升行动方案》（皖政办〔2018〕12 号），要求省内各级相关单位奋力推动流通现代化建设工作。为解决安徽省内农产品销售难的情况，这一年，全省以农村电子商务服务能力建设和电商品牌建设为支撑点，在各市农村区域开展了形式多样、内容丰富的农村电子商务发展巩固提升行动，并取得了一系列成效。安徽省统计局数据显示，2018 年 1～10 月全省各区域网上零售额增速不断提高，限额以上企业网上零售额更是达到了1730.3亿元。省内各种农副产品网络销售火爆，农民收入不断提高。全省农村消费品市场实现了1730.8亿元的零售额，省内各种农副产品网络销售火爆，特色产品供不应求，农民收入不断提高。如安徽菜菜电子商务有限公司首次采用了线上交易、线下采购配送的订单无库存新模式，不仅最大限度地节约了库存成本，还创造性地为本地农产品上行打通了网络渠道，有效带动了农产品的销售数量和销售速度，还得到了省内广大消费者的青睐与支持，网络零售交易额不断增加。除此以外，第四届中国县域电商大会上通过对全国各农村区域电商发展进行综合评估，确定了芜湖市芜湖县、安庆市桐城市、安庆市岳西县、宣城市广德县入选安徽省新一批“2017—2018年中国电商示范百佳县”。该4县分别位列全国百县第11位、第45位、第76位、第83位，成为2018年安徽省的电商示范县。

除助力农村流通现代化发展之外，安徽省各级政府还坚持贯彻十九大会议精神，紧跟中央一号文件战略部署，稳步推进省内脱贫攻坚工作任务，并依照辖区内电子商务发展状况进一步制定了《2018年度电商振兴乡村提升工程实施办法》，充分发挥农村电商产业扶贫的带动效应和示范效应。具体而言，2018年安徽省各县大力实施“三有一网”脱贫模式，坚持“扶贫”与“扶智”道路并重。在安徽省委省政府的坚强领导下，全省各市各县抓住政策机遇，通过资金支持和政策支持大力发展电商扶贫，一年以来脱贫攻坚任务取得了积极进展。为响应省政府的号召，安庆市通过出台《怀宁县电子商务产业发展扶持政策》以设立专项资金，具体计划是从当年财政预算中支出1000万元用于扶持本土电商企业快速壮大。截至2018年8月底，怀宁县已保质保量完成上级指示的农村电商“三个全覆盖”工程，怀宁县当年实现网络零售额4.5亿元[①]。宿州市埇桥区迅速推动“三有一网”脱贫模式，集中带领贫困户学习电子商务专业知识，加强贫困户电子商务实务操作，深入推进脱贫攻坚战略任务。截至2018年下半年，埇桥区以

① 资料来源于人民网。

贫困村和建档立卡贫困户为主要对象共举办了 32 期电商培训，孵化各类网店 358 个，贫困户开店 47 个，建成 30 个电商扶贫驿站[①]。除此以外，2018 年阜阳市、六安市、安庆市通过实施一系列积极的农村电商扶持举措，颍东区、裕安区和怀宁县分别入选国家电子商务进农村综合示范县。这项工作自 2014 开展以来，安徽省就紧跟国家农村发展政策推动落后地区的电子商务产业发展，先后有 5 批共 33 个县市区入选国家电子商务进农村综合示范县，更于 2018 年在国家级贫困县实现了示范县全覆盖（表 7 - 3）。

表 7 - 3　2014—2018 安徽省国家电子商务进农村综合示范县和国家级贫困县覆盖率

年份	安徽省国家电子商务进农村综合示范县名单	国家级贫困县覆盖率
2014	巢湖市、怀远县、歙县、霍山县、绩溪县、芜湖县、石台县	5.2%
2015	明光市、舒城县、岳西县、广德县、无为县、金寨县、桐城市、砀山县	26.3%
2016	颍上县、泗县、寿县、霍邱县、濉溪县、东至县	47.4%
2017	利辛县、萧县、灵璧县、临泉县、阜南县、潜山县、太湖县、宿松县、望江县	89.5%
2018	怀宁县、阜阳市颍东区、六安市裕安区	100%

资料来源：资料来源于商务部。

四、跨境电商迎政策红利

近年来，我国跨境电商在对外贸易中的占比逐渐攀升，外向型经济导向突出。2012 年跨境电商交易额仅占对外贸易行业整体的 10%，但短短 6 年后中国跨境电商交易规模就达到了 4.5 万亿元，增长迅速。从进出口结构上来看，出口大于进口 55.4 个百分点，处于绝对优势地位，因而跨境电商发展建设工作俨然成为打造外向型经济的关键一环。2018 年，中央和地方都重点关注跨境电商产业的发展，不断出台鼓励政策和发展指导意见，以红利政策快速推进我国跨境电子商务发展。

---

① 资料来源于人民网。

自省会合肥跨境电商综合区获批两年以来，安徽省认真贯彻国家开放部署，紧跟国家跨境电商优惠政策，各相关部门先后出台《关于促进全省跨境电商发展的指导意见》《支持跨境电子商务发展若干措施》等系列文件，涉及主体培育、金融支持、税收优惠、流程优化、知识产权保护等 21 项便利举措（表 7-4）。具体条款包括鼓励建设第三方跨境支付平台，加快结算速度，缩短业务流程，对符合标准的跨界电商经营主体给予最高 100 万元的一次性建设资金支持，等等。不仅如此，对在合肥跨境电子商务综合试验区从事电子商务的企业也给予了更多优惠。2018 年 5 月 18 日，合肥出口加工区率先建立了“百大易购”和“海狗爸爸”两个特色线上线下直销平台，并在直销平台中开通了跨境电商保税进口免通关业务，迅速加快了跨境货物的运转速度。截至 2018 年前三季度，在跨境电商红利政策的推动下，安徽省跨境电商出口额已突破 31.3 亿元人民币，较上年同期增长 46%。其中，合肥跨境综试区表现尤为突出，电子商务进出口额超过了 4 亿美元，网购保税进口走单 4648 件[①]，跨境电商竞争力不断提高。

表 7-4　2018 年国家和安徽省颁布的跨境电商优惠政策

时间	发文单位	政策文件
2018.3	国家口岸管理办公室	《提升跨境贸易便利化水平的措施（试行）》
2018.7	国务院	《国务院决定在北京等 22 个城市新设跨境电商综合试验区》
2018.9	国家财政部	《关于跨境电子商务综合试验区零售出口货物税收政策的通知》
2018.9	合肥市政府	《关于加快推进跨境电子商务发展的实施意见》
2018.10	国务院	《优化口岸营商环境促进跨境贸易便利化工作方案》
2018.10	安徽省工商局	《关于促进全省跨境电商发展的指导意见》
2018.11	安徽省人民政府办公厅	《支持跨境电子商务发展若干措施》

此外，2018 年 7 月，安徽省商务厅公布了安徽省首批省级跨境电

① 张兴华．安徽省出台支持跨境电子商务发展新措施［N］．安徽日报，2018-11-10.

子商务产业园区名单，其中有 4 家电子商务产业园入选，见表 7－5 所列。10 月，省会合肥（蜀山）国际电子商务产业园在 2018 年开展的国家电子商务示范基地评选工作中脱颖而出，其入选具体得分为 93.09 分，位列全国第五[①]。

表 7－5　2018 年安徽首批省级跨境电子商务产业园区名单

城市	省级跨境电子商务产业园名单
合肥市	合肥出口加工区跨境电子商务产业园
蚌埠市	蚌山跨境电子商务产业园
马鞍山市	浙阿跨境电商产业园
芜湖市	芜湖跨境电子商务产业园

五、电子商务法律体系初步建立

2018 年 8 月 31 日，第十三届全国人民代表大会常务委员会第五次会议正式通过了《中华人民共和国电子商务法》。作为中国第一部用于电子商务领域的法律，《中华人民共和国电子商务法》明确了电商主体经营者在产品质量安全、销售服务、消费者权益、消费者信息和隐私保护等方面的责任和义务，积极有效地推动了电子商务行业的持续健康发展，标志着我国电子商务法律体系的初步建立[②]。

为进一步做好网络市场监管执法工作，安徽省积极响应中央电子商务行业政策，率先在全省各市相关部门、行业、经营主体都开展了形式多样的《中华人民共和国电子商务法》宣传贯彻工作。一是组织电子商务领域的相关执法部门集中培训研讨，加强系统内部法律学习。2018 年“双 11”期间，安徽省工商局召集全省 17 个市和 2 个省管县的工商部门（工商质监、市场监管）网监条线的工作人员，分南北两片集中召开《中华人民共和国电子商务法》专题培训和研讨会，解读

① 江亚萍．合肥市蜀山电商园位列“全国第五”［N］．市场星报，2018－10－19.

② 黄瑾，闫妍，栗战书．为开启全面建设社会主义现代化国家新征程筑牢法治根基［N］．人民日报，2018－09－01.

《中华人民共和国电子商务法》相关条款，积极探讨电子商务监管执法中的具体运用。二是各市相关部门在所属辖区内电商企业领域开展法制宣传工作。2018 年 11 月 6 日，铜陵市工商局和铜陵电商企业联盟共同组织了一次电子商务法律主题研讨会，会议主题是带领铜陵市各级电子商务领域相关执法主体和经营主体深入学习《中华人民共和国电子商务法》，针对当前网络消费投诉热点问题，集中开展电商经营行政指导，发挥电商企业诚信经营的示范作用。11 月 7 日，合肥市网监局工作人员做客合肥交通广播“1026 大家帮”栏目，根据以往“双 11”期间消费者投诉反馈热点现身说法，向广大市民重点宣讲解读了《中华人民共和国电子商务法》的立法要义、权益保护、法律责任以及商务促进等相关内容，以提醒广大消费者规避网络消费陷阱，维护自身权益[①]。这一系列的《中华人民共和国电子商务法》宣传贯彻工作，明确了省内各级电子商务领域相关执法部门对《中华人民共和国电子商务法》的执法范围和依据，提高了电子商务经营主体的诚信意识和责任意识，增强了网络消费者的维权意识，在全省电子商务行业中营造了守法经营的氛围。

六、物流基础设施建设水平不断提高

物流园区是电子商务持续健康发展的重要组成部分。自 2015 年安徽省蚌埠市成为电子商务与物流快递协调发展试点城市，辖区内各级相关部门严格依照战略文件经过近 3 年的指导建设，取得了一系列成就。2018 年 4 月，安徽省人民政府办公厅针对省内基础建设水平不足、设施不配套的问题特印发《关于推进电子商务与快递物流协同发展的实施意见》（以下简称《实施意见》）（皖政办〔2018〕13 号），旨在全面加快省内基础设施建设。根据此项《实施意见》，在深化“放管服”改革方面，安徽省还将进一步简化经营许可及备案程序，缩短业务流程，推行“双随机、一公开”，全面推进快递末

① 谢彭玲．市局网监局赴合肥交通广播与听众开展“双 11”网购消费和《电子商务法》宣传互动．合肥市工商行政管理局官网．http：//amr.ah.gov.cn/

端网点备案管理，实现许可备案事项网上统一办理，维护电子商务行业公平竞争秩序，改善省内电子商务行业营商环境①。据安徽省统计局数据显示，截至 2018 年 6 月，安徽省快递行业保持稳定发展，快递业务量、快速业务收入保持高速增长，邮政业业务收入较上年同期增长 21.55%。

另外，由于电子商务物流园区具有信息互通、设施共享、成本节约、功能互补等产业集聚的优势，因而物流园区也是安徽省重要的电子商务产业基础设施建设组成部分。在 2018 年这一整年里，为有效提高运输服务效率、降低运输成本，省政府经过考虑决定继续启动第二批省级示范物流园区建设工作以政策支持加快电子商务发展，具体是新增 5 家省级示范物流园区，名单见表 7－6 所列。

表 7－6　2018 年安徽省新增 5 家省级示范物流园区名单

类型	2018 年第二批省级示范物流园区
口岸服务型	合肥港物流园
商贸服务型	皖北合一冷链物流园
	淮北杭淮惠龙物流园
	明光广大现代物流园
生产服务型	马鞍山钢晨物流园

第三节　安徽各地市批发零售业发展经济效应分析

一、产业结构升级效应

安徽省作为传统的农业与工业大省，长期以来产业结构组成都是“二三一”的局面。从 2016 年开始，安徽省第三产业的生产总值和产

① 汪乔，王腾飞．安徽印发推进电子商务与快递物流协同发展实施意见——推广智能化集约化投递［N］．中安在线，2018－04－13．

业贡献率才超过第二产业。基数小、增长趋势缓慢成为安徽省第三产业的显著特征，使安徽省在中部六省的经济发展竞争中缺乏优势。随着供给侧结构性改革的不断深化，为推动传统产业改造升级，安徽省开始强化第三产业的发展，以期望实现产业结构的合理化与高级化演变，从而实现经济又好又快发展。批发零售业作为安徽省第三产业的重要组成部分，一方面促进了经济增长，另一方面也发挥着吸纳就业的主力军的作用，并且可以通过资源的有效流动和配置，实现安徽省产业结构的优化升级。从已有的成果来看，目前对于产业结构升级的研究十分广泛，却缺少批发零售业对产业结构升级的影响研究。本报告在借鉴已有文献关于产业结构升级研究的基础上，以 2008—2017 年安徽省 16 个地市数据为样本，通过构建面板数据模型，检验安徽省批发零售业的发展对产业结构升级的影响。

（一）变量设定与数据说明

1. 被解释变量

对于如何衡量产业结构升级，国内外学者有着众多测量方法。如很多学者根据克拉克定律，采用非农业生产总值占整体生产总值的比重来制定产业结构升级指标，也有学者采取产业结构层次系数的方法，即按三次产业的层次高低依次赋权，对三次产业的比重进行加权求和。一般情况下，产业结构升级表现为第一、第二产业产值比重降低，第三产业产值比重上升。因此，本报告采取干春晖等（2011）的研究方法，选取第三产业与第二产业生产总值的比值作为产业结构升级指标。

2. 解释变量

（1）行业生产总值

李伟等（2002）认为经济增长会促进产业结构升级，李村璞等（2018）认为产业结构升级和经济增长之间存在非线性关系。一般而言，一个行业的发展水平越高，意味着该行业的资源使用效率越高，可以吸引更多的资本聚集，将多余的生产能力投入其余行业中，从而带动整个产业结构升级。因此，本报告选择批发零售业生产总值作为衡量行业生产总值的指标。

(2) 人力资本

作为重要的生产要素，人力资本的数量和质量都对产业发展有直接影响。张桂文等（2014）提出提高人力资本与产业结构的耦合对促进产业结构升级有至关重要的作用。同样，批发零售业的人力资本具有带动其余生产要素共同生产、产生规模效应的能力，可以加快产业转型，促进产业结构升级。基于此，本报告选取批发零售业从业人数作为人力资本的衡量指标。

(3) 固定资产投资

除了人力资本，固定资产投资也是促进产业结构升级的直接因素。与批发零售业发展相关的固定资产投资，将推动该行业以更快的速度领先于其他行业发展，从而带动整个服务业发展。因为以资本密集型为主的产业结构是我国产业未来发展的趋势，所以大量资本的投入有利于加快产业转化速度，实现产业结构升级。为了更加精确地表现批发零售业固定资产投资带来的影响，本报告选取批发零售业建设项目新增固定资产与批发零售业生产总值的比值作为衡量指标。

(4) 基础设施建设

一个行业的快速发展离不开良好的基础设施建设，批发零售业更是如此，尤其是交通便捷快速的交通运输，是批发零售业发展的基础和生命线。完善的运输网络可以有效地减少商品流通时间，降低生产成本，形成产业集聚效应，促进行业更快成长，以此来推动产业结构升级。因此，本报告以公路里程数作为衡量标准，来反映基础设施建设这一解释变量。

综合以上分析，本报告选取《安徽统计年鉴》中 2008—2017 年 16 个地市的面板数据，将计算得到的产业结构升级指标作为被解释变量，将安徽省各地市批发零售业生产总值、限额以上批发零售业从业人数和公路里程数以及计算得到的各地市批发零售业固定资产投资指标作为解释变量。其中，为提高模型精确性，将被解释变量 *IS*，解释变量 *PV*、*HR*、*TR* 进行对数化处理，见表 7 - 7 所列。

表 7-7 计量模型各主要变量描述

变量类型	变量名称	变量定义	变量单位
被解释变量	ln*IS*	产业结构升级指标（第三产业与第二产业生产总值比值）	无单位
解释变量	ln*PV*	批发零售业生产总值	万元
	ln*HR*	限额以上批发零售业从业人数	人
	KI	批发零售业建设项目新增固定资产与生产总值的比值	无单位
	ln*TR*	公路里程数	公里

（二）实证分析

1. 面板单位根检验

面板数据需要在回归分析之前进行单位根检验，以免出现伪回归现象。在此运用 LLC 检验方法。各个变量单位根检验结果见表 7-8 所列。

表 7-8 各个变量单位根检验结果

检验方法	ln*IS*	ln*PV*	ln*HR*	*KI*	ln*TR*
LLC 检验	−4.08758 (0.0000)	−17.0879 (0.0000)	−6.14888 (0.0000)	−6.20687 (0.0000)	−9.32566 (0.0000)

结果表明，在一阶差分的情况下，被解释变量与所有解释变量拒绝存在共同单位根的原假设，即可以对其进行回归分析，不存在伪回归现象。

2. 模型设定

对于面板数据的估计方法，主要有混合估计模型、固定效应模型和随机效应模型。在进行正式回归分析前，需要选择适当的模型。这里采用 Hausman 检验来确定模型中是否存在随机效应。经检验，Hausman 统计变量对应的概率是 0.0272，检验结果拒绝原假设，所以在这里我们判断采取固定效应最有效率。

接下来，考虑到随机误差项含有双因素误差的情况，即 $\mu_{it}=\gamma_i+\lambda_t+\varepsilon_{it}$，$\lambda_t$ 表示未观测到的时间效应，仅随时间变化而不随个体变化，可以表示所有未包括在回归模型中的发生在特定时期的影响，这是双

因素误差固定效应模型。因此，模型设定为

$$\ln IS_{it} = \alpha + \beta_1 \ln PV_{it} + \beta_2 \ln HR_{it} + \beta_3 KI_{it} + \beta_4 \ln TR_{it} + \gamma_i + \lambda_t + \varepsilon_{it} \tag{7-1}$$

3. 回归结果

双因素误差固定效应模型回归结果见表 7－9 所列。

表 7－9　双因素误差固定效应模型回归结果

$\ln IS$	Coef.	Std. Err	t	Prob.	N
C	−5.350761 * * *	1.193693	−4.482527	0.0000	
$\ln PV$	0.236543 * * *	0.085162	2.777562	0.0063	160
$\ln HR$	0.070533	0.065304	1.080057	0.2821	160
KI	0.074882 *	0.038466	1.946697	0.0537	160
$\ln TR$	0.130677 * * *	0.044169	2.958540	0.0037	160
R－squared	Adjusted R－squared	F	DW		
0.946431	0.934981	82.65812	0.574781		

注：* * *、* *、*分别表示系数的 t 统计量值在 1%、5%、10%的水平下显著。

（三）检验结果分析

第一，从回归模型结果来看，无论是 R^2 还是调整后的 R^2，均达到 0.93 以上，并且 F 统计值很大，说明行业生产总值、人力资本、固定资产投资和基础设施建设这几个解释变量对产业结构升级的共同影响十分显著，而且整个模型的拟合程度较好。

第二，各个城市的行业生产总值以及基础设施建设这两个变量的参数值的 t 统计量值均通过 1%的显著性水平检验，而且符号为正。说明这两个变量能够很好地解释被解释变量，即各地市批发零售业的生产总值和与批发零售业紧密相关的各地市的公路里程数的提升能够对产业结构升级产生积极作用。具体来看，各地市批发零售业的生产总值每增加 1%，将使产业结构升级指标提升 0.2365%。各地市的公路里程数每增加 1%，将使产业结构升级指标提升 0.1307%。由此可见，批发零售业生产总值对于产业结构升级的贡献程度要大于公路里程数。

究其原因，从各地市来看，即使是批发零售业最不发达的马鞍山市，各年生产总值也在十亿元以上，而所对应的各地市公路里程只有数千公里，公路里程数的发展还远远不能支撑各地市批发零售业的规模。不仅如此，安徽省各地市的公路里程数代表的是物流业的发展状况，而物流业在对各地市的批发零售业产生作用之后，才会影响各地市的产业结构升级。所以作用路径上，批发零售业生产总值起着直接作用，而公路里程数只是间接作用。再从各年发展来看，安徽省各地市批发零售业生产总值增长幅度较大，公路里程数每年的增长幅度很小，甚至个别地市连续数年的公路里程数保持不变，所以起到的对批发零售业的支持以及对产业结构升级的贡献也显得较为有限。

第三，固定资产投资这一解释变量的 t 统计量值只在 10％的水平下显著，而且从参数具体数值来看，对于产业结构升级的贡献程度也较弱。究其原因，是因为目前安徽省每年的新增固定资产投资范围十分广泛。在服务业中，不仅是批发零售业，住宿餐饮、交通运输、金融、文化体育娱乐等行业都有固定资产投资。以批发零售业最发达的合肥市为例，2008—2017 年，批发零售业每年新增固定资产投资占服务业新增固定资产投资的比重只稳定在 20％左右，其余 15 个地市还达不到这一比重。所以批发零售业的新增固定资产投资只是其中一个组成部分，对产业结构升级贡献有限。除此之外，从投入总量来看，安徽省对于农业和工业的固定资产投入总和要超过服务业，而且在农业、工业的各个行业中都有大量固定资产投入。根据统计数据整理计算，安徽省农林牧渔业固定资产投资占比从 2008 年的 1.8％增长到 2017 年的 2.7％，工业固定资产投资占比从 2008 年的 43.1％增长到 44.3％。由此可见，服务业固定资产投资占比在下降。因为产业结构升级要以第三产业占据主导为趋势，所以在农业与工业的影响下，服务业中批发零售业固定资产投资所带来的产业结构升级效应不显著。

第四，人力资本这一解释变量在各个水平上都不显著，而且参数值较小，缺乏对产业结构升级的有力支撑。从原因上来看，安徽省批发零售业从业人员数量在最近几年有了爆发式的增长，2008—2017 年，各个地市批发零售业的从业人员数量平均增加了约 40％。从业人员数量的激增带来企业运营成本的增加，人力资本与其他资本的投入组合无法达到最优。而且批发零售业的从业门槛较低，人员素质普遍偏低，缺乏高素质人才，难有高效人力产出，所以对于产业结构升级的影响就显得极其不显著。

（四）政策建议

1. 大力支持批发零售业发展

制定有力政策，提高批发零售业在服务业中的地位。首先政府要尽快培育一批资源集聚度高、商产融合成效较好的平台经济龙头企业。打造商产融合产业集群，发挥大润发超市等大型实体零售平台的纽带作用，带动上下游批发零售企业发展。其次批发零售企业要注重资源配置合理化，加强管理能力，改变企业粗放经营方式，学习京东、苏宁等企业的信息化、自动化改革，同时发展自由连锁，实现规模化与组织化发展。最后，不断挖掘新的批发零售业经济增长点，提升批发零售企业营业利润，让批发零售业带动其余服务行业发展，从而促进产业结构升级。

2. 改善批发零售业发展环境

首先，安徽省要加大批发零售业固定资产投资力度，不断吸引社会投资与外资进入。其次，安徽省要完善基础设施建设，尤其是落后地区的交通运输建设。要建设皖北地区淮河经济带与合肥都市圈交通运输网络，并积极依托长三角这一交通运输发达地区，形成快速便捷的网络交通布局，从而降低成本，吸引产业聚集，带动当地产业结构升级。

3. 重视人力资本的重要作用

有效平衡人力资本的数量和质量，在注重数量的同时也要追求质量。具体来看，安徽省各批发零售企业要积极响应安徽省 2016 年政府工作报告中提出的“双创机制”，加大培训力度，提高批发零售业从业人员素质，不断培养高素质人才，增加人力资本存量，从而促进企业科技创新，带动产业结构升级。

二、刺激消费需求效应

作为带动经济增长的“三驾马车”之一，消费已经成为民生领域的关注热点。当前，安徽省经济发展迅速，为消费奠定了物质基础。据统计，2003年，安徽省城镇居民家庭人均可支配收入为6778.03元，到了2017年，城镇居民家庭人均可支配收入增长到31640元，增幅达到367.80%。然而，在消费水平大幅度提升的背景下，却出现了消费疲软的现象。不仅如此，消费结构的不合理、城乡消费水平的差距较大等现状急需改善。批发零售业作为最贴近人民生活的行业，贯穿于整个经济体系，目前已经成为影响生产和消费的先导性产业。如何通过批发零售业发展刺激消费需求，释放消费活力就显得十分重要。本报告在借鉴已有文献关于刺激消费需求研究的基础上，以2003—2017年安徽省13个地市数据为样本，通过构建面板数据模型来检验批发零售业的发展对刺激消费需求的影响。

(一) 变量设定与数据说明

1. 被解释变量

由于批发零售业的消费者服务特性表现较强，所以要解决刺激消费内需的问题，就需要以消费者为核心，关注消费者的生活水平。邹红等（2007）提到过去消费拉力受阻就是因为经济增长与居民消费需求的不平衡关系所引起的。所以解决问题的关键仍是要从消费者而非从其他经济主体入手。在此，将城镇居民家庭年人均生活消费支出这一最直观反映消费者消费水平的指标作为被解释变量。

2. 解释变量

在众多刺激消费需求的研究中，较为普遍的观点是目前需要尽快解决消费需求与消费供给的结构性问题。司增绰（2015）在其研究中提到需求供给结构对批发零售业产生的影响，需要上下游协调参与。对于批发零售业来说，上游便是整个社会大的消费环境，下游是参与消费环节的个体。而各个批发零售企业在上下游中间起到关联和协调作用，使整个消费环节完善。所以，接下来解释变量的设定将会从社会、企业、个人三个层面入手分析。

(1) 社会层面。杨进等（2018）以商贸流通业为研究对象，从消费升级视角出发，构建了评价指标体系。其中将社会消费品零售总额增长率作为社会层面的衡量指标。作为商贸流通不可或缺的重要环节，批发零售业的发展使社会消费品的资金流渗透到生产生活的各个环节，以此来提升整个社会的活力。因此，本报告采取社会消费品商品零售总额作为批发零售业社会层面的解释变量。

（2）企业层面。在研究刺激消费方面，批发零售企业的主营业务收入和营业利润显得十分重要。因为二者的比值可以反映出企业的盈利能力和经营效率。企业在获得盈利之后，会扩大再生产，带动其余相关行业发展，从而促使社会进步与消费水平提升。接下来，消费又会促进生产与扩大再生产，形成新一轮的循环。所以，本报告将限额以上批发零售贸易企业营业利润率作为企业层面的解释变量。

（3）个人层面。对于批发零售企业来说，从业人员既是人力资本、企业生产的基础，同时又是人力成本，需要支付工资来匹配劳动回报。得到工资后，从业人员的身份又会转化成消费者，投身于消费市场中。根据上述分析，本报告将限额以上批发零售业从业人数以及城镇非私营单位批发零售业就业人员年人均工资作为个人层面的两个解释变量。

综合以上分析，本报告选取《安徽统计年鉴》中2003—2017年16个地市的面板数据，将安徽省各地市城镇居民家庭年人均生活消费支出作为被解释变量，将各地市批发零售业关于社会、企业、个人三个层面的各个指标作为解释变量。其中，为提高模型精确性，将被解释变量 CI，解释变量 TA、NP、PS 进行对数化处理，计量模型各主要变量描述见表7-10所列。

表7-10 计量模型各主要变量描述

变量类型	变量名称	变量定义	变量单位
被解释变量	$\ln CI$	城镇居民家庭年人均生活消费支出	万元
解释变量	$\ln TA$	社会消费品商品零售总额	万元
	PR	限额以上批发零售贸易企业营业利润率	无单位
	$\ln NP$	限额以上批发和零售业从业人数	人
	$\ln PS$	城镇非私营单位批发零售业就业人员年人均工资	万元

（二）实证分析

1. 面板单位根检验

面板数据需要在回归分析之前进行单位根检验，以免出现伪回归现象。在此运用 LLC 检验方法。各个变量单位根检验结果见表 7－11 所列。

表 7－11 各个变量单位根检验结果

检验方法	ln*CI*	ln*TA*	*PR*	ln*NP*	ln*PS*
LLC 检验	－10.8819 (0.0000)	－7.52621 (0.0000)	－10.8269 (0.0000)	－6.54727 (0.0000)	－14.9294 (0.0000)

该表结果表明，在一阶差分的情况下，被解释变量与所有解释变量拒绝存在共同单位根的原假设，即可以对其进行回归分析，不存在伪回归现象。

2. 模型设定

在进行正式回归分析前，需要对适当的模型进行选取。这里采用 Hausman 检验来确定模型中是否存在随机效应。经检验，Hausman 统计变量相对应的概率为 0，检验结果拒绝原假设，所以在这里我们采用固定效应模型进行回归分析。

根据以上变量设定，将回归模型设置如下：

$$\ln CI_{it}=\alpha+\beta_1\ln TA_{it}+\beta_2 PR_{it}+\beta_3\ln NP_{it}++\beta_4\ln PS_{it}+\mu_{it} \quad (7-2)$$

3. 回归结果

固定效应模型回归结果见表 7－12 所列。

表 7－12 固定效应模型回归结果

ln*CI*	Coef.	Std. Err	t	Prob.	N
C	－5.405464＊＊＊	0.371400	－14.55431	0.0000	
ln*TA*	0.333981＊＊＊	0.035422	9.428646	0.0000	195
PR	0.940466＊＊＊	0.311786	3.016385	0.0029	195
ln*NP*	0.044824	0.039577	1.132586	0.2589	195
ln*PS*	0.238313＊＊＊	0.030695	7.763917	0.0000	195

（续表）

ln*CI*	Coef.	Std. Err	t	Prob.	N
R - squared	Adjusted R - squared	*F*	*DW*		
0.963004	0.959679	289.5853	1.228089		

注：＊＊＊、＊＊、＊分别表示系数的 t 统计量值在 1%、5%、10%的水平下显著。

（三）检验结果分析

第一，从回归结果来看，无论是 R^2 还是调整后的 R^2，数值均超过 0.95，并且 *F* 统计值很大。这说明社会、企业、个人三个层面的所有解释变量对被解释变量的共同影响十分显著，而且整个模型的拟合程度较好。

第二，社会消费品商品零售总额作为直接反映居民消费水平的变量，在回归模型中也得到了很好的验证。首先，t 统计量值十分显著，通过 1%的显著性水平检验。其次，社会消费品商品零售总额每增加 1%，将使城镇居民家庭年人均生活消费支出提升 0.3340%。不难理解，在居民日常生活中，占据最大消费比例的就是实物商品的消费。根据 2017 年安徽省城镇居民家庭年人均消费性支出构成统计结果来看，除去居住、交通通信和教育文化娱乐消费，其他实物商品消费支出占比达到 54.09%，而且在以上服务性消费支出领域，也少不了实物商品消费的支撑。虽然目前对于医疗保健、教育文化娱乐等方面的消费支出比例不断加大，但是城镇居民的日常生活必需品消费仍然占据最主要地位。可见批发零售业的发展给城镇居民带来了最直接的生活消费刺激。

第三，从企业角度来看，限额以上批发零售贸易企业营业利润率这一解释变量在 1%水平下也通过显著性检验，同时，给城镇居民家庭年人均生活消费支出带来的正向影响比社会消费品商品零售总额还要突出。对于批发零售企业来说，经营效率越高，即各要素在生产过程中的配置越合理，可以有效降低成本，不断扩大企业规模，带动社会经济发展，从而刺激居民消费。利润的增加可以给从业人员更多的福利，生活水平的提高自然会刺激国内消费需求。

第四，从个人消费角度来看，城镇非私营单位批发零售业就业人员年人均工资的t统计量值通过1%的显著性水平检验，在其他解释变量不变的前提下，人均工资每增加1%，年人均生活消费支出提升0.2383%。但从业人数在各个水平下都不显著。究其原因，在工资越高的前提下，意味着城镇居民的可支配收入越高，自然在生活消费上会有更多支出。另外，从安徽省整体的消费群体来看，城镇非私营单位批发零售业从业人员只占到其中的一小部分，且从业人员的素质较低。最近的调查结果显示，安徽省批发零售业从业人员主要是高中及以下学历，拥有大专以上学历的从业人员人数不到30%，所以从业人数的增加给企业带来的边际收益有限，人员冗余现象较为严重，带来了沉重的人力成本压力。自然在刺激消费需求方面，单纯从业人数的增多未必能够带来消费需求的增加。

（四）政策建议

1. 发挥批发零售业在刺激消费过程中的积极作用

安徽省要注意发挥批发零售业在刺激消费过程中的积极作用，制定有利政策促进企业发展，培育并引进大型企业，以点带面，带动地区批发零售业升级。不仅如此，由于农村地区消费需求不足，政府要加大扶持力度，提供优惠政策让批发零售企业渗透到农村发展，不断拓宽批发零售业服务渠道。比如发展电子商务来巩固提升农村电商的全覆盖，增强商品交易功能，让零售商品可以更快速地在农村市场中流动，进而到达消费者手中。对于城镇地区，需要在目前的基础上扩大中高端商品消费，持续打造皖货精品，在此可运用线上线下结合的方式。线上通过“双11”等网络购物节，推动安徽省名优特、老字号、地理标志产品等线上销售，比如进行黄山毛峰、六安瓜片等优质茶叶的推广，来提升安徽省品牌产品和批发零售企业知名度。线下举办消费活动与会议展览，让批发零售企业参与其中，在宣传企业形象的同时，有效刺激城镇消费需求。

2. 促进批发零售企业转型升级

安徽省各批发零售企业要不断创新，围绕消费者需求，促进批发零售企业转型升级。具体来看，要将“引进来”与“走出去”相结合，借鉴国内外优秀批发零售企业的管理与运营经验，并打造全渠道经营模式，降低成本，提高利润率。除此之外，还要积极投入市场调研，发掘消费潜力，在服务与产品上不断创新，提升产品附加值。尤其是在服务上，要满足顾客个性化需求，比如零售超市可以学习借鉴盒马鲜生的OAO（Online and Offline）模式，把购物、娱乐、休闲结合起来，让批发零售企业与消费者实现共鸣。最后，不断加强科技创新，采用自动扫描系统、电子货架标签、虚拟现实展示等先进科技形成竞争优势，进一步在仓储、冷藏、运输等方面采用科技前沿成果，提高批发零售企业的运营效率，进而提升企业利润率，在带动经济发展的同时，刺激国内消费需求。

3. 培养高素质从业人才

安徽省各批发零售企业要根据企业自身生产能力吸纳劳动力就业，扩充人才储备。坚持“以人为本”的企业发展理念，提高工人福利待遇与工资收入，提升劳动积极性，在有利于企业自身发展的同时，也刺激国内消费需求，促进社会经济发展。

参考文献

[1] 张庆君．辽宁省对外开放度的测算与比较研究［J］．国际商务（对外经济贸易大学学报），2009，(5)：45-50.

[2] 李辉．东北三省经济开放度的评析［J］．国际商务：对外经济贸易大学学报，2011，(5)：71-78.

[3] 康晓玲，梁美娟．西部地区对外贸易发展状况分析［J］．对外经贸，2011，(10)：34-36.

[4] 李南凯，陈晶晶．安徽省对外贸易演变及新形势下的对策［J］．对外经贸，2011，(6)：23-24.

[5] 张丽琼．安徽省对外贸易商品结构的实证研究［J］．安徽农业大学学报（社会科学版），2013，22（1）：51-56.

[6] 胡国珠，郑文清，夏凡．对外开放度与江苏经济增长关系的区域差异研究［J］．华东经济管理，2014，28（11）：5-10.

[7] 李优树．全域开放战略的理论思考——成都市开放战略经验总结［J］．云南民族大学学报（哲学社会科学版），2014，31（4）：112-119.

[8] 朱慧，周根贵．浙江省对外开放度的时空格局演化研究［J］．华东经济管理，2015，29（11）：39-45.

[9] 郑蕾，宋周莺，刘卫东．中国西部地区贸易格局与贸易结构分析［J］．地理研究，2015，34（10）：1933-1942.

[10] 万红先，汪林红．安徽省对外贸易发展比较研究［J］．池州学院学报，2016，30（5）：45-49.

[11] 刘志高，张薇，刘卫东．中国东北三省对外贸易空间格局研究［J］．地理科学，2016，36（9）：1349-1358.

[12] 刘诺，余道先．基于外资流动风险的中国经济安全状况分析［J］．上海经济研究，2016，(4)：3-13.

[13] 谢守红，甘晨．长三角城市群对外开放与经济增长的实证分析［J］．浙江师范大学学报（社会科学版），2017，42（4）：35-43.

[14] 宁启蒙，欧阳海燕，汤放华．湖南省外向型经济发展区域差异研究［J］．经济地理，2017，37（11）：145-150.

[15] 宋周莺，车姝韵，刘卫东．中部地区对外贸易的格局与结构分析［J］．地理研究，2017，36（12）：2291－2304.

[16] 鲁志国，潘凤．改革开放40年中国省域开放度的发展演进与成因分析［J］．深圳大学学报（人文社会科学版），2018，35（1）：24－32.

[17] 孟广文，王春智，杜明明．尼日利亚奥贡广东自贸区发展历程与产业聚集研究［J］．地理科学，2018，38（5）：727－736.

[18] 郭凯，任儒．我国出口商品结构影响因素及优化建议研究——基于1995—2017年季度数据［J］．东岳论丛，2018，39（5）：150－159.

[19] 王雅琦，谭小芬，张金慧．人民币汇率、贸易方式与产品质量［J］．金融研究，2018（3）：71－88.

[20] 屠倩．对外贸易对安徽省自主创新能力的影响分析［J］．黑龙江工程学院学报，2018，32（1）：51－54.

[21] 胡浩然．加工贸易转型升级政策效应及其影响机制——基于企业出口水平视角的分析［J］．产业经济研究，2019（1）：37－49.

[22] 曾卫锋，施晓丽，朱珈慧．中国与其贸易伙伴间产业同构性的影响因素分析［J］．统计与决策，2019，35（3）：151－153.

[23] 丁剑平，刘敏．中欧双边贸易的规模效应研究：一个引力模型的扩展应用［J］．世界经济，2016，39（6）：100－123.

[24] 王亮，吴浜源．丝绸之路经济带的贸易潜力——基于“自然贸易伙伴”假说和随机前沿引力模型的分析［J］．经济学家，2016（4）：33－41.

[25] 刘东升，王春艳．进口贸易与FDI：服务业的实证研究［J］．国际商务（对外经济贸易大学学报），2015（1）：36－44.

[26] 张雨，戴翔．进口贸易与FDI：服务业的实证研究［J］．财贸研究，2017（7）：59－68.

[27] 唐宜红，张鹏杨．FDI、全球价值链嵌入与出口国内附加值［J］．统计研究，2017（4）：38－51.

[28] 施炳展．互联网与国际贸易——基于双边双向网址链接数据的经验分析［J］．经济研究，2016（5）：172－187.

[29] 李兵，李柔．互联网与企业出口：来自中国工业企业的微观经验证据［J］．世界经济，2017（7）：104－127.

[30] 潘申彪，王剑斌．互联网发展差距对“一带一路”沿线主要国家出口贸易的影响研究［J］．国际商务（对外经济贸易大学学报），2018，182（3）：76－90.

[31] 魏浩，王宸．中国对外贸易空间积聚效应及其影响因素分析［J］．数量经济技术经济研究，2011（11）：66－82.

[32] 王莹，成艳萍．山西省对外贸易结构与产业结构关系的实证分析［J］．经济问题，2018，

466 (6): 130 - 135.

[33] 梁琪, 钱学锋. 外部性与集聚: 一个文献综述 [J]. 世界经济, 2007 (2): 84 - 96.

[34] 孙楚仁, 陈思思, 张楠. 集聚经济与城市出口增长的二元边际 [J]. 国际贸易问题, 2015 (10): 59 - 72.

[35] 王世平, 钱学锋. 中国城市出口: 集聚效应还是排序效应 [J]. 国际贸易问题, 2016 (8): 16 - 27.

[36] 王世平, 赵春燕. 城市集聚影响城市出口贸易的机制与效应 [J]. 山西财经大学学报, 2017, 39 (12): 59 - 71.

[37] 柳晓明, 汪卢俊. 经济新常态下城市化、FDI与经济增长互动性探讨——以安徽为例 [J]. 枣庄学院学报, 2018 (5): 96 - 100.

[38] 曾珍, 项桂娥. 基于FDI的安徽区域投资环境的多因素实证研究 [J]. 安徽商贸职业技术学院学报, 2017, 16 (2): 5 - 8.

[39] 龚存晨. 安徽省利用外商直接投资的实证分析与对策选择 [D]. 合肥: 安徽大学, 2011.

[40] 郝大伟. 安徽省吸引外商直接投资的环境问题研究 [D]. 长春: 吉林财经大学, 2013.

[41] 贾淑雅. 中部六省外商直接投资的影响因素研究 (2000—2014) [D]. 郑州: 河南大学, 2016.

[42] 胡大立, 刘志虹, 谌飞龙. 全球价值链分工下我国加工贸易转型升级的政策绩效评价 [J]. 当代财经, 2018 (3): 90 - 97.

[43] 姚鹏. 我国加工贸易转型升级的问题及对策研究 [J]. 农村经济与科技, 2018, 29 (3): 137 - 138+146.

[44] 叶修群, 郭晓合. 保税区、出口加工区与加工贸易发展——基于中国省级面板数据的实证研究 [J]. 重庆大学学报 (社会科学版), 2018, 24 (5): 24 - 34.

[45] 王晗. 中部地区加工贸易的转型升级——基于全球价值链视角 [J]. 商业经济研究, 2017 (14): 142 - 144.

[46] 顾雄飞. 安徽省加工贸易经济效应的实证研究 [D]. 马鞍山: 安徽工业大学, 2012.

[47] 朱婷婷. 安徽加工贸易发展问题研究 [D]. 马鞍山: 安徽工业大学, 2011.

[48] 张兴华. 安徽省出台支持跨境电子商务发展新措施 [N]. 安徽日报, 2018 - 11 - 10.

[49] 干春晖, 郑若谷, 余典范. 中国产业结构变迁对经济增长和波动的影响 [J]. 经济研究, 2011 (5): 4 - 16.

[50] 刘伟, 李绍荣. 产业结构与经济增长 [J]. 中国工业经济, 2002 (5): 14 - 21.

[51] 李村璞, 何静. 产业结构升级对经济增长和失业的非线性影响 [J]. 统计与决策, 2018, 34 (22): 150 - 153.

[52] 张桂文, 孙亚南. 人力资本与产业结构演进耦合关系的实证研究 [J]. 中国人口科学, 2014 (6): 96 - 106.

[53] 邹红，喻开志．消费需求刺激：基于中国经济增长的反思与启示［J］．消费经济，2007，23（5）：20－23.

[54] 司增绰．需求供给结构、产业链构成与传统流通业创新——以我国批发和零售业为例［J］．经济管理，2015（2）：20－30.

[55] 杨进，罗筱梅．商贸流通业发展对城乡居民消费结构的影响——基于消费升级视角[J]．商业经济研究，2018，763（24）：43－46.